U0534591

先秦社会治理思想

高延飞 胡月 ◎ 著

中国社会科学出版社

图书在版编目（CIP）数据

先秦社会治理思想 / 高延飞，胡月著. -- 北京：中国社会科学出版社，2024.7
ISBN 978-7-5227-3503-0

Ⅰ.①先… Ⅱ.①高… ②胡… Ⅲ.①社会管理—研究—中国—先秦时代 Ⅳ.①D691.22

中国国家版本馆 CIP 数据核字(2024)第 085429 号

出版人	赵剑英
责任编辑	戴玉龙
责任校对	熊兰华
责任印制	王 超

出　　版	中国社会科学出版社
社　　址	北京鼓楼西大街甲 158 号
邮　　编	100720
网　　址	http://www.csspw.cn
发 行 部	010-84083685
门 市 部	010-84029450
经　　销	新华书店及其他书店
印　　刷	北京明恒达印务有限公司
装　　订	廊坊市广阳区广增装订厂
版　　次	2024 年 7 月第 1 版
印　　次	2024 年 7 月第 1 次印刷
开　　本	710×1000　1/16
印　　张	17.25
字　　数	188 千字
定　　价	89.00 元

凡购买中国社会科学出版社图书，如有质量问题请与本社营销中心联系调换
电话：010-84083683
版权所有　侵权必究

前　言

　　社会需要、社会发展与社会生活的现实表现，决定了社会治理思想的基本状况，而稳定的社会治理思想体系一旦形成，又会对当时的社会治理实践产生重要影响。社会治理作为一种解决社会公共问题的政策手段，本质上是一个治理思想与治理制度不断互动并解决现实社会问题的过程。一定意义上甚至可以说，社会治理思想的高度决定了社会治理现代化的程度。

　　近年来学界聚焦于当代治理实践，围绕社会基本问题开展了卓有成效的研究，但既有研究忽视了对隐藏于其后的社会治理思想的深入探究，亦未能从文化传承维度对当代社会治理思想的深层根源进行考察。中华优秀传统文化是中华民族的根和魂，是持续推进中国特色社会主义不可或缺的文化之源，更是中国共产党治国理政最深厚的文化之基。建党一百多年以来的奋斗实践也一再证明，坚持把马克思主义基本原理同中华优秀传统文化相结合，不仅极大地拓展了马克思主义中国化时代化的时空纵深，而且为我们在更广范围、更宽领域挖掘中华优秀传统文化的当代价值提供了广阔的平台。

　　站在第二个百年奋斗目标的新征程，全面推进社会治理体系和治理能力现代化依然面临诸多全新挑战与未知风险。在这样的历史背景下，以马克思主义理论为指导，立足中国发展实际，对先秦社会治理思想进行创造性转化与创新性发展，是推进中国社会治理实现创新发展，全面纾解社会治理困境的重要路径。基于此，本书围绕当代社会治理的基本问题，对先秦相关文献进行了研究。

通过对先秦诸子经典著作的阅读分析，结合现代社会治理理论基本问题，我们发现作为中华优秀传统文化的源头活水，先秦诸子在理论上提出了一整套指导社会治理实践的学说，形成了比较系统、完备的社会治理思想。基于这样的前提，我们紧扣社会治理风险这一重大理论与现实关切，以马克思主义理论为指导，综合运用哲学、管理学、政治学、社会学、教育学等学科的基本理论，研究了社会治理的基本内涵和基本问题，围绕目标、方法、原则与标准这一逻辑主线，对先秦诸子的社会治理思想进行了全面而系统的梳理。

研究发现，儒家的社会治理思想以"与民同乐"为目标、以"正名复礼"为方法、以"仁心仁政"为原则、以"有耻且格"为标准；墨家的社会治理思想以"兴利除害"为目标、以"以利导民"为方法、以"兼爱相利"为原则、以"互利互惠"为标准；道家的社会治理思想以"为腹为安"为目标、以"结绳而用"为方法、以"无为而治"为原则、以"安居乐俗"为标准；法家的社会治理思想以"霸王天下"为目标、以"以法治众"为方法、以"抱法处势"为原则、以"令行禁止"为标准。进一步说，虽然古人并无自觉的社会治理的问题意识，但其思考却都深刻地触及了当代社会治理的基本问题。本书中所谈的几个思想流派，均给出了一个社会治理的蓝图，如儒家强调"仁礼并重，以仁奠基"，墨家强调"兼爱相利，顺从天志"，道家强调"小国寡民，无为而治"，法家强调"以法为教，以吏为师"。这些社会治理蓝图，不仅可以为新时代社会治理提供一定的参考，也可以为全面纾解当代社会风险提供来自中华优秀传统文化的古朴智慧。

综合来看，本书针对先秦社会治理思想本身，通过对先秦诸子著作进行全面的研读与分析，沿着目标、方法、原则与标准这一逻辑主线，系统构建了先秦诸子社会治理思想体系，拓宽了先秦诸子哲学研究的视域与路径。与此同时，在新文科建设的背景下，本研究试图在对传统研究范式进行反思的基础上另辟蹊径，从中华优秀传统文化宝库中挖掘思想资源，以建构一种别开生面的、中国式的社会治理思想体系，一定程度上打开了从学术专著层面探究这一领域的全新角度，对于从思想层面挖掘中华优秀传统文化的当代治理价值具有积极意义。

本书在撰写过程中得到许多专家的指导和帮助，在此表示诚挚感谢。本书第一章至第七章由高延飞撰写，提纲、整体结构由胡月审定把关。由于水平有限，缺点和疏漏在所难免，不足之处，恳请广大读者批评指正。

目　录

第一章　导论 ··· 1

　　第一节　研究缘起及意义 ································ 1

　　第二节　文献综述及分析 ································ 19

　　第三节　写作思路及创新 ································ 41

第二章　社会治理思想概说 ································ 45

　　第一节　社会治理的概念内涵 ··························· 45

　　第二节　社会治理的基本问题 ··························· 58

　　第三节　先秦社会治理思想概述 ························ 67

第三章　仁礼并重，以仁奠基 ······························ 77

　　第一节　与民同乐的目标 ································ 77

　　第二节　正名复礼的方法 ································ 86

　　第三节　仁心仁政的原则 ································ 106

　　第四节　有耻且格的标准 ································ 121

第四章　兼爱相利，顺从天志 ······························ 131

　　第一节　兴利除害的目标 ································ 131

第二节　以利导民的方法 …………………………… 144
　　第三节　兼爱相利的原则 …………………………… 155
　　第四节　互利互惠的标准 …………………………… 161

第五章　小国寡民，无为而治 …………………………… 175
　　第一节　为腹为安的目标 …………………………… 175
　　第二节　结绳而用的方法 …………………………… 184
　　第三节　无为而治的原则 …………………………… 191
　　第四节　安居乐俗的标准 …………………………… 201

第六章　以法为教，以吏为师 …………………………… 208
　　第一节　霸王天下的目标 …………………………… 208
　　第二节　以法治众的方法 …………………………… 214
　　第三节　抱法处势的原则 …………………………… 222
　　第四节　令行禁止的标准 …………………………… 231

第七章　回顾与反思 ……………………………………… 239
　　第一节　先秦社会治理思想的当代价值 ………… 239
　　第二节　先秦社会治理思想的历史局限 ………… 241
　　第三节　先秦社会治理思想研究的前景展望 …… 246

参考文献 ………………………………………………… 249

第一章　导论

第一节　研究缘起及意义

一　研究缘由

国泰民安是人民群众最基本、最普遍的愿望。每个人都期望生活在一个富足稳定、安全和谐、公平正义、民主法治、包容活力的社会环境中，而社会治理的根本目的也正是创建一个这样的社会环境，实现民众对社会公共利益的最大需求。党的十八大以来，我国社会治理成效显著，主要表现为"社会建设全面加强，人民生活全方位改善，社会治理社会化、法治化、智能化、专业化水平大幅度提升，发展了人民安居乐业、社会安定有序的良好局面，续写了社会长期稳定奇迹"。[①] 为持续推进社会治理现代化，《中华人民共和国国民经济和社会发展第十四个五年规划和2035年远景目标纲要》进一步明确，我国"十四五"时期社会治理领域的重要任务是，"完善共建共治共享的社会治

[①] 《中共中央关于党的百年奋斗重大成就和历史经验的决议》，《人民日报》2021年11月17日第1版。

理制度",建设"人人有责、人人尽责、人人享有的社会治理共同体",力求实现"社会治理特别是基层治理水平明显提高"的目标。①

(一) 社会治理面临新问题

中国特色社会主义新时代,我国社会主要矛盾发生转变,人民群众的美好生活需要对全面提升社会治理水平、全面评估社会治理风险、全面推进社会治理创新、全面激发社会治理活力提出新要求。站在第二个百年奋斗目标的新起点,如何全面有效应对挑战,开创社会治理现代化建设新局面,是我们亟须解决的重大理论与现实问题。

第一,美好生活需要逐步提高,对全面提升社会治理水平提出新要求。新时代,我国社会主要矛盾已经转化为"人民日益增长的美好生活需要和不平衡不充分的发展之间的矛盾",而随着全面建成小康社会目标的达成,人民群众的"美好生活需要",不仅在涵盖范围上超越了传统意义上的物质与精神范畴,包含了对"民主""法治""公平""正义""安全""环境"等更大范围的需求,②而且在对各个不同领域的需求上,也表现得更加多元、多样、复杂③。

以安全为例,"安全需要"是人类社会的基本需要之一,④"没有人民安全,就没有人民幸福"⑤。建立于安全需要之上的安全感是人们在一系列"放心舒心、可以依靠和

---

① 《中华人民共和国国民经济和社会发展第十四个五年规划和2035年远景目标纲要》,《人民日报》2021年3月13日第1版。
② 《习近平谈治国理政》第3卷,外文出版社2020年版,第9页。
③ 王俊秀、刘晓柳、刘洋洋:《人民美好生活需要的层次结构和实现途径》,《江苏社会科学》2020年第2期。
④ [美]马斯洛:《动机与人格》,许金声等译,华夏出版社1987年版,第44页。
⑤ 颜晓峰:《人民安全是国家安全的基石》,《中国军转民》2021年第6期。

信任的事物或事件"影响下形成的一种稳定、安全心理状态，①包括个人安全感、政治安全感、经济安全感、社会安全感和环境安全感等多项内容，其中社会安全感是人们对自身所处环境安全与否的感知，通过社会公众的个体安全感体现出来。治理实践中，安全需要是否得到满足，满足程度如何，是人民群众感知美好生活的重要指标之一。②从国家的长治久安，到人身安全、财产安全、交通安全、隐私安全等等，皆是每一个普通老百姓关切的焦点，甚至可以说，"如果连安全工作都做不好"，"让人民群众生活得更美好"则无从谈起③。

与此同时，新时代掩藏于资源分配之下的社会格局重构、不平衡不充分的发展现实，使得处在多元复杂格局中的利益分化缺乏有效整合，各种矛盾与纠纷在消解着原有规制体系的同时，增加了社会失序风险，降低了民众的社会安全感。世界价值观调查数据显示，60余个国家8万多名受访者在被问及"周围或是居住地区安全状况"时，回答安全或非常安全的比例由80.3%（2010—2014年）下降到74.72%（2017—2020年），但回答不安全或非常不安全的比例，却增长了5.58%。

我国的情况也不容乐观，有调查显示，60%以上的受访者认为自己的焦虑程度较深，超过80%的人认为焦虑情绪会在公众之间传递，成为当下中国的"社会病"④，从而

---

① 俞国良、王浩：《社会转型：国民安全感的社会心理学分析》，《社会学评论》2016年第3期。
② 郑建君：《中国公民美好生活感知的测量与现状——兼论获得感、安全感与幸福感的关系》，《政治学研究》2020年第6期。
③ 《十八大以来重要文献选编》（下），中央文献出版社2018年版，第84页。
④ 张立平：《我们为何容易缺乏安全感》，《决策探索》2014年第12期（上）。

使其突破个人感受层面，进而演变为一种较为普遍的社会心理状态。另一项对财产、人身、交通、医疗、食品、就业、隐私、自然环境等8个领域安全感的调查结果显示，近年来公众的安全感虽然有所提升，但仍低于及格线，平均分为2.82。①

从社会影响力看，网络时代各类恶性犯罪案件的曝光，是加剧公众安全隐忧的重要因素。一方面，弑亲、复仇、报复社会等恶性案件，家庭暴力、拐卖妇女儿童、重特大安全生产事故、交通安全、食品安全等危害个人与公共安全类案件一旦受到广大网民关注，会迅速陷入"流量旋涡"，成为舆论焦点，而涉黑涉恶犯罪、P2P网贷犯罪、网络传销犯罪是政法机关打击的关键领域，也是危害公众安全感的主要犯罪类型。统计数据显示，2012—2020年，虽然我国刑事立案数量自2015年起出现下降趋势，但财产诈骗类案件的立案数量自2012年以来呈总体上升趋势，至2020年底已上升至191.54万起，8年增长了3.45倍，其在刑事案件中的占比也从2012年的8.48%，上升至2020年底的40.07%。此外，安全生产事故、交通事故、火灾事故等意外事件也给人民群众的生命财产安全带来重大威胁，伤亡人数和财产损失持续高位运行。另一方面，随着移动互联网技术的发展，部分软件非法窃取用户信息，对公民财产和人身安全造成严重威胁，个人的基本信息、兴趣爱好、家庭成员等重要信息在网络公开，隐私大量泄露，个人失去对自身隐私的控制能力，此外新冠疫情等非传统安

---

① 该调查以1—5分来评定公众安全感，1分为最低，5分为最高，3分为及格线。参见俞国良、王浩：《社会转型：国民安全感的社会心理学分析》，《社会学评论》2016年第3期。

全事件，也让公众"安全焦虑"升级，起到推波助澜的作用。2012年以来，电信网络诈骗数量以年均40%的速度快速增长，2017—2020年，检察机关起诉网络犯罪人数更是翻了一番还多。2020年新冠疫情期间，电信网络犯罪案件占检察机关审查起诉案件总数的30%。概言之，市场经济和全球化背景下，民众所面临的诸多生存性与生活性安全问题，使得"需要"与"供给"之间的紧张关系成为社会治理必须攻克的现实难题。人民群众美好生活需要与社会公共产品供给之间的矛盾，对社会治理能力提出更高要求。

第二，社会主要矛盾发生转变，对全面评估社会治理风险提出新要求。马克思在《论犹太人问题》中指出，"安全是市民社会的最高概念"，[①] 维护每个成员的生存性安全是整个社会存在的重要目标，[②] 更是无产阶级革命和社会主义制度建设的核心内容。在《资本论》《工厂工人状况》《英国工人阶级状况》等论著中，马克思、恩格斯坚持从"现实出发"而非从"理论前提出发"的原则，他们既搜集了大量调查报告、统计材料、个人札记，又亲自到工厂里同普通工人交往，对触发一切社会运动的"真正基础与出发点"进行了深入研究，指出对工人的生命、健康等生存性安全的最大威胁正是资本主义制度，剥削的加剧将激化阶级矛盾，并最终导致社会革命爆发。从马克思主义视角观之，物质生活的生产方式是制约整个社会生活、政治生活和精神生活的现实基础。"以一定的方式进行生产

[①] 《马克思恩格斯文集》第1卷，人民出版社2009年版，第42页。
[②] 袁祖社、王轩：《"生存安全性"的文化公共性逻辑——马克思哲学之新价值本体境界》，《东岳论丛》2012年第1期。

活动的一定的个人，发生一定的社会关系和政治关系。……社会结构和国家总是从一定的个人的生活过程中产生的。"① 也就是说，经济发展不仅是国家和社会总体发展的决定性力量，也是触发各类社会安全风险的根本原因。如果一个国家（地区）的经济发展出了问题，必然会对其社会治理水平造成严重影响。

改革开放以来，虽然我国的经济发展取得了巨大成就，建设社会主义现代化国家，实现中华民族伟大复兴的中国梦，已经成为所有中华儿女的普遍愿望与日益逼近的发展目标。然而，必须强调的是，经济发展在快速提升民众物质福利的同时，又会通过对公平、公正等基本权利的更高追求，以更快的速度引发社会怨愤，触发社会矛盾。② 与此同时，受历史、地理、政治等多重因素影响，经济发展的不平衡性已经成为一个全球性问题。我国经济社会发展的不平衡性主要表现在区域发展不平衡、城乡发展不平衡以及行业发展不平衡等诸多方面。以综合反映居民内部收入分配差距状况的基尼系数为例，国际上通常将 0.4 作为收入差距过大的警戒线，但中国官方报道的基尼系数 2008 年，时高达 0.491，虽然 2009 年以后我国基尼系数逐步降低，但仍高于警戒线。2021 年 2 月 25 日，举行全国脱贫攻坚总结表彰大会，经过全党全国各族人民共同努力，在迎来中国共产党成立一百周年的重要时刻，我国脱贫攻坚战取得了全面胜利，现行标准下 9899 万农村贫困人口全部脱贫，832 个贫困县全部摘帽，12.8 万个贫困村全部出列，

---

① 《马克思恩格斯文集》第 1 卷，人民出版社 2009 年版，第 523—524 页。
② [美] 塞缪尔·亨廷顿：《变化社会中的政治秩序》，王冠华等译，上海人民出版社 2008 年版，第 39 页。

区域性整体贫困得到解决，完成了消除绝对贫困的艰巨任务。不过需要指出的是，解决发展不平衡不充分问题、缩小城乡区域发展差距、实现人的全面发展和全体人民共同富裕仍然任重道远。对于易返贫致贫人口，如何做到早发现、早干预、早帮扶；对于刚刚实现脱贫地区的产业发展，如何做到长期支持与培育，实现内生可持续发展；对于易地扶贫搬迁群众，如何进一步做好后续扶持等等，一系列新问题的产生，均对全面评估社会治理风险提出新要求。

第三，法治实施体系任重道远，对全面推进社会治理创新提出新要求。法治是社会治理体系和治理能力现代化的重要依托。没有健全的法治体系，社会治理目标的实现则无从谈起。中华人民共和国成立以来，在中国共产党的领导下，我国民主法治体系逐步建立并得到不断发展和完善。

改革开放以来，党的历届领导集体高度重视法治建设对国家发展的重要性。邓小平在改革开放初期即指出，"现在的问题是法律很不完备，很多法律还没有制定出来。……应该集中力量制定刑法、民法、诉讼法和其他各种必要的法律，……做到有法可依，有法必依，执法必严，违法必究"。[①] 1997年，党的十五次全国代表大会提出"依法治国"重大方略，加快推进我国法治建设步伐。2011年，党的十一届全国人大四次会议召开，时任全国人大常委会委员长的吴邦国庄严宣布"中国特色社会主义法律体系已经

[①] 《邓小平文选》第2卷，人民出版社1994年版，第146—147页。

形成"。① 截至目前,我国已有法律260多部、行政法规700多部、地方性法规9000多部、行政规章11000多部。

然而,在法治实施领域,依然时常出现与法治精神相违背的状况。如近年来在公安执法领域备受关注的执法规范化问题,城管执法过程中出现的暴力执法问题,以及在城市化建设进程中出现的"暴力拆迁"等问题。这些问题虽然以个案的形式出现,仅对行政相对人的个体利益造成一定影响,但随着网络时代的到来,这些个案一经流传到网络,便会迅速发酵,并形成网络集聚效应,甚至有可能从个案发展至对全局有影响的政治事件,进而影响政治安全。一定程度上可以说,虽然当前我国完备的法律制度体系已经建立,但在法治实施层面,依然存在诸多短板,特别是在社会治理层面,构建系统、完备、高效的法治实施体系依然任重道远,这就对全面推进社会治理创新提出了新要求。

第四,社会治理参与意识不足,对全面激发社会治理活力提出新要求。在传统管理理念指导下,占据主导地位的行政主体将治理焦点集中于关系"国计"的国土、军事、政治诸领域,而对关涉"民生"的财产生命安全、生态环境建设、食品药品安全、隐私信息保护等领域则关注不够,因而往往给人以"高居庙堂"拒人千里之感,② 公众参与社会治理的积极性未能得到充分调动。具体表现为,一方面,行政主体作为传统社会治理的领导者,在社会治理体系中

---

① 《十七大以来重要文献选编》(下),中央文献出版社2013年版,第119页。
② 和晓强:《建国以来"国家安全观"的历史演进特征分析》,《情报杂志》2020年第2期。

占据主导地位,然而由于历史原因,行政主体在推进社会治理进程中往往表现出统筹能力不足、联动机制乏力等问题,如在遇到突发重大公共危机事件时,行政主体"条""块"之间、"块""块"之间统筹联勤联动机制与统筹指挥力量的乏力,一定程度上会造成交叉执法、浪费资源等现象;另一方面,社会组织、市场主体、公民个体等治理主体的地位虽然得到确认,但受政策、文化、机制等一系列因素影响,我国社会治理领域仍然存在"公众依赖性强、责任意识弱、参与不积极"等问题,[①]而个别行政管理部门不重视构建社会主体参与治理的平台与机制,又进一步造成他们在治理实践中很难发挥自身优势,一定程度上不利于社会治理活力的充分释放[②]。

党的十六届四中全会通过《中共中央关于加强党的执政能力建设的决定》,明确提出构建"党委领导、政府负责、社会协同、公众参与"的社会管理新格局,开启了公众参与社会建设的新局面。党的十八大以来,在应急管理、公共卫生、市域治理、法治建设、公共安全等诸多领域,"公众参与""人民平等参与""劳动者参与""社会力量参与"等重要理念日益深入治理实践,为开创社会治理新局面奠定了坚实的基础。

(二)社会治理创新面临新挑战

党的十八大以来,我国在基层社会协同治理创新、社会组织治理能力提升与规范、社会安全风险评估体系建设、

[①] 王伟进:《当前我国社会治理实践创新的趋势与挑战》,《社会建设》2019年第1期。

[②] 郑会霞:《新时代社会治理面临的新挑战与应对之策》,《中州学刊》2019年第7期。

社会治理新格局的构建等诸多领域，取得了显著成效。不过，我们依然面临前所未有的复杂环境，而在社会治理创新过程中，创新周期短、创新主动性不足、创新地域分布不均等治理弱项亦逐渐凸显，[①]甚至在一些领域中还出现了行动误区与认识偏差，如果不及时加以纠正，可能造成较为严重的后果[②]。

第一，社会风险治理难度持续加大。上文已述，当前我国社会治理面临诸多新问题，这些新问题不仅集中在恶性犯罪、生产事故、重大自然灾害等传统领域，在卫生医疗、生态保护、教育等领域也出现了以往没有出现过的新风险点，这些风险挑战几乎触及人民群众生产生活的每一个角落，是社会发展实现健康运行与安全稳定的重要威胁。甚至可以说，我国已经进入了一个"社会矛盾频发、社会问题集中的高风险时代"。[③]如果不对当前不断涌现的各类新风险加以疏导和解决，就可能造成风险因素逐步积聚、爆发、失控，从而对整个社会的和谐稳定发展造成严重威胁。在这样的背景下，我国社会治理面临如何以更加科学的态度和方法应对这些风险与矛盾的时代命题。

第二，社会治理结构尚待逐步优化。改革开放以来，随着我国经济的快速稳定发展，社会领域也随之发生重大变化，其中一个重要的特征就是，社会结构体系由单一与同质向多元与异质的转变。以社会组织的构成为例，协会、

[①] 张海柱、陈小玉、袁慧赟：《中国地方社会治理创新的总体特征与动因——基于"创新社会治理典型案例"（2012—2021）的多案例文本分析》，《西南大学学报（社会科学版）》2022年第1期。

[②] 姜晓萍：《国家治理现代化进程中的社会治理体制创新》，《中国行政管理》2014年第2期。

[③] 肖金明主编：《社会治安综合治理法治研究》，山东大学出版社2015年版，第42页。

商会、事务所等社会与经济组织大量涌现，不仅促进了经济社会的发展，也在极大程度上满足了社会公共服务的需求。随着社会治理理念的转变，我国治理结构由政府单独肩负治理职责的传统治理模式，逐渐向政府、社会、市场、公民等多元主体治理结构转变。然而，传统的"全能政府"热衷于"包揽一切"式的管控手段，以"控制"代替"治理"的习惯一时难以改变，一定程度上限制了多元治理主体作用的发挥。面对全新的社会治理形势，这种自上而下的单一治理思路已难以为继。[1]

第三，社会治理制度体系亟须完善。就当前来看，我国社会治理领域取得了一系列成果，特别是在社会矛盾化解纠纷机制的构建上，各地借鉴"枫桥经验"，纷纷展开了卓有成效的基层社会治理探索。然而，不可否认的是，由于社会治理活动本身具有的复杂、不确定、高风险等特点，导致治理探索往往出现简单化、短期化、即兴式等问题，甚至在一些地方、一些领域出现"盲目运动式"治理的现象。比如，有些地方为了完成局部的、眼前的、紧急的治理任务，不注重治理制度的长效性建设，往往是"捡了芝麻丢了西瓜"，虽然付出了很大的治理成本，短期的效果固然不错，但长期效果却很难保证。需要强调的是，社会治理是一个关系全社会各领域利益调整与需求满足的过程，为了确保治理过程的稳定性以及治理成效的持续性，我国应从法治层面为社会治理现代化提供全面的支持，从而使社会治理过程得到全方位的法治保障。

---

[1] 关爽、郁建兴：《国家治理体系下的社会治理：发展、挑战与改革》，《江苏行政学院学报》2016年第3期。

第四，社会治理绩效评价标准不一。社会治理是一项涉及国计民生的全局性、系统性、动态性工程，可谓牵一发而动全身，不仅涉及的领域空前广泛，而且治理活动本身也应是一个动态发展的过程。近年来，我国各地基层社会治理探索虽然取得了不小的成绩，然而在如何进一步有效激发社会治理效能，特别是如何准确、科学评价治理成效方面，还有很大的提升空间。如在犯罪治理领域，自2015年以来，虽然我国恶性犯罪案件的立案率逐年递减，但电信网络犯罪高发、频发对公民隐私带来安全风险的局面尚未得到根本扭转，[①] 而基层社会矛盾纠纷化解更是成为当前社会治理领域的重中之重。新形势下，若不对社会治理绩效评价体系进行全面升级，将会成为社会治理效能进一步发挥的拦路虎。[②]

（三）社会治理创新面临新机遇

《中共中央关于党的百年奋斗重大成就和历史经验的决议》提出，"坚持把马克思主义基本原理同中国具体实际相结合、同中华优秀传统文化相结合"（以下简称"两个结合"），是党百年来"坚持理论创新"这一历史经验的重要体现。党的二十大报告进一步指出："坚持和发展马克思主义，必须同中华优秀传统文化相结合。只有植根本国、本民族历史文化沃土，马克思主义真理之树才能根深叶茂。"[③] "两个结合"重要命题不仅丰富了马克思主义中国

---

① 呼连焦、刘彤：《大数据视域下社会治理：机遇、挑战与创新》，《湖湘论坛》2018年第4期。
② 郑会霞：《新时代社会治理面临的新挑战与应对之策》，《中州学刊》2019年第7期。
③ 习近平：《高举中国特色社会主义伟大旗帜为全面建设社会主义现代化国家而团结奋斗——在中国共产党第二十次全国代表大会上的报告》，《人民日报》2022年10月26日第1版。

化的内涵，揭示了马克思主义中国化的新形态，也为持续推进马克思主义中国化时代化的理论创新与实践发展指明了方向。①

中华优秀传统文化是中华民族的根和魂，是持续推进中国特色社会主义不可或缺的文化之源，更是中国共产党治国理政最深厚的文化之基。从社会治理领域看，先秦诸子生活的时代，虽然生产力水平有了较大提升，但随着周王室的衰微，"天下大乱，贤圣不明，道德不一"，诸侯对于人口、土地的争夺无一刻不在进行。具体表现为，随着传统氏族管理体系的逐步瓦解，社会结构亦随之发生重大变化，贵族"降为皂隶"者有之，在土地私有与经营商业中迅速富裕壮大者亦有之。与这一瓦解和变化相适应，社会矛盾不仅表现为诸侯君王之间的利益争夺，更表现为不同利益群体之间的矛盾冲突，特别是普通民众在承受战火带来人身安全威胁的同时，还要面临猛于虎的"苛政"，普通民众多有"劳者不得息""寒者不得衣""饥者不得食"，②以至于"民恶其上"③"民散久矣"④。

生逢乱世的先秦思想家面对社会大变革的时代背景，立足于国家富强、社会稳定、人民安宁的政治理想，勾勒出形态各异而又殊途同归的理想化治理模式，提出了具体的社会治理目标、推进方法、基本原则与评价标准。因此，有学者指出，"社会秩序重建"，即"治"的问题是先秦诸

---

① 倪德刚、江溪泽、孙洁：《"两结合"与马克思主义中国化》，《科学社会主义》2021年第4期。
② 《墨子·非乐上》。
③ 《国语·周语》。
④ 《论语·子张》。

子的核心议题之一，[①] 而"想侯王之所想"，并为侯王的长久统治、天下的长治久安"出谋划策"是先秦社会治理思想的题中应有之义[②]。如《史记·太史公自序》中就明确指出，虽然先秦诸子"直所从言之异路，有省有不省耳"，即他们在表达自身学说的方式上有所不同，有的学派明显，有的学派比较隐晦，但却在"务为治"上表现得"一致而百虑，殊途而同归"。又如，《汉书·艺文志》在对各家文献进行梳理后，对他们的学说也进行了评价，如谈到儒家时说，"儒家者流，盖出于司徒之官。助人君，顺阴阳，明教化者也"。道家学说"历记成败存亡祸福古今之道，然后知秉要执本，清虚以自守，卑弱以自持，此君人南面之术也"。法家的治理思想则表现为"信赏必罚，以辅礼制"。一言以蔽之，无论是儒家的"博而寡要，劳而少功"，墨家的"强本节用"，还是法家的"严而少恩"，抑或是道家的"以虚无为本，以因循为用"，归根结底"六家同归于正"，故"使其人遭明王圣主，得其所折中，皆股肱之材已"[③]。

由此可见，先秦社会治理思想所展现出的理论内涵与实践路径，是一个由多种理论模式与学说理念构成的复杂系统，不仅具有鲜明的民族特色与时代特点，而且相互间又有着十分复杂的内在联系与演进逻辑，时至今日依然具有十分重要的实践价值。因此，在马克思主义理论的指导下，立足于建设社会主义现代化国家新征程，对先秦社会治理思想进行全面而科学的梳理，具有理论与现实意义。

[①] 郭齐勇、吴根友：《诸子学通论》，商务印书馆2015年版，第30页。
[②] 张腾宇：《〈老子〉"小国寡民"之义辨正》，《哲学研究》2017年第12期。
[③] 《汉书·艺文志》。

二 研究意义

传统是当代的重要来源，同样一个国家与民族的传统思想文化也可以持久而深远地影响当代治国理政的实践。与西方现代化过程中同传统发生"全盘的质变性的决裂"完全不同，中国式现代化有其深厚的文化根基，蕴含着解答"西方现代化道路总问题"与"人类总体性危机"的基本提示。[①] 先秦诸子所提出的各种对于人类社会总问题的具体看法与解答路径，特别是其"务为治"的社会治理思想，正是这一文化根基与基本提示的重要组成部分。因而对先秦社会治理思想进行系统梳理，不仅可以为推进新时代社会治理体系和治理能力现代化提供理论源泉，也可以为全面纾解各类社会安全风险提供现实启示。具体来说，先秦社会治理思想的研究意义主要体现在以下几点。

（一）理论意义

第一，对先秦社会治理思想进行研究，能够丰富马克思主义关于社会治理思想的内容。马克思、恩格斯虽然未对社会治理的理论与实践进行过全面而系统的梳理，但是他们对资本主义制度进行深度分析的过程，却内在地包含着丰富的社会治理思想。这些理论、观点与方法主要分布在《德意志意识形态》《哥达纲领批判》《资本论》《论住宅问题》《法兰西内战》《反杜林论》等文本中。[②] 马克思、恩格斯指出，社会治理应在遵循社会公仆、人民主权等原则的基础上，突出国家、市民社会与人民的治理主体地位，

[①] 沈湘平：《中国式现代化道路的传统文化根基》，《中国社会科学》2022年第8期。

[②] 曹胜亮、胡江华：《马克思社会治理思想及其当代意义》，《江西社会科学》2019年第6期。

强调社会治理的最终目标是维护社会公平正义，实现社会的自我管理。以儒、墨、道、法为代表的先秦诸子学派，针对当时的社会问题，曾经提出过各具特色的社会治理思想，为统治者应对各种社会问题提供了较为系统的解决方案。在马克思主义理论指导下，系统梳理先秦社会治理思想的基本内容，将为进一步探究马克思主义关于社会治理的深刻内涵，纾解当代社会治理困境，提供一个重要的理论切入点。

第二，对先秦社会治理思想进行研究，能够深化对马克思主义社会治理思想的理解。众所周知，文化有广义、狭义之分，广义的文化指人类创造的一切物质财富和精神财富的总和，狭义的文化则指人类的思想，这种思想主要通过语言的方式表现出来。经验告诉我们，任何一种思想要想被一个国家、一个地区、一个民族所接受，必须充分尊重这个国家、这个民族、这个地区的文化习惯。马克思主义传入中国以来，之所以能够带领中国人民取得一个又一个的伟大胜利，就是因为马克思主义能够与中国具体实际相结合，能够与中华优秀传统文化相结合。进一步说，就是能够充分地理解、尊重中国人的文化心理、文化习惯。基于中华优秀传统文化来思考社会治理问题，能够更进一步把握中国社会的文化心理，更进一步探究中国人民的现实需要，同时也能够更进一步发挥马克思主义真理的社会治理价值。

第三，对先秦社会治理思想进行研究，能够充分彰显马克思主义基本原理同中华优秀传统文化相结合的理论魅力。党的二十大报告指出："只有把马克思主义基本原理同中国具体实际相结合、同中华优秀传统文化相结合，坚持运用辩证唯物主义和历史唯物主义，才能正确回答时代和实践提出的重大问题，才能始终保持马克思主义的蓬勃生机和旺盛活力。"中华优秀传统文化是中华文明的智慧结晶，其中包含的仁礼并重、兼爱相利、无为而治、以法为教等社会治理思想，是以先秦诸子为代表的中国人民在长期生产生活中积累的理论成果，同马克思主义的价值观具有高度契合性。站在新的历史起点，系统梳理先秦社会治理思想，既能够突出马克思主义理论体系鲜明的中国特色，也有利于进一步夯实马克思主义中国化时代化的历史基础，充分彰显了马克思主义基本原理同中华优秀传统文化相结合的理论魅力。

（二）实践意义

第一，对先秦社会治理思想进行研究，为推进社会治理现代化提供了源头活水。"在思想与文化的范围里，现代决不可与古代脱节。任何一个现代的新思想，如果与过去的文化完全没有关系，便有如无源之水、无本之木，绝不能源远流长、根深蒂固。"[①] 中华优秀传统文化是中华民族的根和魂，是涵养社会主义核心价值观的重要源泉，也是我们在世界文化激荡中站稳脚跟的坚实根基。[②] 从社会治理领域看，先秦社会治理思想虽然在时间上是前现代的，但其作为中华民族根深蒂固的文化基因，不仅是中国式现代化新道路的文化基石，也为超越西方现代化道路提供了深厚的理论底蕴，为新的历史条件下持续推进社会治理现代化提供了源头活水。

[①] 贺麟：《文化与人生》，商务印书馆2015年版，第4页。
[②] 沈湘平：《中和位育　安所遂生——中国式现代化新道路的传统文化根基》，《中国社会科学报》2021年10月19日第6版。

第二，对先秦社会治理思想进行研究，为推进社会治理制度创新提供了历史镜鉴。社会治理是一个巨大的系统工程，涉及政治、经济、文化、生态等多个方面。从横向视角观之，社会治理现代化包括公共服务、社会公平、公共安全、社会保障、社会参与、生态环境等诸多领域；从纵向维度观之，社会治理体系由理论指导、制度选择、政策制定、组织实施、效果评估等多个环节构成，这些都在先秦社会治理思想中有着不同程度的体现，很多理论构想与制度设计至今仍有很强的实践价值。对于这些思想的进一步整理和挖掘，将为建设"共建共治共享"的社会治理制度提供重要的当代借鉴。

第三，对先秦社会治理思想进行研究，为全面纾解社会治理风险提供了价值指引。在讨论人的主体需要是否得到满足的问题时，马克思将"价值"理论引入其中，他指出："'价值'这个普遍的概念是从人们对待满足他们需要的外界物的关系中产生的。"[1] 也就是说，只有当主体需要与满足需要的社会实践发生联系时，两者才构成一个完整的价值体系，即需要的价值性首先体现在它的"属人性"或"主体需要性"方面，[2] 主体的价值认同程度是衡量需要满足与否的重要标准。风险社会视域下，人类对美好生活的需要，不仅直接面临更加严峻复杂的生存和发展威胁，而且面临着人与社会关系异化、人与自身关系疏离的精神困境。先秦诸子学说是中华优秀传统文化的源头，其中包含的社会治理思想，为推进新时代社会治理体系和治理能

---

[1] 《马克思恩格斯全集》第 19 卷，人民出版社 1963 年版，第 406 页。
[2] 裴德海：《马克思"需要理论"的价值向度》，《安徽大学学报（哲学社会科学版）》2009 年第 1 期。

力现代化提供了理论源泉，也为全面纾解风险社会安全危机与满足人民群众美好生活需要提供了价值指引。

第四，对先秦社会治理思想进行研究，为培育社会主义核心价值观提供了文化养分。从宏观层面看，核心价值观能否得到社会大众的普遍认可，取决于两个关键点：一要考察核心价值观本身是否能够挖掘深植于本民族根源的历史文化传统，其主要内容是否能够体现本民族长期发展过程中所积累和形成的民族特性；二要看核心价值观是否能顺应世界先进文化发展潮流，代表本民族未来发展的基本方向。[1] 两个关键点都与本民族的传统文化根源息息相关，与本民族的特性和特点不可分离。社会主义核心价值观体现了古圣先贤的思想，体现了仁人志士的夙愿，体现了革命先烈的理想，寄托着各族人民对美好生活的向往。中华民族要继续前进，就必须根据时代条件，继承和弘扬我们的民族精神、优秀文化，特别是包含在其中的优秀治理文化。先秦社会治理思想作为中华传统治理文化的重要组成部分，将为新时代践行社会主义核心价值观提供丰厚的文化养分。[2]

第二节 文献综述及分析

20 世纪中后期，社会治理议题受到国外理论与实务界

---

[1] 欧阳军喜、崔春雪：《中国传统文化与社会主义核心价值观的培育》，《山东社会科学》2013 年第 3 期。

[2] 高延飞：《论传统文化与大学生核心价值观的培育》，《山西高等学校社会科学学报》2015 年第 1 期。

持续而广泛的关注。近年来，随着国家治理现代化的有序推进，国内社会治理问题研究领域的成果也日益丰富，无论是对治理主体、治理方法、治理评价、治理体系等基本问题的研究，还是对西方社会治理理论的引入、传统治理智慧的挖掘，均成果丰富。

一 关于社会治理本身的研究

（一）关于治理理念的研究

从20世纪70年代末开始，世界各国政府陆续开始了对治理变革的探索，变革内容繁多，涉及领域广阔，主要包括政府职能市场化、政府权力多中心化以及政府决策民主化等。1989年，在分析非洲现代化过程中面临的困境时，世界银行首先使用了"治理危机"一词。此后，各国学者，特别是英法学者围绕治理的定义、意义以及实践价值等问题进行了尝试性分析和解答。

90年代初期，我国学者开始引进西方国家的治理理念，视治理理论为当代社会管理的一个重要的理念和价值追求。俞可平是国内早期研究"治理"理论的学者，其《治理与善治》一书不仅详细介绍了西方治理理念的提出背景以及研究趋势，更对近年来国外学者的研究成果进行了筛选和汇编，对治理与善治理论的国际视野进行了整合，同时也对治理在中国的应用和发展进行了有意义的理论阐释和路径分析。党的十八届三中全会首次提出"国家治理体系和治理能力现代化"的命题，国内学界围绕"国家治理体系和治理能力现代化"展开激烈讨论研究，成果纷呈。[①]

[①] 褚娟：《十八届三中全会以来"国家治理体系和治理能力现代化"研究成果综述》，《大连干部学刊》2015年第2期。

关于"国家治理体系",学界的研究主要有两个角度:一类为系统论角度,认为国家治理体系是治理主体基于自身职能而推进国家实现稳定与发展目标的有机系统,核心在于党的领导、人民当家做主、依法治国的有机统一;① 另一类为制度论角度,把国家治理体系归结为制度设计②。

关于"国家治理能力",学界研究成果可以归纳为两个角度:一类是将治理能力归结为治理主体的能力;另一类则是把治理能力归结为治理过程的制度能力,即"国家制度的执行能力"。不过亦有学者将其归结为国家治理能力的总和,如戴长征在《中国国家治理体系与治理能力建设初探》一文中就指出,国家治理能力是指国家在管理社会政治、经济、文化事务过程中,为实现国家治理的战略目标,分配社会利益并实现对社会生活的有效控制和调节的能量及其作用的总称。③

关于"国家治理体系"与"国家治理能力"的关系,目前大多数学者都认为二者是相辅相成的有机整体,它们是作为国家治理进程中密切相关的两个方面出现的,只有实现二者的紧密协调,国家整体的治理水平才能得到显著提升。

关于"现代化"的内涵,诸多学者从系统论视角出发,将国家治理体系和治理能力的"现代化"归结为两类:一类是国家治理方式和结构的更新;另一类是制度的更新。

---

① 李抒望:《正确认识国家治理体系和治理能力现代》,《求知月刊》2014 年第 5 期。
② 江必新:《推进国家治理体系和治理能力的现代化》,《光明日报》2013 年 11 月 15 日第 1 版。
③ 戴长征:《中国国家治理体系与治理能力建设初探》,《中国行政管理》2014 年第 1 期。

俞可平最初将国家治理体系的现代化归结为公共权力运行的规范化，公共治理过程的民主化，法治化，效率提升以及中央与地方的协调化等五大标准；他认为中国作为一个迅速崛起的大国，要在全球治理中承担更多的责任，中国的国家治理现代化，是继工业、农业、科技和国防"四个现代化"之后的第五个现代化，是深刻的社会进步；此外他还在《走向善治》一书中，阐明了统治与治理、善治与法治、善治与民主的关系，进而指出善治的丰富内涵以及实现方法。[1]

总体来看，从党的十八届三中全会首次提出推进国家治理体系和治理能力现代化，到党的十九届四中全会专门研究国家治理体系和治理能力现代化，再到党的二十大明确将"基本实现国家治理体系和治理能力现代化"作为2035年总体目标的重要内容，党中央对"国家治理现代化"的认识不断深化，理论界也能够充分吸收古今中外理论资源，对国家治理理论进行创造性转化与创新性发展，自主构建了符合时代要求、具有中国特色、内含人民意志的"国家治理现代化"知识体系、话语体系、思维体系以及学科体系。[2]

（二）关于社会治理基本问题的研究

学界普遍认同将"国家治理"视为一项包括经济、政治、文化、社会、生态等方面的系统工程，社会治理作为这个系统工程的重要环节，越来越受到理论研究者的重视，研究主要从以下方面展开。

---

[1] 俞可平：《国家治理体系的内涵本质》，《理论导报》2014年第4期。
[2] 李震、傅慧芳：《新时代国家治理现代化研究综述与前瞻》，《东南学术》2020年第1期。

从治理体系上看，范如国指出，社会在本质上是一个复杂的网络系统，具有相互耦合、开放演化、动态适应等特点，这就决定了社会治理必然是一个复杂、庞大的系统工程。他认为，基于"复杂系统理论"与"社会治理"之间的内在契合性，应在分析社会系统网络结构及其特征的基础上，建立一种适应复杂社会系统的"协同创新机制和制度安排"，开展全面的协同社会治理。[①] 江必新、李沫在《论社会治理创新》一文中指出，社会治理体制创新要求推行合作治理，实现多元主体的合作共治，并善于用法治手段推进治理目标；社会治理创新过程中须高度重视制度层面的构建，特别是社会治理的责任制度、公开制度、主体制度以及社会协商制度等，同时社会治理创新还应正确处理政府治理与社会自治的关系。[②] 对于充分发挥法治在社会治理中的作用，周庆智做出专门论述。他认为要善用法治思维和法治方式来实现对治理过程中公民权利的保障和约束，并在此基础上建立起公民与公权力之间的法治化互动关系。[③]

从治理的体制与机制上看，社会治理过程中，虽然参与其中的治理主体各不相同，然而它们却可以为了共同的治理目标，积极协商行动方案与治理措施。对此，肖文涛认为，社会治理应是一个充分调动各个治理主体积极性，充分发挥其自治功能，从而使所有主体能够在治理中逐步

---

① 范如国：《复杂网络结构范型下的社会治理协同创新》，《中国社会科学》2014年第4期。

② 江必新、李沫：《论社会治理创新》，《新疆师范大学学报（哲学社会科学版）》2014年第2期。

③ 周庆智：《社会治理体制创新与现代化建设》，《南京大学学报（哲学·人文科学·社会科学）》2014年第4期。

形成互动、互补、互联的动态过程。① 不过亦有学者指出，当前我国社会治理体制存在"治理体制的法治保障不足""党政包揽的一元治理格局""治理路径依赖本末倒置""价值理性迷失"等问题，应从"公民权利保障体系""社会政策体系""公共安全体系""公共服务体系""社会行为规范体系""社会组织培育体系""社区治理体系""社会风险预警与应对"等方面持续推进社会治理体制创新，以应对当前社会治理中遇到的困境与挑战。②

从治理主体上看，社会治理以实现和维护群众公共利益为核心目标，因而应针对国家治理中的社会问题，充分发挥多元治理主体的作用，推动社会有序和谐发展。寇丽平认为，社会治理是政府实现社会事务管理的一种全新模式，主要通过市场部门、社会组织、政府部门等多元主体的协调互动，实现对社会问题的解决。③ 张康之认为，社会治理中的行动者是一个由政府、非政府组织和其他社会自治力量构成的行动者系统。④ 肖文涛指出，全新社会治理模式的创建，使得传统的治理角色关系发生了重大变化，即治理关系由传统的"控制与被控制""管理与被管理"关系，向新型"协作关系"转变。这种治理主体间的协作关系主要有两个特点：一是相互之间的法律地位是平等的，这就确保了各治理主体之间可以在相同的平台沟通互动；

---

① 肖文涛：《社会治理创新：面临挑战与政策选择》，《中国行政管理》2007年第10期。
② 姜晓萍：《国家治理现代化进程中的社会治理体制创新》，《中国行政管理》2014年第2期。
③ 寇丽平：《社会安全治理新格局》，国家行政学院出版社2018年版，第7页。
④ 张康之：《论主体多元化条件下的社会治理》，《中国人民大学学报》2014年第2期。

二是相互之间的机会是平等的,即各治理主体可以机会平等地表达自身的意愿和诉求,共同参与社会事务治理。① 向德平认为,社会治理理念指导下的治理主体与传统的社会管理主体有极大不同。新型社会治理主体更加强调治理主体的多元化,除政府这一传统治理主体外,各种社会组织、公民自治组织,甚至包括一些担负公共服务功能的私人部门、参与公共生活的单个公民等均应纳入其中,这些治理主体共同组成了一个"立体性交叉网络",最终目的是实现利益共享。② 在实证研究方面,曹海军、吴兆飞在《社区治理和服务视野下的三社联动》一文中,以北京、上海等地的实践为例,分析了由政府、社会组织与公众共同参与的多主体治理模式的积极作用。③

从治理的效能上看,由多主体构成的协同治理有利于充分调动政府组织以外的公共组织力量,这需要各个机构和组织之间的有机协同,从而在有效弥补政府职能不足之余,充分激活市场和社会力量。如曹都国等重点考察了中国社会治理实践中"党建引领"在功能结构、成长路径、角色定位等层面的变革,指出应从主观能动性、优化服务、方向引领、互动合作等维度,持续发挥党建引领在激发社会治理效能方面的作用。④ 张欢等鉴于当前我国主观测量指标较为薄弱的现状,构建了包括社会服务满意度(社区便

---

① 肖文涛:《社会治理创新:面临挑战与政策选择》,《中国行政管理》2007年第10期。
② 向德平、苏海:《"社会治理"的理论内涵和实践路径》,《新疆师范大学学报(哲学社会科学版)》2014年第6期。
③ 曹海军、吴兆飞:《社区治理和服务视野下的三社联动:生成逻辑、运行机制与路径优化》,《华南师范大学学报(社会科学版)》2017年第6期。
④ 曹都国、吴新叶:《党建引领社会治理:制度逻辑与效能改进》,《江淮论坛》2020年第6期。

民服务、公共行政服务、民生保障服务)、社会治理公平感（秩序公平、信息公平、人际公平、分配公平)、社会幸福感（社会贡献、社会认同、社会整合、社会和谐、社会实现）等在内的社会治理绩效评估主观指标体系。[①] 姜晓萍等对社会治理体系进行了四要素解构：主体—规则—机制—目标，他们认为社会治理体系四个要素之间的互动与耦合程度，直接关系到社会治理效能的"达成度"。[②] 在如何构建治理效能评价权重上，俞可平基于各级党委与政府社会治理基本目标（改善民生、维护稳定、实现社会和谐），构建了"中国社会治理评价指标体系"——中国社会治理指数（China Social Governance Index，CSGI)。这个指标体系共包含 6 个二级指标（公共安全、公共服务、社会参与、社会公平、社会保障、人类发展），36 个三级指标。[③] 同时，俞可平还借鉴联合国人类发展指数（HDI）测量方法，对单个指标进行"无量纲化"，[④] 即根据每个治理指标的上限与下限阈值来计算单个指标指数的值，然后再根据每个指标指数的权重合成中国社会治理指数，分数越高，说明治理水平越高。[⑤] 与以上路径不同，王芳等则基于大数据应用，构建了"治理效能评价指标体系"（4 个一级指标、19

---

① 张欢、胡静：《社会治理绩效评估的公众主观指标体系探讨》，《四川大学学报（哲学社会科学版）》2014 年第 2 期。

② 姜晓萍、阿海曲洛：《社会治理体系的要素构成与治理效能转化》，《理论探讨》2020 年第 3 期。

③ 俞可平：《论国家治理现代化》（修订版），社会科学出版社 2015 年版，第 275—282 页。

④ 即对数据进行标准化处理，也就是通过数学变化的方法来消除原始指标的量纲影响。

⑤ 俞可平：《论国家治理现代化》（修订版），社会科学出版社 2015 年版，第 282 页。

个二级指标、38个三级指标),他们通过层次分析法、专家调查法等为各个评价指标确定了权重。[①] 此外,史云贵等专门针对农村社会治理,构建了一套包括评价主体、评价程序、评价分值、评价程度、评价等级等在内的农村社会治理效能评价指标体系。[②]

从社会治理的重点领域来看,近年来学界将生态环境、经济管理、社会生活、安全建设等与民众生活相关度较高的领域纳入研究范围。而在诸多领域中,社会安全领域的治理研究以其政治性、社会性、民生关切等特点,受到研究者的高度关注。如郑杭生指出,社会安全风险主要是指除经济系统与政治系统之外其他社会领域的安全,处于转型时期的中国社会,将面临来自环境因素与系统内部因素所带来的安全风险,如果不对社会治理策略进行同步的转型升级,采取有效措施防范化解社会风险,则可能使风险因素加剧。[③] 朱志萍将社会安全界定为,公安机关及其他社会安全综合治理机构,依据国家公共安全政策和法律法规,管理社会的过程,她还分析了底线思维和智慧策略在社会安全风险治理过程中的应用。[④] 童星指出,"风险社会条件下人民群众的安全需求"是当前中国社会治理的四大重点领域之一,而"保障公共安全"亦成为破解中国社会治理

---

① 王芳等:《基于大数据应用的政府治理效能评价指标体系构建研究》,《信息资源管理学报》2020年第2期。
② 史云贵:《我国农村社会治理效能评价指标体系的构建与运行论析》,《公共管理与政策评论》2016年第1期。
③ 郑杭生、洪大用:《中国转型期的社会安全隐患与对策》,《中国人民大学学报》2004年第2期。
④ 朱志萍:《社会安全风险治理的底线思维与智慧策略》,《上海城市管理》2019年第2期。

重点与难点的有效途径。① 胡象明、张丽颖对 1949—2019 年中国社会稳定风险治理模式进行了梳理，将其归纳为"压力管控型""应急维稳型""评估预警型"三种类型，指出应对我国当前的社会稳定治理模式进行创新，从而构建一种"利益共享""政府信任""多方合作"的新型社会稳定风险治理模式。②

此外，在对社会治理基础理论进行研究的同时，亦有众多学者将研究目光专注于农村、城市等特定区域。如杨乙丹针对转型时期我国农村社会安全风险日趋严峻与复杂多变的形势，从"虚化型政治""追逐型政治""政绩追逐"与"利益共生"等维度分析了生成农村安全风险的政治经济逻辑。③ 连芷萱等基于舆情大数据的特点，提出治理经验与数据科学相融合、现实性与预测性相结合、效率与安全相兼顾的风险防控策略。④

综上，社会治理作为国家治理的一个重要领域，受到研究者的普遍关注。近年来学界围绕治理主体的特点、治理体系的构建、治理体制机制的优化、治理效能的发挥等问题开展研究，取得了一系列成果。在这些成果中，社会安全风险治理以其紧迫性、重要性与艰巨性等特点而受到更多的关注。然而，在针对社会治理所开展的理论研究中，极少有学者从理论构建视角，对我国古代社会治理思想进

---

① 童星：《中国社会治理》，中国人民大学出版社 2018 年版，第 25、127 页。
② 胡象明、张丽颖：《新中国 70 年社会稳定风险治理模式的探索与创新》，《行政论坛》2019 年第 4 期。
③ 杨乙丹：《转型期中国农村社会安全风险的政治经济分析》，《西北农林科技大学学报（社会科学版）》2015 第 3 期。
④ 连芷萱等：《智慧城市社会安全风险防控与治理研究》，《中国公共安全（学术版）》2019 年第 2 期。

行较为系统与全面的梳理。

二 关于古代社会治理的研究

中华文明绵延流长,时至今日已有五千多年的历史,其文化发展脉络不仅独具特色,而且其中蕴含的社会治理思想,对人类社会平稳有序发展具有重要的历史价值。因此,正确处理"传统"与"现代"的关系,实现对传统治理智慧的继承创新,对社会治理现代化具有十分重要的意义。[①] 秦汉以降,在不同的发展阶段,统治者可能会根据时代变化,结合具体国情,推行风格迥异的社会治理制度;不同的地域环境,肩负不同治理职责的治理者,也可能以宗族血亲为基准,因传统习俗、地理环境、民族习惯之异,而制定差异性的家规家训、乡规民约作为维护社会稳定的基本准则;不同的历史时期,统治者亦可能选择儒、墨、道、法等不同理论作为治国理政的指导思想。然而,无论是时空的差异,还是地域的不同,这种源于对中华传统文化的一脉传承,决定了其中必然蕴含着一以贯之的治理逻辑,这就需要我们在持续推进新时代中国社会治理现代化的过程中,对其进行吸收和借鉴。[②] 近年来学界关于中国古代社会治理思想的研究成果颇丰,研究主要围绕以下领域展开。

(一) 关于古代社会治理史的多维研究

对于中华优秀传统文化重要表现形式——中国古代思想史的价值,有几种典型的观点。一种是将思想史比作"博物馆",即认为在现代化的场景下,古代思想已失去实

[①] 田毅鹏:《社会治理现代化进程中的"传统"与"现代"》,《社会发展研究》2019年第4期。

[②] 陶希东等:《共建共享:论社会治理》,上海人民出版社2017年版,第34页。

用价值与现实作用,仅可将其作为一种博物馆的陈列物,供人们观赏。一种是将思想史比作"图书馆",即认为应做好对思想史的梳理与保存工作,以便于发挥其当代参考价值。还有一种观点是将其比作"照相簿",即认为我们在探究艺术、文学、风俗、习惯等思想形态时,应重点探索"沉积在人们心理结构中的文化传统",特别是"古代思想对形成、塑造、影响本民族诸性格特征(国民性、民族性)亦即心理结构和思维模式的关系"。一定程度上,我们可以将这些思想形态看作是一个民族心灵的"对应物""物态化"和"结晶体",其中蕴含着丰厚的民族智慧。[①] 这也就启示我们,当前正在推进和拓展的中国式现代化道路,必然是一种在多方面与"前现代"相通的现代化之路。中华文明是四大文明古国唯一没有出现断裂的文明,五千年的发展历程,也一直呈现出超稳定的安全状态,其中是否包含一种自我平衡、自我调适、自我重建的社会治理协调机理?对此,学者不仅围绕中国古代政治社会发展的制度进程进行了全面而深入的研究,也对古代哲学思想中蕴含的治理智慧进行了多维度考察。

在古代社会治理史的宏观研究方面,诸葛凯等将中国社会治理的历史概括为四个阶段:一是单一治理模式,即生产力水平极低的奴隶社会阶段;二是依靠宣传教化与刑罚规制两个手段实现治理目标的简单皇权治理模式;三是近代以来资本主义发展阶段的宪政治理模式;四是现代社会治理模式。他们认为,伴随不同历史时期社会治理模式

[①] 李泽厚:《中国古代思想史论》,生活·读书·新知三联书店 2008 年版,第 314 页。

的演变，治理者会创造出不同的社会治理工具，实施对社会的规制与引导。① 冯维江则将人类社会发展历程划分为"三"字形、"主"字形、"二"字形、"工"字形等四种治理形态，并在此基础上提炼出古代社会治理者的三个目标：效率、平等和安全。他认为，从治理形态的发展历程来看，中国古代社会在秦汉之际完成了由"多委托人"治理结构向"单一委托人"治理结构的转变，至此中国亦走上并锁定在以"安全"为导向的单一委托人治理形态。② 陈鸿彝指出，中华文明得以不断延续的重要原因之一是由于其社会机体与生俱来地发展着一种生存机制，这种机制是社会机体调节内部关系、保持平衡稳定、消除自身危害性因素、抵御外来侵扰破坏的社会安全机制，纵观两千年中国封建治安措施与社会安全机制，封建国家通过国家警治禁卫安全力量实现对社会各个阶层的控制，以达到维护社会治安秩序和政治安全的目的，从而保障了整个中华民族的长期安全稳定局面。③ 杨宗科基于中国古代社会的基本特点，将古代社会的管理思想概括为礼乐治国论、道德约束论、宗教控制论、社会控制观、无为而治论五种，而秦汉以后儒家与法家的合流，即法治与伦理的并行成为社会治理的主导方式。④ 张康之立足于对公共管理价值的考察，将人类社会不同发展时期的治理模式分为"古代统治型"

---

① 诸葛凯、张勇、周立军：《标准推动社会治理的理论逻辑及路径》，《科技管理研究》2019年第6期。

② 冯维江：《侠以武犯禁——中国古代治理形态变迁背后的经济逻辑》，《经济学》2009年第2期。

③ 陈鸿彝：《古代社会的安全机制与治安管理》，《河南公安高等专科学校学报》1999年第1期。

④ 杨宗科：《中国古代社会管理的基本经验》，《政法论丛》2013年第4期。

"近现代管理型"与"当代服务型"三种,他认为古代统治型治理模式,是一种建立在社会等级差别基础上的治理模式,管理型治理模式是在行政与政治二分原则下形成的治理模式,而服务型治理模式则是在强调国家权力向社会回归背景下形成的当代治理模式,不同发展阶段的社会治理模式,会随着时代的变迁而发生变化。[1]

在对中国古代社会某一领域或某一阶段的治理史研究方面,朱小略对中国古代社会安全进行全面考察后,提出了中国传统社稷安全观这一概念。他认为,相对于当代的国家安全,中国的传统安全观更加注重政权安全,即社稷安全,这是由古代封建王朝"家天下"的历史形态所决定的,而内部谋逆与外族入侵是威胁社稷安全的两大要素。为此,古代统治者在对儒家社稷安全观继承的基础上,逐步形成了基于"安内"与"和外"为主要手段的"大一统"社稷安全观。[2] 魏志江、陶莎以契丹族建立的辽帝国为研究对象,对其"因俗而治"与"一国二元"制度框架及其农耕与游牧并重的国家安全思想进行了考察,特别是对其以维护社会安全为目的的赈灾救济制度进行了梳理,认为这些制度的出台缓解了灾民的生产生活困难,一定程度上减轻了灾民的负担,起到了稳定民心、防止劳动力流失的作用。[3]

除以上维度外,孔繁德、彭立新立足于农牧业分区发展的历史,对中国古代生态安全进行了考察,指出古代农

---

[1] 张康之:《社会治理中的价值》,《国家行政学院学报》2003 年第 5 期。
[2] 朱小略:《中国传统社稷安全观略论》,《国际安全研究》2015 年第 5 期。
[3] 魏志江、陶莎:《辽帝国的国家安全思想研究》,《国际安全研究》2019 年第 5 期。

牧业的分区发展、农耕灌溉施肥、精耕细作等措施，保护了土地资源，但盲目扩大农耕也破坏了生态环境，威胁了生态安全与可持续发展。[1] 张利基于治安学视角，对中国古代社会治安综合治理体系进行了考察，指出"综合为治"是中国古代社会治安管理思想中最重要的原则，在这一原则指导下统治者利用中央、地方、基层以及家族势力，通过经济、政治、法律和文化等多种方式对社会进行教化与控制，从而实现全方位、多手段防范犯罪的目的。[2] 陈智勇的《中国古代社会治安管理史》是一部系统研究我国古代社会治安管理产生、发展与演变的专著，该书依据大量史料对我国古代不同历史时期的社会治安管理形态进行了系统论述，内容包括原始社会到清朝的治安管理机构、治安管理法规、户口管理、道路交通管理、消防管理、社会治安秩序管理等，[3] 是研究当代社会治理的重要参考资料。

由此可见，学界针对社会治理史的研究虽然多维且全面，但大部分研究是基于古代社会具体问题而展开的，极少有学者探讨隐藏在这些具体解决方案背后的思想根源及其流变。而一个民族在不同时代、不同场域中所遇到的具体课题必然不同，这就需要我们在关注古代社会治理具体问题的同时，将研究的目光聚焦于隐藏在其后的思想根源，挖掘其内蕴的当代价值。

（二）关于古代社会治理思想的专题研究

党的十八届四中全会明确提出，建设法治中国，提高

---

[1] 孔繁德、彭立新：《中国古代生态安全与可持续发展》，《中国环境管理干部学院学报》2003年第1期。

[2] 张利：《略论中国古代社会治安综合治理的体系》，《赤峰学院学报（汉文哲学社会科学版）》2011年第4期。

[3] 陈智勇：《中国古代社会治安管理史》，郑州大学出版社2003年版。

法治化水平，必须深化基层组织自我约束、自我管理能力，挖掘"市民公约、乡规民约、行业规章、团体章程"等社会规范在国家治理中的积极作用。"礼序家规、乡规民约"这些源于中国传统的治理文化，曾经对古代社会治理起到过至关重要的作用，因而也引起学界的高度关注。

在家规家训方面，薛凤伟指出，中国古代基层社会治理思想蕴含着丰富多样的治理策略，如榜样激励、科举引导、乡贤治理、道德教化、家规家训以及乡规民约等，这些治理策略对实现民德归厚、淳风化俗的社会治理目标，起到了十分重要的作用。[1] 张文禄以《沈氏家训》为例，以人身安全为切入点，对古代家训中涉及人身安全的有关问题进行了考察。文章指出，我国古代家训中包含了大量关于旅途中人身安全教育的内容，对如何解决旅途安全问题给出了具体意见和建议，这些内容对今天的社会治理具有重要启示意义。[2] 胡书芝等对传统家风进行了梳理，将其精神内核归纳为"倡导修行、励志与维伦之道"，认为这一精神内核的本质在于"锤炼个体人格修养、维护社会关系和谐"，具有重要的社会治理功能。因此，构建新时代社会治理共同体，必须充分发挥中国古代传统家风的社会治理作用，从"拓展实践路径""充实时代内容""创新渗透方法""营造舆论氛围"等方面挖掘其当代价值。[3]

---

[1] 薛凤伟：《中国古代基层社会治理思想、策略及目标探析》，《云南行政学院学报》2020年第1期。
[2] 张文禄：《古代家训中旅途人身安全思想的当代启示——以沈起潜的〈沈氏家训〉为例》，《河西学院学报》2021年第4期。
[3] 胡书芝、何培：《论传统家风与新时代基层社会治理》，《江西社会科学》2020年第11期。

在乡规民约方面，丁立磊指出，应发掘传统乡规民约中蕴含的思想政治教育资源等有益价值，为农村实现现代化转型服务。① 高延飞指出，当代中国村民自治组织出现以前，产生于传统社会的村规民约制度一直是维护乡村社会稳定的主要力量，其中蕴含的"无治而治"与"为仁由己"文化传统作为"礼治"文化系统的重要元素，对维护乡村社会治理秩序起到了积极的作用。② 沈费伟综合考察了传统中国乡村治理的历史发展脉络以及其中蕴含的深层逻辑，指出作为中国古代乡村治理系统中的四个主体（普通农民、士绅集团、地方政府、中央政府），相互之间并不是一种静态的"服从和被服从"关系，而是一种合作与博弈的关系，其中士绅集团在整个治理体系中居于核心地位；由乡规民约、土地制度、宗族血亲等正式与非正式制度所构成的制度体系贯穿于历史发展全过程，对中国古代社会治理秩序产生了重要影响。③ 张清改也分析了乡规民约的历史流变及其当代价值，他指出乡规民约这一维持我国古代社会秩序的"软法"，是一种在地方精英主导下，由村民自发、自愿、自主形成的对区域内全体成员具有约束力的行为准则和道德规范，对维护古代社会秩序具有重要作用，应充分挖掘古代乡规民约的治理价值，为当代社会治理服

---

① 丁立磊：《传统乡规民约何以实现现代化转型》，《人民论坛》2020 年第 14 期。
② 高延飞：《论古代"礼治"文化与中国公安治理现代化——以山西省绛县、夏县、长子三地留存村规民约古碑为例》，《山西警官高等专科学校学报》2015 年第 1 期。
③ 沈费伟：《传统国家乡村治理的历史脉络与运作逻辑》，《华南农业大学学报（社会科学版）》2017 年第 1 期。

务。① 此外，冯杰楷②、宋才发③、王晓敏④、王世奇⑤等分别从不同角度，对乡规民约融入当代社会治理进行了讨论。如王世奇在《新乡贤参与乡村治理的法治保障探讨》中提出了构建权威、合法、高效的村规民约生成机制的观点。

从社会治理研究所涵盖的范围来看，家规家训、乡规民约等作为中国社会治理思想的重要表现形式，尤其受到学者的关注。然而，这些古代社会治理具体表现形式的思想源头在哪里？思想源头与具体形式之间的关系如何？这些古代社会治理具体表现形式对当代社会治理又有什么样的启示意义？这些问题，尚待进一步的研究加以解决。

三 关于先秦社会治理思想的研究

先秦特殊的社会状况，不仅催生了诸子百家繁荣兴盛的治学局面，更为重要的是各家思想体系中蕴含的丰富社会治理思想，对后世统治者维护基层社会稳定与国家政治安全起到了重要的思想指引作用。林桂榛对儒、墨、道、法等先秦诸子学说中蕴含的社会治理思想进行了考察，他指出虽然以上四家皆主张"思以易天下"，却各有长短，其中法家与墨家的社会治理思想既重视功利实效，又能够注意到人性中"自利"的一面，因而法家强调"法治"，墨

---

① 张清改：《乡规民约的历史嬗变及当代价值》，《重庆行政》2020年第1期。
② 冯杰楷、吴金凤：《法治视野下乡规民约在乡村治理中的适用问题研究》，《法制博览》2020年第9期。
③ 宋才发、刘伟：《发挥乡规民约在乡村治理中的法治作用》，《河北法学》2020年第6期。
④ 王晓敏、王世荣：《农村政治生态建设的传导机制——从传统乡约到现代村规民约》，《宝鸡文理学院学报（社会科学版）》2019年第6期。
⑤ 王世奇：《新乡贤参与乡村治理的法治保障探讨》，《西昌学院学报（社会科学版）》2020年第1期。

家注重"兼爱",两家虽各有所得,但也各有所失;道家观察到了社会伦理"异化"的一面,因而崇尚"无为",主张"远世道";儒家中的荀子在提出"本始材朴"人性论命题基础上,强调"法治"与"礼乐"并行,满足了社会治理"教化"与"管制"两个基本向度。① 王国胜认为,儒、道、法、墨四家是先秦社会治理理论的方略构建者与主要提出者,其中蕴含的社会治理思想对于加强党风、民风、政风、社会风气建设具有十分重要的现实意义。② 李刚与宋玉路将先秦政治哲学的核心问题归结为如何处理"权威"与"自治"关系的问题,他们认为围绕这一核心问题,可以将先秦百家所提出的"治世之道"大致分为二元结构:一种以法家、墨家为代表,他们主张用"权威"手段实现治理目标,圣人、君主始终是社会治理的主导者;一种以道家的老子、庄子为代表,其社会治理理想是实现"无为而治",他们认为圣人、君主应循自然之理来治理社会,最高境界乃是使民众"自生自化"。③

整体来看,先秦诸子思想中,儒家社会治理思想无疑受到了研究者的更多关注。如张晶等撰文考察了先秦儒家的社会治理思想,文章认为先秦儒家的社会治理思想主要包括"德主刑辅"的制度基础,"安居乐业"的物质基础,"仁者爱人"的伦理基础,"以和为贵"的思想基础,"齐之以礼"的社会基础,这些内蕴于儒家思想体系的治理智

---

① 林桂榛:《论古人的社会治理思想——以先秦儒家为中心》,《孔子研究》2015年第3期。
② 王国胜:《论先秦的社会治理思想与民风建设》,《湖北社会科学》2011年第9期。
③ 李刚、宋玉路:《道家"自治"话语论》,《人文杂志》2017年第7期。

慧，具有重要的当代价值。① 安会茹指出，曾经对中国古代社会治理起到主导作用的思想主要有三种：法家的"法治"思想、道家的"无为而治"思想、儒家的"德治"思想，而儒家"德治"思想将"德治"与"法治"、"自律"与"他律"、"善心"与"善政"相结合，实际上是一种"德""礼"与"法"兼治的思想，儒家治理思想自尧、舜、禹、汤至唐、宋、明、清，始终居于中国历史的主导地位，对"大一统"治理格局的形成与发展具有十分关键的作用。② 陈琳等以先秦儒家的修身思想为研究对象，重点解析了其中蕴含的"礼""仁"合一思想，指出"修身"是儒者实现"治国、齐家、平天下"的必由之路，这一思想对构建社会价值观多元化趋势下的现代社会治理模式具有重要借鉴意义。③ 莫晓原等以儒家"为政以德"为切入点，从逻辑起点、思想基础、方法手段等维度考察了其中蕴含的社会治理思想及其当代价值。④ 韩星指出，"教化"是儒家实现维护社会秩序目标的基本方法和途径，"礼乐教化""道德教化"与"宗教教化"共同构成了儒家信奉者实现政治理想的现实选择，他认为造成当代中国社会治理危机的根本原因是"有治无教"，因而应重视对儒家"教化"治理模式的发掘，努力实现礼治、法治与德治的结合，

---

① 张晶、吴文锦、刘勇：《先秦儒家思想的社会治理价值现实借鉴研究》，《浙江工商职业技术学院学报》2022年第2期。
② 安会茹：《儒家的德治思想与当代社会治理》，《哈尔滨工业大学学报（社会科学版）》2020年第6期。
③ 陈琳、李方方：《论先秦儒家修身思想对现代社会治理模式的启示》，《广西社会主义学院学报》2010年第6期。
④ 莫晓原、韦国友：《先秦儒家"为政以德"的社会治理思想及其价值》，《桂林师范高等专科学校学报》2020年第5期。

积极构建新型综合社会治理模式。① 张冬利基于"选贤与能"的视角，对"选贤""礼法"与"德政"三位一体的儒家民本社会治理思想进行了解析，他认为这一治理思想是"道""人"与"器"的"三元和合"，对维持古代社会平衡起到了重要作用。② 高国良分析了儒家"恕道"的现代治理价值，他指出"恕道"确立了"共同体内部处理自我与他者关系的基本实践方式"，对化解社会矛盾、创新治理理念、优化治理体系具有积极价值。③ 宋玲以中国传统基层社会治理为切入点，强调"经学义理""文官政治""乡约制度"上下联动的"三位一体"儒家官僚联动体制，维护了中国古代基层社会长期稳定的治理秩序。④ 包路芳对孔子"无讼"理念进行了研究，她指出"无讼"充分体现了儒家"息讼罢争"的社会治理追求，费孝通将"无讼"作为"乡土中国"维持社会治理秩序的积极因子，对推进城乡一体化背景下基层社会治理的守正创新具有重要意义。⑤

除以上针对先秦各家治理思想进行宏观研究外，亦有学者将研究问题聚焦于先秦诸子，从更加精细的维度探讨了先秦社会治理思想的基本内容与哲学基础。如辜俊君探讨了荀子"以欲制欲"的社会治理思路，他认为荀子从"认识欲望"出发，主张以"个体欲望"来推动社会治理，

---

① 韩星：《寓治于教——儒家教化与社会治理》，《社会科学战线》2012年第12期。
② 张冬利：《从"选贤与能"看儒家民本社会治理秩序的动态平衡》，《海南大学学报（人文社会科学版）》2018年第5期。
③ 高国良：《传统恕道在现代社会治理中的价值》，《人民论坛》2021年第1期。
④ 宋玲：《中国基层社会治理的传统智慧》，《中央民族大学学报（哲学社会科学版）》2022年第5期。
⑤ 包路芳：《费孝通的"无讼"思想与中国基层社会治理》，《湖北民族大学学报（哲学社会科学版）》2022年第3期。

其落脚点则是"规制欲望",这一社会治理思想对构建以人为本的治理模式具有重要借鉴意义。① 赵天宝指出,管仲"法德兼治"的社会治理思想是集理论与实践于一身的社会治理成功典范,其中蕴含的"法主德辅""任法而治""正顺民心""民富易治"治理观对当代中国社会治理具有深刻的启示意义。②

此外,诸多学者也从国家安全角度对先秦社会治理思想进行了考察。如辛文、韩鹏杰对中国早期的国家典型——西周的国家安全思想进行了系统梳理,并将其社会安全思想凝练为"神道设教、伦常为纲""阴阳和谐、天下大同",文章指出为了维护社会安全,周人形成了以神权政治和社会伦常为核心的思想体系,他们围绕阴阳和谐观念构建了天下大同的社会理想,打造了中国古代理想社会的思想底框。③ 刘伟也对先秦时期的政治安全、经济安全、军事安全、社会安全思想做了研究,认为中国自"古国时代"发展至夏商周的"王国时代",实质上经历了一个从简单到复杂的发展过程,历代统治者从中央政权的立场出发,采取多种措施以保障社会安全,形成了包括民为邦本、本固邦宁,敦行教化、家国和谐,储粮备荒、稳定社会等为主要内容的社会安全思想。④ 余丽、王高阳以春秋战国为切入点,分析了"不生粟之国亡""富国以粟"等粮食安全思想,指出粮食安全不仅是国家安全的基础,也是国家

---

① 辜俊君:《荀子社会治理思想的伦理之维》,《伦理学研究》2022年第4期。
② 赵天宝:《法德兼治:管仲社会治理观的精髓》,《贵州社会科学》2021年第4期。
③ 辛文、韩鹏杰:《国家安全学理论视角下的西周国家安全思想研究》,《国际安全研究》2020年第6期。
④ 刘伟:《先秦时期国家安全思想述论》,《国际安全研究》2019年第5期。

富强的保证，关乎人心向背和社会稳定，对中国古代社会安全稳定起到了积极的作用。①

综上，在对相关文献进行分析后，可以发现在先秦社会治理思想研究领域，现有的研究虽然取得了一定进展，但仍有诸多尚待开拓和深化的领域：一是研究内容上，在先秦社会治理思想的概念界定、内涵总结和特征提炼等方面仍存在不足；二是当前我国的古代治理理论研究主要围绕经济、政治、文化等领域展开，专门针对古代社会治理思想的研究成果还较少；三是研究者虽然以乡规民约、家规家训、历代政治制度、各个时期政治思想等为切入点，对社会治理问题开展研究，但系统梳理中华优秀传统文化，特别是挖掘先秦诸子学说中所蕴含的社会治理思想，并从激发传统治理思想的现代治理效能角度进行研究的还很少。基于此，本书拟在学界既有成果的基础上，深入分析新时代社会治理面临的全新挑战，通过对先秦诸子学说中所蕴含的社会治理思想进行现代性诠释，以揭示其现代治理价值，为促进社会安全稳定、实现和谐发展提供新思路。

第三节　写作思路及创新

一　写作思路

社会治理本是管理学领域的一个基本问题，然而由于该问题的普遍性、关切性，又使得各学科都不同程度地涉

---

① 余丽、王高阳：《春秋战国时期粮食安全思想的传承与当代战略选择》，《国际安全研究》2014年第3期。

及了这个问题，如政治学、社会学、法学等都将其纳入研究范围。通过对先秦诸子经典著作的阅读分析，结合现代社会治理思想基本问题，本书发现作为中华优秀传统文化的源头活水，先秦诸子在理论上提出了一套指导社会治理实践的学说，形成了比较系统、完备的社会治理思想。本书沿着如下思路展开。

要探讨先秦社会治理思想的基本内容，首先要对社会治理这一概念进行界定。因此，本书第二章先对社会治理的基本概念进行了界定，对社会治理的基本问题进行了说明，特别是重点围绕先秦社会治理的基本内涵和基本问题进行了阐释。在对社会治理以及先秦社会治理等基本概念进行充分检视的基础上，本书沿着目标、方法、原则、标准这一逻辑主线，对先秦儒家、墨家、道家、法家的社会治理思想进行了逐一考察。这是本书第三章、第四章、第五章和第六章所要回答的问题。具体来说，主要包括儒家以"与民同乐"为目标、以"正名复礼"为方法、以"仁心仁政"为原则、以"有耻且格"为标准的社会治理思想；墨家以"兴利除害"为目标、以"以利导民"为方法、以"兼爱相利"为原则、以"互利互惠"为标准的社会治理思想；道家以"为腹为安"为目标、以"结绳而用"为方法、以"无为而治"为原则、以"安居乐俗"为标准的社会治理思想；法家以"霸王天下"为目标、以"以法治众"为方法、以"抱法处势"为原则、以"令行禁止"为标准的社会治理思想。应当说，虽然先秦诸子所使用的概念与当代社会治理的概念有所不同，但其所思考的问题却深刻地内蕴了当代社会治理的基本内容，描绘出了一个社会治理的蓝图，如儒家强调"仁礼并重，以仁奠基"，墨家强调"兼爱相利，顺从天志"，道家强调"小国寡民，无为而治"，法家强调"以法为教，以吏为师"。在对这些问题做出回答后，本书在马克思主义理论的指导下，进一步追问了先秦社会治理思想的积极意义、历史局限，并对先秦社会治理思想的研究前景进行了展望，以期最大限度地发挥中华优秀传统文化的当代价值。

二 创新之处

本书创新之处有三：一是研究视角的创新；二是研究内容的创新；三是研究进路的创新。

就研究视角而言，长期以来学界对于社会治理思想的研究，大多是基于西方学术话语系统而展开的。在新文科建设的背景下，本书以马克思主义理论为指导，试图在中华优秀传统文化中寻根溯源，建构一种"本土化"的社会治理思想体系。

就研究内容而言，受已经形成的学术范式影响，研究者多将目光聚焦于西方现代化的历史，意图从中寻求中国社会治理现代化的依据。本书力求突破这种研究范式，将研究重点置于"先秦"这一中华文化的源头，试图建构一种别开生面的、中国式的社会治理思想体系，为当代中国社会治理提供政策参考。

就研究进路而言，本书一方面考虑到社会治理思想的基本问题，另一方面也考虑到中华优秀传统文化自身的特征，故而从目标、方法、原则与标准等方面展开研究，探索性地建构了先秦诸子社会治理思想体系。

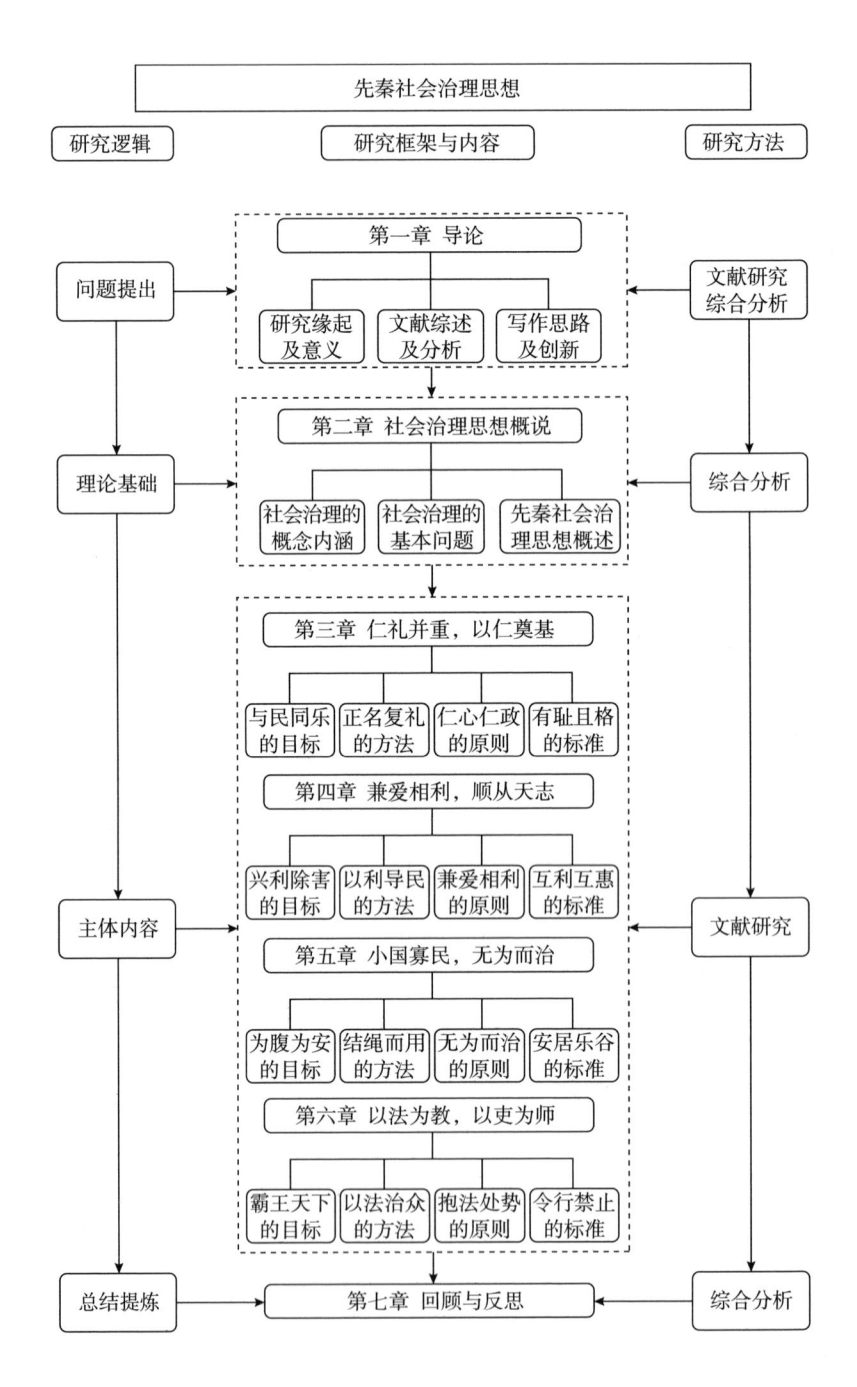

```
                          先秦社会治理思想
                ┌─────────────────────────────────┐
                │                                 │
   研究逻辑          研究框架与内容                    研究方法

              ┌─ ─ ─ ─ ─ ─ ─ ─ ─ ─ ─ ─ ─ ─ ─ ─ ─┐
              │        第一章 导论               │
   问题提出  → │  ┌──────┬──────┬──────┐        │ ←  文献研究
              │  │研究缘起│文献综述│写作思路│        │    综合分析
              │  │及意义 │及分析 │及创新 │        │
              │  └──────┴──────┴──────┘        │
              └─ ─ ─ ─ ─ ─ ─ ─ ─ ─ ─ ─ ─ ─ ─ ─ ─┘

              ┌─ ─ ─ ─ ─ ─ ─ ─ ─ ─ ─ ─ ─ ─ ─ ─ ─┐
              │      第二章 社会治理思想概说        │
   理论基础  → │  ┌──────┬──────┬──────┐        │ ←  综合分析
              │  │社会治理的│社会治理的│先秦社会治│    │
              │  │概念内涵 │基本问题 │理思想概述│    │
              │  └──────┴──────┴──────┘        │
              └─ ─ ─ ─ ─ ─ ─ ─ ─ ─ ─ ─ ─ ─ ─ ─ ─┘

              ┌─ ─ ─ ─ ─ ─ ─ ─ ─ ─ ─ ─ ─ ─ ─ ─ ─┐
              │   第三章 仁礼并重，以仁奠基         │
              │ ┌────┬────┬────┬────┐         │
              │ │与民同乐│正名复礼│仁心仁政│有耻且格│         │
              │ │的目标 │的方法 │的原则 │的标准 │         │
              │ └────┴────┴────┴────┘         │
              │   第四章 兼爱相利，顺从天志         │
              │ ┌────┬────┬────┬────┐         │
              │ │兴利除害│以利导民│兼爱相利│互利互惠│         │
              │ │的目标 │的方法 │的原则 │的标准 │         │
              │ └────┴────┴────┴────┘         │
   主体内容  → │   第五章 小国寡民，无为而治         │ ←  文献研究
              │ ┌────┬────┬────┬────┐         │
              │ │为腹为安│结绳而用│无为而治│安居乐谷│         │
              │ │的目标 │的方法 │的原则 │的标准 │         │
              │ └────┴────┴────┴────┘         │
              │   第六章 以法为教，以吏为师         │
              │ ┌────┬────┬────┬────┐         │
              │ │霸王天下│以法治众│抱法处势│令行禁止│         │
              │ │的目标 │的方法 │的原则 │的标准 │         │
              │ └────┴────┴────┴────┘         │
              └─ ─ ─ ─ ─ ─ ─ ─ ─ ─ ─ ─ ─ ─ ─ ─ ─┘

   总结提炼  →       第七章 回顾与反思            ←  综合分析
```

研究思路

第二章　社会治理思想概说

社会治理思想是一个涉及管理学、政治学、社会学、法学等多学科领域的概念，学界对这一概念的界定尚处于探索阶段，对其内涵的探究还没有形成较为一致的意见。本章立足于既有研究成果，主要围绕以下三个方面展开：一是社会治理的概念内涵；二是社会治理的基本问题；三是先秦社会治理思想的基本内涵与基本问题。

第一节　社会治理的概念内涵

一　治理

党的十八届三中全会通过《中共中央关于全面深化改革若干重大问题的决定》，将"完善和发展中国特色社会主义制度，推进国家治理体系和治理能力的现代化"作为全面深化改革的总目标。"治理"一词也成为我国政治生活中的关键性概念，涉及政府治理、国家治理、社会治理、企事业单位法人治理、社区治理、学校内部治理等多层次、多领域，可以从以下方面来理解其概念内涵。

第一，中国古代传统意义上的治理理念。单就"治理"

一词演变与发展的历程看,"治理"是古代典籍著作中的高频词汇,先秦诸多思想家均提到国家、社会、家庭如何"治理"的问题。如《荀子·君道》中说:"明分职,序事业,材技官能,莫不治理,则公道达而私门塞矣,公义明而私事息矣。"意思是说,若君主能够明确各级的名分与职责,根据事务轻重缓急有条不紊地推进工作,使有才能的人得到合理使用,则天下自然能够得到有效的"治理"。这里的"治理"即有国家与社会治理的意思。《韩非子·制分》有言:"是故夫至治之国,善以止奸为务。是何也?其法通乎人情,关乎治理也。"可见,在韩非看来,君主要想实现建设"至治之国"的目标,关键在于用好"法"的"治理"手段。先秦之后,直用"治理"表达治国理政之意的用法也颇多。如《汉书·赵广汉传》有言:"壹切治理,威名远闻。"何谓"壹切治理"?颜师古注曰:"言诸事皆治理也。"意为赵广汉作为地方主官负责地方治理的大小事务,所在州郡皆井然有序,得到有效治理。《后汉纪》中亦记载:"玄在郡连年,若有治理,迨迁之,若无异効,当有召罚。"这里的"治理"与《赵广汉传》中的"治理"意思相近,皆指社会治理卓有成效。清代王士禛的《池北偶谈·谈异六·风异》亦提到"治理"一词:"帝王克勤天戒,凡有垂象,皆关治理。"此外,比王士禛稍晚的严有禧著《漱华随笔》,其中提到:"蒋德璟出揭驳之:'……由此思之,法非不善,而井田既湮,势固不能行也。'其言颇达治理。"这里的"治理"虽然用来指称蒋德璟的论述言之有理、逻辑严密,但与上文的意思相近,亦指有条理。

除以上直用"治理"一词表意外,先秦各家典籍中亦有诸多从治国理政维度表达"治理"意义的间接用法。如儒家经典著作中多次提到"圣人之治",并为人类社会描绘了"小康""大同"的美好蓝图;墨家关于"兴利除害""以利导民""互利互惠""兼爱相利"等治理理念,也是其实现"兼爱相利,顺从天志"社会治理蓝图的重要支撑;老子提出"治大国如烹小鲜"的治理观,他针对春秋时代"天下大乱"的危局,为人类社会描摹出"小国寡民,无为而治"的社会治理蓝图;韩非在勾勒出"以法为教,以吏为师"的社会治理蓝图之后,又为统治者实现这一治理蓝图预设了"抱法处势""令行禁止""以法治众""霸王天下"的治理路径。总之,在古代典籍中,"治理"一般有两层含义,一为统治者对社会的治理,一为实现较好的治理效果,[①] 但无论是哪一种意涵,均强调统治者对国家与社会的管理。

第二,西方话语系统中的治理理念。现代意义上的"治理"(governance)一词源于西方,在古希腊和拉丁语中有"操舵"的意思,其含义与 government 交叉,前者一般指治理过程中所采用的方式方法,后者则用来指称肩负治理职责的国家机构。[②] 在相当长的历史时期,governance 意为操纵、控制、引导,主要指国家机构对社会治理权力合法垄断,并根据统治者的意志,维护政治秩序、经济秩序与社会秩序等。因而,早期西方学者多将"治理"与"统

[①] 杨立华:《人民治理:国家治理、社会治理和政府治理的共同本质》,《学海》2021年第2期。

[②] [英]鲍勃·杰索普:《治理的兴起及其失败的风险:以经济发展为例》,漆燕译,《国际社会科学杂志(中文版)》2019年第3期。

治"混用，或将二者视为同义词。①

至 20 世纪末，西方学术话语系统逐渐赋予"治理"更多新的内涵，并基于对"治理"的不同理解，逐渐形成多个流派。就主流观点来看，缘起于西方话语系统的现代"治理"意义，由以往的政府中心主义，逐步向多中心、多主体主义转向，一般指在各个领域中虽然没有获取正式授权，却可以发挥重要作用的管理机制。在这一政治与社会发展趋势主导下，西方治理理论也提出以责任性（accountability）、合法性（legitimacy）、透明性（transparency）、有效（effectiveness）、回应（responsiveness）、法治（rule of law）为基本要素的"善治"理念，而善治的最终目的乃是构建一种政府与公民关系融洽的社会治理系统。②

第三，当代语境下的中国式治理观。自 20 世纪 90 年代，我国学者开始引进西方国家的治理理念。历史地看，改革开放以来中国治理逐步走出了一条从一元到多元、从管理到服务的治理改革之路。③ 党的十八大以来，党中央立足于新时代社会主要矛盾转化的时代特征，提出全新的"治理"理念，并在这一理念指引下，正在朝着更加民主、更加公平、更加透明、更加廉洁、更加高效的中国式现代治理之路迈进。

综合来看，当代语境下的中国式治理观既在政治主张与价值内涵上区别于西方学者所主张的"治理"理论，又

---

① ［英］格里·斯托克：《作为理论的治理：五个论点》，华夏风译，《国际社会科学杂志（中文版）》2019 年第 3 期。
② 俞可平：《治理和善治引论》，《马克思主义与现实》1999 年第 5 期。
③ 俞可平：《中国治理变迁 30 年（1978—2008）》，《吉林大学社会科学学报》2008 年第 3 期。

在本质上区别于中国古代社会的"治理"思想,是指由政府、社会组织、公众等多元主体所组成的治理集合体,综合运用政治、经济、政策、协商等多种手段,以共同协作的方式实现对国家事务、公共事务、社会生活的有效治理,从而最大限度地维护国家和民众利益的动态过程。治理的基本目标是满足公众的社会公共服务需求,最终目标是实现善治,即政府与社会组织、公民在对社会公共事务的合作共治中,实现社会公共服务需求的最大化。[1]

二 治理与管理

(一) 治理与管理语义辨析

"治理"一词虽在中国古代典籍中早已有之,但现代意义上的治理概念源于西方,是从"管理"一词演变而来。历史地看,社会治理概念"既是政治统治之'治'与政治管理之'理'的有机结合,也是政治管理之'治'与'理'的有机结合",[2] 与传统的社会管理具有显著区别。传统社会管理模式主导下的治理体系,治理权力主要由政党领导的政府机构统一实施,"社会治理"理念则要求国家事务不再由政府机构独家垄断,而是由多种多样的行政机构、非政府组织、企业单位、利益集团共同行使权力,参与治理。多主体参与的集体行动,共同构成了社会治理新格局,蕴含着新时代社会治理改革发展的新动向。[3]

第一,社会治理理念更加强调通过协调的方式实现治理目标。薄利贵指出:"在传统政府体制下,往往是自上而

---

[1] 周红云主编:《社会治理》,中央编译出版社2015年版,第1页。
[2] 王浦劬:《国家治理、政府治理和社会治理的含义及其相互关系》,《国家行政学院学报》2014年第3期。
[3] 张昕:《转型中国的治理与发展》,中国人民大学出版社2007年版,第38页。

下的管制和领导者的专断,而在现代政府治理中,则要求尽可能的平等参与和协商沟通。"① 也就是说,传统管理思维下的社会运行体系,在维护社会生活正常秩序过程中强调政府等正式国家机构的强制性作用。治理理念指导下的社会治理模式,则更加强调发挥强制性机构和非强制性机构的双重作用。一定意义上,可以将社会治理理解为政府与非政府组织、公共机构与私人机构、政治国家与市民社会、强制性部门与自愿性部门之间的互动关系。

第二,社会治理理念更加强调构建上下互动的权力运行模式。如果说传统社会管理强调的是一种自上而下的权力运行模式的话,那么治理理念指导下,新型的社会运行体系必须将自上而下、自下而上和上下互动三种运行方式相结合。这种运行模式,在自上而下的顶层设计阶段,更加强调科学处理中央与地方、上级与下级之间的权责关系;在自下而上的实践探索阶段,要求治理主体善于"摸着石头过河",积极开展多领域、多层次、多角度的探索实践,先行先试、积累经验、掌握规律、逐步推广;在上下互动的成效巩固阶段,要求治理者秉持开放互动的理念,在不同领域、不同主体之间通过互动、走访、学习等过程,最终实现治理的协同效应、整合效应、创新效应。

第三,社会治理理念更加强调建立开放多元的民主规则体系。传统社会管理模式下,国家制度和决策体系具有"单中心"的特点,一些决策即使受到较大质疑,依然能够付诸实践。然而,在多元化的市民社会,单一且层级化的

---

① 薄利贵:《推进政府治理现代化》,《中国行政管理》2014 年 5 期。

治理组织无法实现有效治理。①治理理念指导下，层级化治理组织在继续发挥作用之余，其控制力得到有效限制，从而使下级机构、社会组织、市场主体和公民个人的活力得到充分释放，②一个更加开放、多元的民主治理体系得以确立。

（二）中国社会治理的历史演进

"民为邦本，本固邦宁。"社会治理是国家治理现代化的重要保障，只有建立在社会治理现代化的基础上，国家治理现代化才能成为有源之水、有本之木。一定程度上甚至可以说，没有社会治理现代化，也难有国家治理的现代化。站在新的历史征程，深入推进国家治理体系和治理能力现代化，首先就要实现社会治理体系和治理能力的现代化。

新民主主义革命时期，中国人民饱受外国侵略者和封建军阀的压迫，国家主权与人民生命财产皆处于无法保障的境地。中国共产党成立伊始，就对当时"黑暗的政治局势""腐败的社会""社会不公平以及悲惨的经济生活状况"等极易触发社会革命的因素进行了全方位考察，强调"党的根本政治目的是实行社会革命"，③努力将"民主主义的政治革命"引向"工人阶级社会革命"的道路，④从而在根本上改变人民生命财产被"武人"操纵的境况。瞿秋白更是在《自民权主义至社会主义》一文中指出，中国

---

① 张昕：《转型中国的治理与发展》，中国人民大学出版社2007年版，第39页。
② ［美］李侃如：《治理中国——从革命到改革》，胡国成、赵梅译，中国社会科学出版社2010年版，第338页。
③《建党以来重要文献选编》第1册，中央文献出版社2011年版，第1页。
④《建党以来重要文献选编》第1册，中央文献出版社2011年版，第14页。

的民权民族革命运动（国民革命），"貌似破坏，而实是彻底廓清旧社会，开新社会建设之门"。① 其后，中国共产党始终坚持将推进社会建设与满足人民需要作为矢志不渝的奋斗目标。

社会主义革命和建设时期，我国面临严峻的国际形势，同时国内土匪、间谍、国民党残余势力横行，社会秩序遭到严重破坏。以毛泽东同志为主要代表的中国共产党人怀有强烈的忧患意识，认为"战争与革命"是时代的主题，立足于战争无法避免的思维，时刻准备迎接来自国内外的风险挑战。这一阶段，保障国家安全与维护社会稳定的思想具有高度的内在统一性，以政治安全为核心、以军事安全为主要手段的思维始终占据着国家与社会建设的主导位置。

改革开放和社会主义现代化建设新时期，美苏争霸局势趋于缓和，中美关系在对话与交流中实现了重大改善，中国共产党对国际形势的判断亦随之发生重大转变："和平与发展"已经替代"战争与革命"而成为新的时代主题。在这样的背景下，经济发展成为国家安全的核心内容，外交、国防、政治、社会建设均应服务于经济建设。20 世纪 90 年代，随着冷战结束，面对"一超多强"的国际格局，党的十四大报告强调"和平与发展"这一时代主题依然没有发生变化，国家治理要更加注重包括社会、经济、文化、环境等在内的非传统领域。② 在此基础上，党的十五大报告进一步提出国家经济安全和人民生命财产安全等重大概念，国家治理朝着更加综合全面的方向迈进。③ 具体到社会领

---

① 《建党以来重要文献选编》第 1 册，中央文献出版社 2011 年版，第 322 页。
② 《十四大以来重要文献选编》（上），中央文献出版社 2011 年版，第 30 页。
③ 《十五大以来重要文献选编》（上），中央文献出版社 2011 年版，第 29 页。

域，改革开放之初邓小平就将"犯罪行为大大减少""保护最大多数人的安全"等平安建设内容纳入对小康社会美好愿景的描绘中，丰富了社会建设的内涵与外延。[①] 党的十六届六中全会将"构建社会主义和谐社会"作为重要奋斗目标。党的十七大将"社会建设"作为中国特色社会主义事业总体布局的重要组成部分。经过长期不懈的努力，我国实现了社会治理明显改进，社会长期稳定和谐。

中国特色社会主义新时代，人民对美好生活的向往更加强烈，对民主、法治、公平、正义、安全、环境等方面的要求日益增长。各种社会矛盾和问题交织叠加，其中既有老问题，也有新矛盾，对社会治理提出新的更高要求。习近平着眼新时代出现的新问题，就改进和创新社会治理做出一系列安排部署。具体来说，自党的十八届三中全会提出"加快形成科学有效的社会治理体制"后，党的十九大强调"打造共建共治共享的社会治理格局"，党的十九届四中全会进一步提出"建设社会治理共同体"的重要命题。2020年，《"十四五"规划纲要》对社会治理的"创新任务"和"远景目标"又做出明确安排与长远规划。实践证明，新时代伟大变革的十年，我国社会治理开创了"中国之治"的新局面，在书写出社会长期稳定奇迹的基础上，人民群众的获得感、幸福感、安全感更加充实、更有保障、更可持续。

三　社会治理的内涵

国家治理体系和治理能力现代化作为中国共产党全面深化改革总目标的重要组成部分，是一个包括政治、经济、

[①] 《邓小平文选》第3卷，人民出版社1993年版，第34、89页。

社会、文化、生态在内的一系列制度安排、机制运行以及执行能力的总和。社会治理作为国家治理的重要组成部分，本质上是社会治理体系与其面临的各种挑战不断契合的过程。作为一种解决社会公共问题的政策手段，社会治理过程中，由国家、组织、市场和个人所共同组成的治理体系，与其所面临的社会问题的契合度越高，则相应的社会治理能力越高。[①]

（一）新时代中国社会治理

社会治理体系是一个国家能够平稳有序发展的制度前提，在国家秩序构建的过程中，社会治理不仅是实现国家治理现代化的关键环节，也与经济、文化、生态、安全、政治等各领域治理相辅相成、互为依托。

从治理的文化背景看，社会治理体系属于上层建筑范畴，不同国家与民族社会治理体系的形成与其历史文化有直接关系。每个国家、民族在其历史上形成的治理文化，共同为现代社会提供治理素材。[②] 如西方社会在长期历史发展中形成的契约精神、公民社会等文化传统，中华传统文化中蕴含的大同小康、民贵君轻、圣人之治等思想，均对现代社会治理具有极为重要的价值引导与思想借鉴作用。

从治理的主体看，现代社会治理体系的主体由政府、社会组织和民众共同组成，体现为政府、市场和社会（含个体）的多元利益主体、多种力量、多种机制，通过社会治理主体的充分参与、交互作用、利益博弈、协调容错，

[①] 杨冠琼、刘雯雯：《公共问题与治理体系——国家治理体系与能力现代化的问题基础》，《中国行政管理》2014年第2期。

[②] 向德平、苏海：《"社会治理"的理论内涵和实践路径》，《新疆师范大学学报（哲学社会科学版）》2014年第6期。

共同维护与实现社会治理目标,推进社会公共利益最大化,以达到社会秩序的动态平衡。如社会安全治理的基本目标是提高社会安全水平,提升民众的社会安全感。[①]

从治理的客体看,对社会治理秩序形成威胁的因素主要产生于多元主体不同的利益诉求,且绝大多数威胁因素的产生都与人的主观故意有直接关系。当然,社会治理威胁因素的这种主观性特点并不是孤立、片面的,往往与客观类治理风险相伴而生,如重大自然类灾害、事故类灾害、公共安全卫生类灾害等皆可能引发一定程度的社会治理风险。

从治理的过程看,社会治理是建立于现代国家治理理念基础之上的一种全新治理理念和治理方式,主要思路是根据风险社会演化发展特点,通过一整套的制度设计与治理行为,不断实现对不同利益群体之间的协调,以降低或消除各类冲突风险,从而维护社会公平正义,保障经济社会稳定发展。

新时代,我国社会的主要矛盾已经转化为人民群众日益增长的美好生活需要与不平衡不充分发展之间的矛盾。我国社会治理也面临空前复杂的形势,一方面人民群众对美好社会生活的需要更加复杂、更加多元、更加多样,另一方面威胁社会治理的因素也更加凸显,特别是大量伴随非法行为的社会矛盾不断积聚,对社会治理形成严重威胁,对人民群众获得感、幸福感、安全感的提升造成严重影响。

(二) 社会治理与国家治理

无论是从治理主体维度看,还是从治理客体维度看,

[①] 王龙:《社会安全治理关键要素对社会安全水平的影响机制研究》,《公安学研究》2021年第4期。

要理解社会治理的深刻内涵，必须对社会治理与国家治理之间的关系作一明确辨析，弄清楚它们之间的区别与联系。

一方面，社会治理与国家治理是相互联系的统一体。社会治理是国家治理的重要组成部分。党的十八届四中全会明确指出，要推进我国多层次多领域的依法治理工作有序进行，必须"坚持系统治理、依法治理、综合治理、源头治理"。[①] 作为国家意志的基本实现途径，国家治理是一个涵盖政治、经济、文化、社会、生态等各方面的有机整体，是各领域改革和改进的联动和继承。从这个维度上看，国家治理是总体，社会治理是国家治理的重要组成部分，二者是一个"包含与被包含"的关系。

另一方面，社会治理与国家治理又有明显区别。国家治理的主体是全体人民，全体人民治理国家的权力由执政党行使。在我国，中国共产党集中代表全体人民行使治理国家的各项活动，执政党始终居于国家治理的核心地位。我国社会治理是一个"一元主导、多方参与、各司其职"的协作式治理体系，在这一治理体系中，一个强有力的执政党是治理活动的核心，而具体社会治理活动则更多地依赖于多元治理主体，这种治理活动具有自治性、自发性与自控性的特点。

（三）治理体系和治理能力

如果说社会治理体系代表着一个国家社会治理制度的完备程度，那么社会治理能力则是治理主体制度执行能力的重要体现。从这个角度看，治理体系和治理能力如鸟之

[①]《中共十八届四中全会在京举行 中央政治局主持会议 中央委员会总书记习近平作重要讲话》，《人民日报》2014年10月24日第1版。

双翼、车之双轮，缺一不可。只有构建科学、完善、高效、互动式的治理体系，才能最大限度地提升治理能力。与之相适应，治理效能的充分发挥有一个前提基础，即治理体系的不断发展与完善。对于完善治理体系与提升治理能力的强调，充分体现了新形势下党对国家改革发展的整体设计思路已经发生深刻的变化。

从二者的关系看，治理体系和治理能力是一个有机整体，更是相辅相成的两个方面。一方面，治理体系的完备程度是社会制度体系完备程度的反映，预示着执法程序是否科学规范、能否有效运行。新时代，推进社会治理体系现代化，绝不能仅站在局部利益谋划全局，而应以中华民族和全体人民的整体利益与长远利益为着眼点，既发挥党组织强大的政治动员能力，充分展现全党智慧和人民意志，又要严格遵循科学执政、民主执政、依法执政的基本方式，坚决贯彻法治理念。另一方面，要充分认识到治理能力的高低是制度执行能力的重要体现，也是治理效率的重要表现。社会治理能力的提升，能够使国家和社会组织在更大程度、更广范围、更宽领域，更加有力地发挥治理效能，从而不断朝着更加科学、完备的方向发展。[①]

当然，现代社会治理的持续推进，不仅需要一套成熟持久、系统完备、科学规范的制度体系，更需要具有随着社会发展而作出永不停歇的适应性变化的制度自觉，即所谓的现代化过程。制度建设关乎社会治理总体目标与行为规则的科学性，决策制定决定了社会治理的前进方向与行

---

① 高延飞：《坚持党对公安机关的绝对领导新探——以推进国家治理现代化为视角》，《森林公安》2020年第3期。

为方式，执行效果则与治理效能的发挥直接相关。制度建设、决策制定与执行效果作为实现"善治"的三个基本要素，只有在具体的现代化建设进程中才能得到展现。[①] 从我国社会治理体系和治理能力现代化的关系来看，中国共产党作为执政党，在以上三个要素的动态运转系统中起领导核心作用，尤其是在制度制定和决策确定两个方面，党通过一系列法定程序，将人民的意志上升为国家意志，再将之分配给相关部门贯彻执行，而各类治理主体作为维护党执政地位的有力保障，负责执行国家有关社会治理的决定。与此同时，无论是治理体系建设，还是治理能力的发挥，必须随着时代发展和环境变化做出适当调整。因此，在新的历史条件下，持续推进社会治理体系和治理能力现代化，不仅要实现对局部利益的超越，而且要时刻秉持"以人民为中心"的发展思想，将全体人民的利益放在首位；不仅要坚持中国共产党的集中统一领导，而且要善于集中全体人民的智慧，凝聚起社会治理的强大力量；不仅要充分吸收借鉴西方社会治理现代化的有益经验，而且要对中华优秀传统文化中蕴含的治理智慧进行全面梳理与总结，为新时代社会治理现代化提供智力支持。

第二节 社会治理的基本问题

社会治理作为一种全新的公共管理模式，打破了政府垄断的传统治理模式，实现了对传统的政府与社会高度合

[①] 燕继荣：《现代国家治理与制度建设》，《中国行政管理》2014年5期。

一治理模式的超越，在国家政治生活中的作用日益凸显。[①] 在这样的背景下，对社会治理目标的设定、治理方法的选择、基本原则的确立、评估标准的制定等内容进行全方位的梳理与定位，不仅是确保治理方向始终沿着国家主流意识形态稳步发展的前提，更是解决治理实践中遇到各种困难与挑战的关键。

一 社会治理的目标

目标一般指个人或组织所寻求的对象，亦指通过努力想要达标的境界，这一境界或对象一般在活动之初即在人的头脑中形成，以主观意识的形式呈现出来。传统社会治理视域下，所谓治理目标，多指通过提升治理技巧、改善治理手段，从而更好地实现对社会的管理。治理理念指导下的社会治理并不简单一味地追求效率，也并非为了实现个别群体利益，而是将公平公正、治理效率以及成果共享等作为追求目标，最终目的乃是实现"善治"，即通过一定的治理手段，努力实现社会的有效性、合法性、责任性、回应性、透明性，从而达到稳定、参与、公平、廉洁的治理目标。

治理目标作为整个社会治理体系的组成部分，是治理者力求实现的状态，对参与社会治理的多元主体具有指引作用。根据不同时期、不同区域、不同社会群体的不同需要，对治理目标进行动态调整，可以使不同治理主体围绕相同目标共同努力，从而将多元的利益诉求转化为强有力的治理行动。具体来说，可以从客体实效与主体感知两个

[①] 肖文涛：《社会治理创新：面临挑战与政策选择》，《中国行政管理》2007年第10期。

维度对社会治理目标进行理解。

马克思在批判蒲鲁东"世纪属于原理"这一唯心主义谬误时，提出了著名的"剧场隐喻"，即人们在历史活动中不仅是"本身历史的剧中人物"，也是创造历史的"剧作者"，① 他们在社会中扮演什么角色，受到主体因素与客体因素的双重影响。这里所说的主体是指"处于一定历史条件和社会关系中的、从事着认识活动和实践活动的人"，② 主要通过个体品性、心理状况、主体感知等形式表现出来。与之相对应，客体则指主体的认识和活动对象，既包括主体对治理机构的主动建构，也包括这种主动建构所带来的客观治理实效的变化。主体在实践活动中，将自身需要与一定的客体联系起来，"把作为实践所要建立的对象、所要达到的结果，预先观念地创造出来"，③ 而这种观念一经创造出来，又会渗透并贯穿于实践，并对主客体之间的互动关系进行调节。主体与客体正是以实践为"契合点"，在不断地调适与发展中实现自我发展的。因此，了解人的活动，揭示对象性事物的本质，不仅应当"从主体方面去理解"，也应将"客体因素"纳入其中，站在"科学的观察者"立场，④ 从"历史主体与历史客体相统一"角度揭示社会发展的本质性规律，⑤ 并为现实问题提供解决方案。

从社会治理领域看，随着我国全面建成小康社会目标

---

① 《马克思恩格斯选集》第 1 卷，人民出版社 2012 年版，第 227 页。
② 王宏波主编：《马克思主义哲学原理》，陕西人民出版社 2000 年版，第 133 页。
③ 查庆、田方林：《构建主客体关系在马克思主义哲学中的作用和意义》，《四川大学学报（哲学社会科学版）》2001 年第 1 期。
④ 王南湜：《"剧场隐喻"中"旁观者"视角的重建——马克思的作为社会科学方法论辩证法生成之关键》，《东南学术》2021 年第 1 期。
⑤ 郑忆石：《评阿尔都塞对马克思历史观中主客体关系的"解读"》，《学术月刊》2002 年第 11 期。

的达成，人民群众的"美好生活需要"，不仅包含了对民主、法治、公平、正义、安全、环境等更大范围的需要，[①]而且在对不同领域的需求上，也表现得更加多元、多样、复杂。这就启示我们在对社会治理进行考察时，不仅要将目光聚焦于主体因素，更应面向"人的生活现状和生存发展条件"，面向"世界的多元格局和各种社会现象"，[②]即对主体感知和客体实效进行科学整合，实现主客体考察方法的统一，使其共同服务于社会治理目标[③]。

  对于社会治理目标的"主""客"界定，不同学者有不同的理解。雷晓康、马子博对社会领域的治理目标进行了划分，其中客体维度的治理目标主要包括教育资源（教育需求、教育保障）、医疗健康（居民健康状况、医疗卫生状况）、社会保障（社会保险保障水平、弱势群体保障水平）、生活便利（居民日常生活与出行便利、基础设施建设状况）等，主体维度的治理目标则主要指民众的获得感、幸福感、安全感。[④]俞可平从社会保障、公共安全、社会公平、社会参与、公共服务、人类发展等维度所构建的社会治理指数，既包括居民（可支配）收入、基本社会保险覆盖、居民政治参与度等客观维度，也包括居民满意度、公平感、幸福感、安全感等主观维度。[⑤]当然，无论基于何种

[①] 《习近平谈治国理政》第 3 卷，外文出版社 2020 年版，第 9 页。
[②] 靳健：《主客一体——中西哲学合璧发展的时代际遇》，《甘肃社会科学》2013 年第 5 期。
[③] 方纲：《幸福测量：主客体方法及其整合》，《华中师范大学学报（人文社会科学版）》2009 年第 3 期。
[④] 雷晓康、马子博等：《中国社会治理十讲》，中国社会科学出版社 2019 年版，第 200—203 页。
[⑤] 俞可平：《论国家治理现代化》（修订版），社会科学文献出版社 2015 年版，第 284—285 页。

维度，以上皆是基于一种列举的方式对社会治理目标进行的划分。不同时期的社会治理目标必然有所不同，只有适合时代发展与人民需要的治理目标，才是科学的、合理的。

二 社会治理的方法

方法一般指为了达到某种目的而采取的行为方式或手段，故古人有"法者，妙事之迹""行事之条理"的说法。对于方法的解读，《庄子·养生主》有一则关于庖丁解牛的故事，强调破解难题，必须找到科学有效的方法，"顺其理"才能成其事。一定意义上可以说，对治理效果影响最直接的首先是治理方法的创新，治理方法的改进直接关系到治理目标的实现。传统治理理念主导下，社会治理的方法主要通过发挥国家与政府的作用，来实现对社会事务的规范与管理。与传统的强力控制型管理模式不同，在社会治理现代化的过程中，社会治理方法的创新应基于对治理目标的追求，以及对治理主体各方利益的联动协调。党的十八大以来，党中央强调社会治理要不断改进方式方法，要求治理主体在持续用好国家强力控制手段的同时，更加注重协调参与治理的各方主体，通过民主与对话的方式实现平等协作。[①]

具体来看，社会治理过程中，一方面治理者既可以通过法律规制、制度约束、政策监督、纪律要求等刚性方法，使社会危机得到快速解决；另一方面，多元治理主体也可以依托启发、激励、协商、引导、感召等柔性方法，实现对一些具有长期性、复杂性特点的社会矛盾的有效化解。

---

① 曾小波：《社会治理：从理念到方法的变革》，《西南民族大学学报（人文社会科学版）》2014年第7期。

虽然刚性方法与柔性方法均是社会治理的有效手段,然而在不同的治理领域,治理方法不同可能取得完全不同的效果。随着社会治理现代化的不断推进,柔性方法越来越成为治理者的首选。比如,在一些涉及民生的社会治理领域,可以在充分掌握资料与数据的前提下,依托大数据技术,采用定性与定量相结合的方法,快速锁定治理难点,提出有效的解决方案。①

三 社会治理的原则

原则一般指说话或者行事过程中,人们分析问题、解决问题所依据的基本准则或法则。从发生学的角度看,原则是社会发展过程中人们从社会历史与自然现象中抽象出来,能够正确反映客观规律的规则或法则。

在社会治理领域,乔耀章基于《联合国气候变化框架公约》(1992年)"共同但有区别的责任原则",指出应将"共同但有区别"作为我国社会治理的一项基本原则。②所谓共同性原则,是指以中国共产党为一切社会治理活动的领导力量,以马克思主义为共同的理论基础,以社会主义为共同的价值追求,以实事求是为共同的思想路线。与此同时,他认为在治理实践中,应将"系统治理""依法治理""源头治理""综合治理"这四个治理作为新时代持续推进社会治理现代化的共同性原则。所谓区别性原则,是指治理者应针对不同的社会治理场景从实际出发,制定差异化的治理措施,从而避免简单重复造成的资源浪费。比如,在不同的制度体系、社会领域、地理区域中,就应当

---

① 郑会霞:《新时代社会治理面临的新挑战与应对之策》,《中州学刊》2019年第7期。

② 乔耀章:《论社会治理原理与原则》,《阅江学刊》2013年第6期。

遵循差异化的治理原则。各治理主体在推进治理实践的过程中，也应差异化地承担与自身职责相应的治理责任。张国清从政策演进角度出发，将我国社会政策实践的历史分为三个阶段：社会统治—社会管理—社会治理，同时基于自由、法治、平等、民主、正当、宽容等人类文明基本观念，演绎出社会治理的八个一般原则，分别是公开性原则、正当性原则、合法性原则、友善性原则、均等性原则、共同性原则、协商性原则、可持续性原则。①

四　社会治理的标准

标准一词，古已有之。《荀子·儒效》中说，"（君子）行有防表"，唐代杨倞注曰，所谓"行有防表"就是行为处事有标准的意思。《文选·袁宏〈三国名臣序赞〉》也有"器范自然，标准无假"的表述。吕延济注释说："器量法度出於自然，为人标望准的，无所假借也。"意思是说，像"器量法度"之类的东西，虽形成于自然与社会发展的过程，具有自发性特点，但一经形成又会成为所有人共同遵守的标准，这种对标准的遵守，出自人们内心的自愿，而不必假借外力。此外，标准有时也被赋予规范或榜样的意思，如晋代的孙绰在《丞相王导碑》中说："玄性合乎道旨，冲一体之自然；柔畅协乎春风，温而倖于冬日。信人伦之水镜，道德之标准也。"这里的标准，即是以"信"作为评判人们行为处事是否符合道德标准的意思。

现代意义上的标准一般指对复杂、重复的概念或事物在一定范围内进行的统一性规定。这些规定经过官方认证

---

① 张国清、汪远旺：《社会治理的原则、模型和路径》，《天津社会科学》2015年第2期。

并发布,从而成为业内共同遵守或使用的行为规范。最初,标准一词主要用于工业领域,多指经过对科学实验结果进行充分评估后所制定的符合预期的标准,标准一经制定,将在一定期限内成为领域内共同遵守的基本准则。根据我国1988年12月29日首次颁布实施的《中华人民共和国标准化法(1988)》要求,工业生产、环境保护、农业生产以及工程建设等领域,应制定统一的技术要求,作为行业内共同遵守的标准。①

随着社会理念的不断转变,标准一词亦由工业领域向社会科学领域扩展,多用来衡量对某一事物的评价指标。如根据《中华人民共和国标准化法(2017)》的规定,传统意义上仅针对工业领域的标准化,已扩展成为一个由农业、工业、服务业、社会事业等多领域并举的"标准化+"新体系。② 依据这一新规定,社会事业作为政府领导的,以满足社会公共需求为主要目标的全新独立单元,治理者结合区域、经济、行业差异,有针对性地制定适应转型发展需要的社会治理标准体系,可以持续有效地提升社会治理效能。③

基于标准在各个行业领域发展中的重要作用,有学者

---

① 《中华人民共和国标准化法(1988年)》第二条规定:"对下列需要统一的技术要求,应当制定标准:(一)工业产品的品种、规格、质量、等级或者安全、卫生要求。(二)工业产品的设计、生产、检验、包装、储存、运输、使用的方法或者生产、储存、运输过程中的安全、卫生要求。(三)有关环境保护的各项技术要求和检验方法。(四)建设工程的设计、施工方法和安全要求。(五)有关工业生产、工程建设和环境保护的技术术语、符号、代号和制图方法。重要农产品和其他需要制定标准的项目,由国务院规定。"

② 《中华人民共和国标准化法》(2017年修订)第二条第一款规定:"本法所称标准(含标准样品),是指农业、工业、服务业以及社会事业等领域需要统一的技术要求。"

③ 诸葛凯、张勇、周立军:《标准推动社会治理的理论逻辑及路径》,《科技管理研究》2019年第6期。

指出，随着"标准"由工业领域进入农、工、服务等诸多领域，标准为社会治理现代化的持续推进提供了重要的"系统软件"，①已经被广泛应用于社会治理的各个领域，②我国已经进入"标准治国"的时代。一方面，以标准化建设推进社会治理现代化具有现实可能性。标准以技术为媒介，以服务某一特定群体为宗旨，既具有广泛而统一的特性，又能够根据区域、经济等发展水平的差异，对标准体系进行动态调整。与之相对应，社会治理的服务对象也是一个相对固定的范畴，虽然治理理念指导下，治理主体呈现出多元化的趋势，但针对不同社会领域，制定相对固定的评价标准具有现实可能性。另一方面，标准化的推进可以切实有效提升社会治理水平。标准具有公共产品的独特属性，标准一经制定并发布，则应成为该领域普遍遵守的具体、客观、合理的基本要求，能够起到监督规范的作用。标准的这些特性与社会治理公平、公开、公正的民众需求具有高度契合性。构建社会治理标准，既可以全面解决治理实践层面杂乱无序、无章可循的局面，也可以有效降低治理成本，节约社会建设资源，从而有效提升治理水平。近年来，多个实践领域通过标准化建设，收获了可喜的治理成效。以"枫桥经验"为例，2014 年以来，浙江省诸暨市枫桥镇先后制定了 22 条标准，在全国率先建立了基层社会治理的标准体系，内容涉及公共安全、公共服务、矛盾

---

① 毕雁英：《社会治理中的标准规制》，《法学杂志》2011 年第 12 期。
② 我国的国内标准包括：A. 综合；B. 农业、林业；C. 医药、卫生、劳动保护；D. 矿业；E. 石油；F. 能源、核技术；G. 化工；H. 冶金；J. 机械；K. 电工；L. 电子元器件与信息技术；M. 通信、广播；N. 仪器、仪表；P. 工程建设；Q. 建材；R. 公路、水路运输；S. 铁路；T. 车辆；U. 船舶；V. 航空、航天；W. 纺织；X. 食品；Y. 轻工、文化与生活用品；Z. 环境保护。

化解、违法监督、民主自治等领域。"枫桥经验"标准化的推进，将智能化与标准化相结合，利用标准化工具对基层自治予以规范，实现了对社会治理目标的精细化治理，取得了显著成效。①

具体来说，标准的制定一般由两部分组成，一是标准要素的组成，二是标准权重的比例分配。现代意义上的标准体系并非经验累积之后自然而然的结果，亦非个别群体或组织主观臆测的规定，而是在综合考量实践、技术、经验等因素的基础上，经过多方协商博弈所形成的动态体系。因而，社会治理标准体系的构建需要满足以下两个基本条件：一是基于质性研究，构建评价指数，并对各个指标指数进行测量计算；二是构建社会治理效能评价标准体系。

第三节　先秦社会治理思想概述

一　先秦社会治理思想的基本内涵

在《1857—1858年经济学手稿》中，马克思将人类历史更替过程分为三个阶段。在最初的社会形态——人的依赖关系阶段，对人类生产生活的威胁主要源于自然界以及族群对生存资料的争夺，此时建立在血缘、地域基础上的宗法关系是人的安全的依赖力量。恩格斯亦指出在生产力水平低下的氏族社会，保障个体的生命与财产安全，维持正常的生活秩序是每个成员与族群需要解决的首要问题。

---

① 褚宸舸：《基层社会治理的标准化研究——以"枫桥经验"为例》，《法学杂志》2019年第1期。

此时,"个人的安全依靠他的氏族来保护",① 建立在血缘关系基础上的氏族具有"相互援助、保护和代偿损害"的义务,"伤害个人"即是"伤害整个氏族"的理念占主导地位,②"群的联合力量和集体行动"成为保障个体安全与族群稳定的前提③。

从中国古代社会的发展历程看,春秋战国时期是"保存着氏族社会传统的早期宗法制"向"发达的地域国家制"的过渡。④ 这一过渡时期,表现在政治体系上是为"诸侯异政",表现在邦交关系上是为"邦无定交",表现在礼乐制度上是为"礼崩乐坏",表现在学术流变上是为"道术不一"。因应这种"天下大乱,圣贤不明,道德不一"的时代巨变,先秦诸子从不同理论视角与实践维度出发,提出了各自关于社会治理的观点与主张,可谓"百虑""殊途"。不过需要强调的是,各家治理思想虽然表现出"百家异说"的丰富样态,但诸子学说在春秋战国时期数百年的时空纵深中相互借鉴、相互影响,进而形成了既相互区别又相互联系的社会治理思想体系,表现出"一致"与"同归"的特点。

一方面,由于各学派的立论基础与阶级立场不同,因而其所构建的社会治理体系各有特色。如庄子就指出,虽然"天下之治方术者多矣",然而由于"道术不一",各家虽"皆有所明",但毕竟"不能相通",以至于"各为其所欲焉以自为方"。《汉书·艺文志》亦指出,当是之时"王

---

① 《马克思恩格斯全集》第45卷,人民出版社1956年版,第411页。
② 《马克思恩格斯文集》第4卷,人民出版社2009年版,第101页。
③ 《马克思恩格斯文集》第4卷,人民出版社2009年版,第45页。
④ 李泽厚:《中国思想史论》,生活·读书·新知三联书店2017年版,第1页。

道既微，诸侯力政"，而诸子之学虽"百川异源""百家殊业"，但是为了"取合诸侯"的"好恶殊方"，诸子遂"蜂出并作，各引一端，崇其所善，以此驰说"。

另一方面，由于先秦诸子所处时代背景与追求价值目标的高度一致性，因而他们在构建学说时又相互借鉴，共同组成了先秦社会治理思想的统一体。司马谈在《论六家要旨》中虽按学派特点将先秦诸子分为儒、墨、道德、法、名、阴阳六家，并对各家长处与不足进行了较为中肯的分析，但亦强调六家在"务为治"这一出发点上具有高度一致性。西汉刘向父子和东汉班固将先秦诸子划分为儒、道、阴阳、法、名、墨、纵横、杂、农等九个学派，不过他们认为先秦诸子学说虽各有特色，却均"出于王官"，皆属于服务国家统治的学说，故说诸子九家"其言虽殊"，却表现出"相灭亦相生""相反而相成"的特点，即所谓之"同归而殊途，一致而百虑"。

综上，本书所谈的先秦社会治理思想是指，春秋战国时期以儒、墨、道、法等为代表的诸子，为了解决"时代之问"而提出的"治理之策"，这些治理思想在当时的历史条件下经历了长期而复杂的碰撞，进而形成了一个具有高度稳定性的"文化—心理"结构。这种"文化—心理"结构一经形成，即具有了"适应于各种不同阶级内容的相对独立的功能和作用"，[①] 不仅对当时的社会历史发展具有重要影响，也以思想文化的形式充实着中华民族治理文化的宝库。本书的研究目的是，在马克思主义理论指导下，

[①] 李泽厚：《中国古代思想史论》，生活·读书·新知三联书店2017年版，第27页。

通过对先秦社会治理思想一致性与特殊性的综合考察，梳理出先秦社会治理思想的主要脉络，并将这一脉络置于西方治理观与中国治理实践的宏大语境，提炼其优势与不足，从而为持续推进当代中国社会治理现代化提供智力支持与理论依据。

二 先秦社会治理思想的时代回应

长治久安是古今中外所有国家、所有民族、所有群体孜孜不倦的追求。长治久安的社会环境，离不开科学适宜的社会治理思想，而科学适宜的社会治理思想，能够有效应对各种社会风险与挑战，进而防患于未然。显然，任何社会治理思想，一定是针对某种社会风险与挑战而提出的，这也决定了不同历史时期有着不同的社会治理思想，因为不同历史时期的社会问题是不同的。历史地看，春秋战国时期的统治者将注意力主要集中于维护政权稳固这一核心目标，而对于重大灾荒、民族冲突、民间宗教、威权政治等问题的治理，则始终未能纳入主要议事日程。这些领域的问题，初发时往往表现得如"星星之火"，极不惹人注意，但是如果不及时采取有效处置措施，则可能快速发展成"燎原之势"，进而造成灾难性后果。进一步说，先秦社会治理思想是因应于当时社会的矛盾与冲突，而产生的一种理论回应。具体而言，这些矛盾与冲突主要表现在以下方面。

第一，重大灾荒激化社会矛盾。夏、商与西周时期，我国处于奴隶制时代，奴隶主作为生产活动的主要组织者，具有一定抗击自然灾害风险的能力。至春秋战国时期，随着井田制的瓦解，逐步发展起来的具有封建特点的小农经济，在抵御自然风险时显得极为脆弱。风调雨顺时，民众生活勉强得以保障，社会的基本平衡尚能维持，但若遇到自然灾害，则往往极易引发重大灾荒，进而激化社会矛盾。灾害发生时，虽然各诸侯君王出于"岁虽凶败水旱，使民有所耘艾"之目的，往往通过"河内凶，则移其民于河东，移其粟于河内"，以及"修堤梁，通沟浍，行水潦，安水藏，以时决塞"等方式，尽可能维护社会稳定，以士绅为主导者的民间组织以及部分宗教组织亦会实施一些"患则救之"的社会保障措施，以维持基本的生产生活秩序，然而以文官系统为主要成员的政治体系，在应对突发事件时，往往十分迟钝且乏力。民间组织、宗教机构对重大灾荒的救助，亦处于自发状态且力量分散。可以说，先秦社会治理存在体系构建与能力建设的双重缺位，而这样的缺位在重大灾荒发生时，又往往成为激化社会矛盾的直接原因。

第二，民族冲突引发社会危机。《礼记·王制》记载："中国戎夷，五方之民，皆有其性也，不可推移。"《史记·五帝本纪》亦有关于北狄、南蛮、西戎、东夷的记载。甚至可以说，中华民族的发展史即是一部多民族共同融合互动的历史，这种融合互动既有交流与汇通，也有冲突与战争。以我国北方少数民族为例，由于游牧民族特殊的生产生活方式，使其必须长期保持游动状态，以寻求新的狩猎区域和放牧场所，因而常与中原民族发生冲突战争。如《竹书纪年》即载"帝癸即位，畎夷入于岐以叛"。此处的"畎夷"便是北狄的一支。先秦时期，少数民族始终是威胁诸侯政权的重要力量。在当时的历史条件下，"定居民族"与"畜牧民族"之间的生产生活水平存在明显差异。这种差异在少数民族未形成统一政权时，往往表现为"畜牧民族"对"定居民族"零星散点式的"袭扰"，而一旦"畜牧民族"建立起强有力的政权组织，则可能成为触发"定居民族"社会危机的重要动因。

第三，宗教力量挑战中央集权。宗教信仰或具有宗教性质的民间信仰，诞生于原始时代人们对自然与社会关系的思考之中。先秦典籍中诸多关于民间信仰的记载，反映了当时的社会认知状况与社会治理水平。如《诗经·商颂·玄鸟》记载："天命玄鸟，降而生商，宅殷土芒芒。"此处，商人将自己的先祖与天命之神联系在一起，赋予自身治理天下的当然地位。《诗经·鲁颂·閟宫》也说："赫赫姜嫄，其德不回。上帝是依，无灾无害。"意思是说，因为周人的始祖姜嫄品德高尚，上帝便不再降临灾害。这里，周人更是赋予其祖先受命于天的治理者地位。在古代典籍中，这种借助天神之力，以实现对自身统治合法性解释的地方还有很多。与此同时，在中国古代的历史中，特别是在王朝末期，由于激烈社会矛盾而引发的农民起义者，亦常借助民间信仰或宗教，以凝聚人心、积聚力量。不过当时的统治者对于民间信仰或宗教组织始终采取一种或漠视，或镇压的态度，即在规模较小时，往往漠视之，任其生长；一旦发展壮大，则采取简单粗暴的镇压手段，意图迅速扑灭，从而忽视了民间宗教信仰背后所隐含的社会问题。

第四，威权政治影响统治稳定。先秦时期各诸侯国为了实现对社会的控制，制定了较为系统与完备的法律体系，法家也曾提出过"以法为教，以吏为师"的治理思想。基于这样的历史现实和思想基础，中国古代社会逐渐形成了一种根深蒂固的极端君主专制主义。在极端专制主义、封建法治体系以及等级政治体系等因素的综合作用下，导致中国古代社会始终缺乏一种有效的民主沟通机制。这就极容易使得寄托于君主威权统治之下的治理体系，要想实现较为稳定的、长期的治理目标，就不得不对统治者甚至整个统治阶层提出极高的业务要求与道德要求。不过，现实的问题却是治理者在拥有绝对权力后，由于缺乏制度层面的约束，即使是在所谓圣明君王主政的时代，亦很难引领国家走向先秦思想家所设想的"圣王治世"。一个王朝，在遇到开明君主时，固然可能实现一定时期内有限的繁荣与稳定，但这种繁荣与稳定却无法长久维持；若遇到昏庸君主时，则往往会导致王朝统治迅速崩溃，人民陷入无尽苦难。这也是历代王朝"其兴也勃焉，其亡也忽焉"治理局面循环出现的重要原因。

三 先秦社会治理思想的基本问题

从学术发展史的角度看，中华优秀传统文化中蕴含着丰富的社会治理观，这些治理观是古代先哲对社会现实问题思考的结晶，对当时及其后的治理实践都产生了一定影响。[①] 对于先秦诸子而言，虽然他们并无自觉的社会治理的问题意识，但其思考却都深刻地触及了当代社会治理的基本问题。据此，我们在具体的研究过程中，根据各家在社会治理领域贡献度的不同，选取儒、墨、道、法四家进行阐述，力求从目标、方法、原则、标准等维度，勾勒出先秦社会治理思想的理论脉络，挖掘其当代价值。

---

① 孙晓春：《中国传统治理观念的现代反思》，《天津社会科学》2020年第4期。

在治理目标方面，我们在对先秦社会治理思想进行全面梳理的过程中发现，在不同的学说理念指导下，其社会治理目标也往往表现得不尽相同，具体可分为主体感知主义倾向和客体感知主义倾向。一是以儒家、道家为代表的主体感知主义倾向，如道家强调以"为腹为安"为目标，儒家强调以"与民同乐"为目标。二是以法家、墨家为代表的客体感知主义倾向，如法家强调以"霸王天下"为目标，墨家强调以"兴利除害"为目标。这里的"霸王""利害"则更多地立足于治理者角度，对社会治理进行客体感知维度的目标设定。

在治理方法方面，研究过程中可以发现在不同治理思想主导下，先秦诸子在治理方法的选择上，也有较为明显的差异。儒家在面对"礼崩乐坏"的时代之问时，立足于"仁礼并重"的核心指导思想，确立了"正名复礼"的社会治理方法；墨家在面对"国与国相攻""家与家相篡""人与人相贼""君臣不惠忠""父子不慈孝""兄弟不和调"的"天下之祸"时，提出了"以利导民"的社会治理方法；道家在面对"天下无道，戎马生于郊"之局面时，立足于"无为而治"的核心指导原则，提出了"结绳而用"的社会治理方法；法家为实现"霸王天下"的社会治理目标，强调"以法治众"方法的重要性。

在治理原则方面，先秦诸子对于社会领域问题的思考及其理论构想，无不渗透着各家一以贯之的基本原则。当然，由于所处的阶级立场不同，不同学派在治理原则的坚守上亦表现各异。如儒家在构建"仁礼并重"社会治理蓝图时，将"仁心仁政"作为推进其社会治理构想的基本原则。无论是孔子的"仁者爱人",还是孟子的"以不忍人之心,行不忍人之政",均体现出儒家对"仁心仁政"这一道德与实践原则的坚守。墨家基于"兼爱相利,顺从天志"的社会治理蓝图,强调在治理实践中应秉持"兼相爱,交相利"的基本原则,时时以维护"国家百姓人民之利"为宗旨。道家基于"小国寡民"的社会治理理想,强调"民之难治"的关键在于"以其智多",主张治理者秉持"无为而治"之原则,"绝圣弃智、绝仁弃义、绝巧弃利",以实现天下大治。法家基于"以法为教,以吏为师"的社会治理构想,强调只要秉持"抱法处势"之原则,即使无法确保万世太平,也可实现"千世治而一世乱"。

在治理标准方面,先秦诸子在构建社会治理体系时,亦将社会治理效果的评价标准作为重要问题,不同学派表达了为何要构建社会治理评价标准,以及如何构建社会治理评价标准的思想。儒家强调"道之以德,齐之以礼"是衡量治理者践行"仁礼并重,以仁奠基"治理思想的核心指标,将是否做到"有耻且格"作为评价社会治理成效的标准。墨家强调"国家百姓人民之利"的满足程度是衡量治理者践行"兼爱相利,顺从天志"治理思想的核心指标,将是否做到"互利互惠"作为评价社会治理成效的标准。道家强调"甘其食,美其服,安其居,乐其俗,邻国相望,鸡犬之声相闻,民至老死不相往来"是衡量治理者践行"小国寡民,无为而治"治理思想的核心指标,将是否做到"安居乐俗"作为评价社会治理成效的标准。法家强调"赏不加于无功,罚不加于无罪"是衡量治理者践行"以法为教,以吏为师"治理思想的核心指标,将是否做到

"令行禁止"作为评价社会治理成效的标准。对先秦诸子社会治理标准进行全方位的考察,将为我们进一步推进社会治理制度创新提供有益借鉴。

第三章　仁礼并重，以仁奠基

前文已述，社会治理有其基本问题：一是目标；二是方法；三是原则；四是标准。先秦儒家虽然没有明确地提出社会治理的概念，但其思想却包含了十分丰富的社会治理理念，对以上四个方面的内容均有着深刻的思考以及独特的阐释。就社会治理目标而言，儒家强调与民同乐；就社会治理方法而言，儒家强调正名复礼；就社会治理原则而言，儒家强调仁心仁政；就社会治理标准而言，儒家强调有耻且格。通观这四个方面，背后都有一个更为根本的概念，那就是"仁"，故而本书将儒家社会治理思想概括为"仁礼并重，以仁奠基"。

第一节　与民同乐的目标

在先秦儒家的话语体系中，"乐"是一种具有积极性情感倾向的表现形式，孔子曾用"先王之乐"与"世俗之乐"来强调礼乐的教化作用；孟子明确提出"王与民同乐"的治理目标；荀子著有专门的《乐论》，其中所蕴含的以"乐"为手段的治世方法，更加全面与多维地展现了儒家的治理理想。可以说，从孔子的"先王之乐"，到孟子的"与民同乐"，再到荀子的"君子乐"，蕴含着一条由泛伦理化到泛政治化的内在线索，① 寄托着先秦儒家"王与民同乐"的美好治理理想。

一 先王乐与世俗乐

"乐"为象形兼会意字，本义应指一种弦乐器，上半部分象征用丝制作而成的弦，下半部分则象征着弦乐器上的木结构，读作"yue"。因为使用乐器演奏音乐，能使人心情愉悦，故"乐"又转声为"le"，具有欢快愉悦的意思。《说文解字》将"乐"解释为："五声八音总名。象鼓鞞。木，虡也。玉角切。"《说文解字注》引《乐记》曰："感于物而动，故形于声。声相应，故生变。变成方，谓之音。比音而乐之，及干戚羽旄谓之乐。"具体来说，"乐"主要通过"声"与"音"表现出来。因此，《音下》曰："宫、商、角、徵、羽，声也；丝、竹、金、石、匏、土、革、木，音也。"

在先秦的典籍中，"乐"有两层含义。一是指音乐，如《书·舜典》曰："夔，命汝典乐，教胄子。"意为上天之神任命夔为掌管音乐的负责人，用诗、歌、声、律等音乐形式来教导年轻人，使他们做到"直而温，宽而栗，刚而无虐，简而无傲"。《易·豫卦》中也有"先王作乐崇德"的记载。二是形容人们听到音乐后或欢愉或悲哀的内心感受。《易·系辞》："乐天知命"。此处的"乐"读作"le"，意为安于自己的处境，听从命运的安排。《礼记·乐记》说："乐者，乐也"，这就将音乐视为一种被"乐之情"所

---

① 施俊波：《孔、孟"乐"理念比较研究》，《管子学刊》2010 年第 4 期。

规范的艺术表现形式，可以引导人们达到一种情感上的快乐。①

秦汉以降的历代学者，特别是宋明理学家对儒家之"乐"进行了较为深入的阐释。二程在解释"学而时习之，不亦说乎"时指出：

学者，将以行之也。时习之，则所学者在我，故说（悦）。

以善及人，而信从者众，故可乐。②

由此发现，儒家所讲之"乐"有内外之别。一方面，"学而时习"之所以令人"不亦说乎"，关键在于学者能够通过永不停歇的学习和思索而有所得，所以心中感到喜悦快乐，称为"说"；另一方面，内生于心的愉悦之情又会散发于外并被人觉察，故称为"乐"。因此，朱熹引用程子的观点，指出"乐由说而后得，非乐不足以语君子"，③即君子的自我修养过程包括以下步骤，先通过学习知识、思考问题产生"说"，再由"说"进而触发一种"长久之乐"。

此外，在儒家眼中，"乐"作为君子品性的必备要素之一，亦是孔颜气象的重要条件。颜回是孔子的得意弟子，孔子多次称赞颜回之"贤"，并说"一箪食，一瓢饮，在陋巷。人不堪其忧，回也不改其乐"。④意为当前的生活困境，对于普通人来说是"忧"，但对于一心向学的颜回却是"不改其乐"的品格磨砺。因而李泽厚基于对《论语·学

---

① 黄少微：《乐在其中——重思先秦时期乐之情的哲学意蕴》，《哲学研究》2022年第8期。
② （宋）朱熹：《四书章句集注》，中华书局1983年版，第47页。
③ （宋）朱熹：《四书章句集注》，中华书局1983年版，第47页。
④ 《论语·雍也》。

而》的理解，指出孔子所谓"乐"与"悦"，实际上表达了一种有别于耻感文化（日本）与罪感文化（西方）的"乐感文化"。这一文化属性，在理论习惯（思维方式）上呈现为"实用理性"，在情感归属上则展现为"道德之上的准宗教体验"，是一种"不离人世、不离感性而又超出它们"的"世间快乐"。[1]

《孝经》说："移风易俗，莫善于乐。"在儒家看来，"乐"除了是一种可以使人心情愉悦的艺术表现形式外，还是一种可以实现道德教化的社会规范手段，具有重要的道德教化功能，所以《论语·子路》亦说：

名不正则言不顺，言不顺则事不成，事不成则礼乐不兴，礼乐不兴则刑罚不中，刑罚不中则民无所措手足。[2]

在孔子看来，君王治国理政的任何一个环节都要师出有名，"礼乐"作为上承"正名""成事"，下启"刑罚""民措手足"的中间环节，其作用更为关键。如果礼乐不能兴，那么国家的刑罚就无法得到正确的执行，刑罚执行不当则老百姓就会茫然不知所措。此处，"乐"被作为一种社会治理的手段，与"礼"共同肩负着道德教化的作用，而"乐"本身的美学内涵反而成为佐证其政治价值的外在表现形式。

从"乐"与"礼""仁"的关系来看，所谓"乐"乃是"植根于礼、仁母体之上的派生之物"，在社会治理体系中，其教化规范与道德引领价值远超其艺术价值。如《论语·阳货》记载了这样一则故事，孔子的弟子子游（言偃）担任武城宰期间，兴办学校，以礼乐教化百姓。孔子

---

[1] 李泽厚：《论语今读》，安徽文艺出版社1998年版，第27—28页。
[2] 《论语·子路》。

路过时听到"弦歌之声",微笑着对子游说"割鸡焉用牛刀",即是说治理这样一个小城用得着治大国的方法吗?子游回答道,老师曾经说过,君子学道之后则会获得仁爱之心,普通百姓学道之后则能够听从治理者的命令。孔子听到子游的回答后,深表赞同。这里孔子在武城所闻的"弦歌之声",正是子游运用礼乐对民众进行教化的一种手段,而从子游得到孔子的赞许来看,在儒家治理体系中,"乐"与"礼"具有类似的社会教化功能。

当然,需要强调的是,"乐"与"礼"作为一种社会规范手段,本身又是儒家精神内核——"仁"的外化形式。正所谓:"人而不仁,如礼何?人而不仁,如乐何?"[①] 在孔子看来,"乐"一旦丢掉了"仁"这个精神内核,则立即会丧失其社会治理价值,进而变成毫无意义的喧闹之声。所以,至孟子时即有"先王之乐"与"世俗之乐"的说法。《孟子·梁惠王下》记载,庄暴向孟子请教:"(齐宣王)好乐何如?"在孟子看来,对音乐的喜爱能够反映一个君王的治国理政水平,因此他认为,若君王喜爱音乐,则国家必能治理得好。不过孟子所谓之"乐"乃是具有道德教化作用的"先王之乐",所以当孟子当面询问齐宣王是否好乐时,齐王却"变乎色"地说,自己所喜爱的乃是时下流行的"世俗之乐",而非上古圣人所创的"先王之乐"。[②]

从发生学角度看,最初的"乐"产生于远古先民对客观世界的真情流露,自然淳朴、无拘无束。正所谓"击石拊石,百兽率舞",这种源于对外物的真情流露,包含了人

[①] 《论语·八佾》。
[②] 《孟子·梁惠王下》。

性中最感性而直接的情感体验。然而，这种原初居民对"乐"的质朴情感体验，在孔子、孟子这里被泛伦理化，具有了社会治理的直接意涵，这就"把音乐以至乐声和特定政治内容、政治要求、政治理念非常具体地联系起来"，①"乐"由展现人们质朴情感的艺术表现形式，转而发展成为具有伦理意蕴的社会规范准则，至此"乐"就丧失了其自然淳朴的音乐艺术审美情趣，进一步发展成为维持贵族政治秩序的治理手段。

二 独乐乐与众乐乐

与孔子之"乐"不同，孟子基于"民为贵"的立场，首次明确提出"与民同乐"的思想。可以说，这是孟子立足于民生关切而表达的一种治理理念，意在说服统治者采用积极的治理政策，主动搭建"庙堂"与"江湖"之间沟通的桥梁，从而实现良好的治理效果。孟子认为，喜爱"先王之乐"还是喜爱"世俗之乐"并不重要，关键在于能否发挥"乐"之效用，能否实现"王与民同乐"之目标，承担治理重任的君王尤其应当明白这一道理。

为了向齐宣王揭示"乐"的治理价值，孟子问齐宣王道："独乐乐，与人乐乐，孰乐？""与少乐乐，与众乐乐，孰乐？"即一个人独自欣赏音乐快乐呢，还是与众人分享音乐更加快乐呢？齐宣王毫不犹豫地回答，当然是与众人分享音乐更快乐。孟子进一步追问，是与少数人分享音乐快乐呢，还是与多数人分享音乐更快乐呢？齐宣王回答，当然是与多数人一起分享音乐更加快乐。在得到"众乐乐"的回答后，孟子直指问题本质，强调齐宣王虽然形式上主

---

① 李泽厚：《美学三书》，天津社会科学院出版社2003年版，第223页。

张"众乐乐",但实际上却陷于"独乐"的孤岛。孟子指出,周边的老百姓一听到从大王这里传出去的鼓乐,就会愁眉苦脸地说,"吾王之好鼓乐,夫何使我至于此极也",即大王每日歌舞升平,但老百姓的生活却依然十分贫困,以至于家破人亡、妻离子散。老百姓一看到大王集结外出打猎的车马队伍,也会十分忧愁地说,"吾王之好田猎,夫何使我至于此极也",即大王每日打猎取乐,但老百姓却过着饥寒交迫、水深火热的日子。孟子认为造成这种境况的原因,正在于君王未能"与民同乐"。[①]

孟子在引用身边事例进行说理的同时,还援引上古圣王故事,强调"王与民同乐"的重要性。他指出周文王当年游猎的庄园方圆七十余里,比齐宣王的庄园大多了,但是老百姓为什么并不觉得文王的庄园大,反而觉得很小呢?根本原因在于文王是与自己的臣民共享庄园,也正因为此,老百姓将文王修筑的亭台楼阁称为灵台、灵沼。与之相反,齐宣王所修建的园林,禁止普通百姓出入,庄园的物产也仅供自己享用,甚至还规定"杀其麋鹿者如杀人之罪"。这样的做法和规定,不仅不能赢得百姓的支持,而且还会遭到大众的反感,甚至痛恨。正所谓:"古之人与民偕乐,故能乐也。……虽有台池鸟兽,岂能独乐哉。"故而,孟子认为只有那些可以"与民同乐"的君主,才能得到民众的认同和拥护,才有可能实现一统天下的抱负,即"今王与百姓同乐,则王矣"。所以孟子告诫齐宣王要向先古圣王看齐,时刻秉持"与民同乐"的理念,则自然能够得到百姓

---

① 《孟子·梁惠王下》。

的认可与支持。①

这里，孟子将"仁政""王天下"和"与民同乐"联系在一起，赋予了"与民同乐"极大的社会治理意义。具体来说，"王天下"是儒家的政治理想，"以不忍人之心，行不忍人之政"是实现"王天下"的基本方法，而"与民同乐"则是这一政治理想的基本目标，但无论是"王天下"的终极理想，还是"仁政"的具体方法，都必须与广大民众"利害相连""忧乐相通"②。

三 君子乐与小人乐

"乐者，所以道乐也。金石丝竹，所以道德也。"③ 在荀子眼中，乐器之"乐"与民众之"乐"相通，引导快乐和教化道德均是音乐的重要功能。然而，由于"君子乐得其道，小人乐得其欲"，故圣人制"乐"，通过"以道制欲"的方法，来实现"乐而不乱"，并最终达到"治人之盛"。在荀子看来，"乐者，乐也"，人不能没有"乐"，"乐"是情感的自然流露，只要人能够感受到快乐、哀伤、忧思等情感，则必然会以声音的方式流露出来，以行动的方式表现出来。因而，音乐不仅是声音、行为、性情等变化的外在表现形式，更是反映人们内心情感的晴雨表。所以荀子说：

故人不能不乐，乐则不能无形，形而不为道，则不能无乱。④

---

① 《孟子·梁惠王下》。
② 李泽厚：《中国古代思想史论》，生活·读书·新知三联书店 2017 年版，第 34 页。
③ 《荀子·乐论》。
④ 《荀子·乐论》。

当然，由于人的性情丰富而复杂，因而展现人们性情的音乐也是多种多样的，不同的乐器在演奏不同乐曲时，所表达的情感内涵也各不相同。荀子在《乐论》中对乐器、舞蹈的情感表达与治理功能进行了分析。在谈到乐器的"声乐之象"时，荀子认为鼓是乐器中的君主，其声音高亢而激越，像"天"；钟的声音浑厚而洪亮，像"地"；磬的声音清澈而明朗，像"水"；竽、笙、管、籥等乐器的声音时而肃静和缓，时而昂扬激越，则像日月星辰；鼗、柷、拊、鞷、椌、楬之类乐器所发出的声音形式多样，像世间万物一样多姿多彩。在谈到舞蹈之意时，荀子认为跳舞的人并看不到自己的整体形态，耳朵也感受不到自己所要表达的情感，但是舞者所做出的各种动作，如俯仰、进退、屈伸等，却能够清晰而有节奏地与音乐合为一体，可谓"尽筋骨之力"。①

由此可以发现，在荀子眼中"乐"是人内在性情的重要表现形式，也是实现社会伦理的重要方式。正是基于对"乐"的这种认识，荀子指出君王治国理政过程中，如果不能对"乐"加以正确引导，则社会秩序难免陷入危乱之局，即：

其服组，其容妇，其俗淫，其志利，其行杂，其声乐险，其文章匿而采，其养生无度，其送死瘠墨，贱礼义而贵勇力，贫则为盗，富则为贼。②

上古先王为了避免乱世的出现，特制定《雅》《颂》等，使"乐"能够充分地表达快乐却不陷于流俗，使

---

① 《荀子·乐论》。
② 《荀子·乐论》。

"乐"能够被世人清楚明白地辨识而不陷于邪僻，使"乐"的曲直、繁简、清浊与节奏能够抵御邪污之气，并引导和激发世人向善之心。他认为，只要能够充分发挥"乐"的规范作用，则必能起到治理之效果：在宗庙朝堂之上，"君臣上下同听之，则莫不和敬"；在族长乡里之间，"长幼同听之，则莫不和顺"；在家庭内部，"父子兄弟同听之，则莫不和亲"。所以荀子说：

> 故乐行而志清，礼修而行成，耳目聪明，血气和平，移风易俗，天下皆宁，美善相乐。①

因而，在社会治理过程中，统治者应善于用"乐"教化民众，引导人们不断提升自身的道德水平，以保障社会和国家长治久安。治理实践中，"乐"与"礼"互为补充，是实现"血气和平，移风易俗，天下皆宁，美善相乐"的根本保障。以"乐"治理社会能够以"审一定和"之声，展现"性术之变"的内在规律，进而起到引导民众向上向善的作用。

第二节　正名复礼的方法

春秋时期的思想家，都在思考一个问题，即如何通过制度构建使社会重新恢复秩序。名实之辩正是先秦诸子基于这一问题而展开的观点争论与理论建构。对于儒家而言，理论维度的社会制度重构主要通过正名复礼展开。故《史记·孔子世家》记载：

---

① 《荀子·乐论》。

孔子以诗书礼乐教，弟子盖三千焉。

《淮南子·要略》也说：

孔子修成、康之道，述周公之训，以教七十子，使服其衣冠，修其篇籍，故儒者之学生焉。

也就是说，无论是"诗书礼乐"的教化之功，还是编修"六经"的著述之举，皆是为了辅佐君王实现周公之道、复兴周公之礼，故张尔田又将孔子之学概括为"君人南面之术"①。以《论语》为例，其中讲到"礼"或"礼乐"的地方极多，可见"礼"在孔子思想中的重要地位。既然"礼"如此重要，如何"复礼"？孔子主张"正名"以"复礼"，即"正名"是为恢复"周礼"做准备，而"正名复礼"的方法，又服务于"与民同乐"的治理目标。具体来说，儒家"正名复礼"的社会治理方法论，主要包括其天命观、正名思想、恢复周礼等内容，是一个由多元素共同组成的方法论系统。

一 邪说暴行，舍礼何以治之

（一）正名之本意

儒家正名思想的提出者是孔子，集中体现在《论语》《春秋》等著述中。据孟子的描述，孔子处于"邪说暴行"的时代，主要表现是"臣弑其君者有之，子弑其父者有之"。为何会有这样的描述？据《春秋》记载，自鲁隐公至鲁哀公二百四十多年的历史里，弑君事件就有36起，其中既有子弑其父者，又有诸侯贵族弑君篡位者。如春秋时，晋灵公被大夫赵穿所杀，齐庄公被贵族崔杼所杀，虽然这两个诸侯国君都是十分残暴昏庸的统治者，但孔子认为即

---

① 《史微内篇·卷三》。

使这样，臣子杀死君主依然是一种犯上作乱、不可容忍的"暴行"。又如，鲁昭公因暴虐荒淫被三桓（季氏、叔孙氏、孟氏）赶出国，晋·史墨认为：

鲁君世从其失，季氏世修其勤，民忘君矣。虽死于外，其谁矜之？社稷无常奉，君臣无常位，自古以然。①

意思就是说，像鲁国君主这样放纵无度的国君被大臣赶走以至于流亡在外，谁会怜悯呢。一个国家的君王由谁来做，本来就不是固定不变的。然而，在孔子看来，这样的言论无疑是在鼓励犯上作乱，是一种"异端邪说"，如果不加以节制，将会导致天下大乱。因而，孔子说：

天下有道，则礼乐征伐自天子出，……天下有道，则政不在大夫。天下有道，则庶人不议。②

亦正因为如此，孔子经过卫国时，从社会治理层面提出了自己对制度建构的设想。

当时卫国的情况是，卫灵公死后国内面临重选君主的问题，然而由于灵公长子蒯聩曾经派人刺杀灵公的夫人南子，因而被驱逐出境。蒯聩被驱逐后，灵公立孙子辄为储君，即后来的卫出公。此时，孔子路过卫国，子路对老师说，卫君早就听闻老师的盛名，若卫君邀请老师去辅助他治理国家，老师打算先从什么地方入手呢？孔子回答："必也正名乎！"子路反问道，为什么要正名呢？孔子认为，君子对于自己所不知道的事情，总是采取存疑的态度。"名分"是君主与大臣治国理政的合法性基础，若名分不正，则无论是发布政令，还是推行国策，均可能无法达到预期

---

① 《左传·昭公卅二年》。
② 《论语·季氏》。

的效果。预期效果无法达到，则儒家所倡行之礼乐制度不可能兴盛。礼乐不兴，则刑罚的执行亦不可能畅行无阻，老百姓就会陷入不知所措之境地。也就是说，在孔子看来治国者只有"正名"，才能合理地使用刑罚，从而制止异端邪说和暴力行为；也只有"正名"，才可能挽救即将崩溃的国家和社会秩序，最终复兴周礼。①

那么该如何正名呢？齐景公与孔子关于"为政"的对话，揭示了"正名"的核心要义。齐景公问孔子如何治理国家。孔子说："君君，臣臣，父父，子子。"即各得其所，各安其位。对此，齐景公深表赞同，并强调如果"君不君、臣不臣、父不父、子不子"，则国家必然陷于危乱。② 那么如何才能做到"君君，臣臣，父父，子子"？在孔子看来，所谓正名就是要求每个人的行为举止都要符合周礼的要求。

据历史记载，齐景公幼年即被拥立为王（公元前547年至公元前490年在位），一生却颇具争议。景公年少时具有雄心壮志，希望把齐国发展壮大，重振齐桓公当年所建之霸业，因而重用梁丘据、司马穰苴、晏婴等人，善于纳谏，勤于政事，励精图治，然而至晚年时又耽于享乐，加重徭役，大兴土木，奢靡度日，老百姓苦不堪言。故《论语》称齐景公"有马千驷，死之日，民无德而称焉"。③《晏子春秋》中谈到景公时亦说：

殆哉吾（晋平公）过！谁曰齐君（齐景公）不肖！直称之士，正在本朝也。④

---

① 《论语·子路》。
② 《论语·颜渊》。
③ 《论语·季氏》。
④ 《晏子春秋·内篇问下第四》。

春秋时期，尤其是春秋后期，贵族等级制度受到极大挑战，弑君弑父之事时有发生。在孔子看来，这些极端行为是造成天下大乱的重要因素，因而在向景公回复之时说，要想实现天下太平、人民富足，就必须恢复周礼，即恢复周礼所规定之君臣父子关系。他认为，社会的等级秩序与伦理规范得到维护，人民生活就能回归常态，国家与社会才能井然有序，否则将天下大乱，异端邪说横行。当然，孔子这里所说的仅是对恢复周礼的一个原则性设想，在具体的治理实践中，又该如何倡行周礼呢？这是摆在儒家面前的关键问题。

（二）复礼之目的

"礼"是儒家思想体系的核心概念，《说文》记载：

礼（禮），履也，所以事神致福也。从示从豊，豊亦聲。

豊，行礼之器也，从豆，象形。

可见，礼产生于上古先民对祖先的尊敬和缅怀，最早用来形容祭祀仪式，胡适甚至主张，"礼"的"最初本义完全是宗教的仪节，正译当为'宗教'"。[①] 其后，"礼"的意涵逐渐扩大，并经历不断演化而有"三礼""五礼""六礼""九礼"等名目，但实质上这些都是"礼"在祭祀中的代称，只不过其范围早已由"事神致福"，扩展至一切社会生活风俗习惯领域。在当时的社会体系中，这种系统化的"礼仪"制度，对全体社会成员均具有较强的规范性，作用相当于后世的法律。可以说中华文明的形成与发展，同"礼"的系统化与规范化有着密不可分的关系。上古先

[①] 胡适：《中国哲学史大纲》，上海古籍出版社1997年版，第96页。

民亦正是通过各种礼仪活动，才实现了对群体的组织与管理，整个社会的生产与生活才得以有序发展。[①]

随着时代的发展，特别是到了殷商和西周时期，为了加强"礼"的社会控制力，周公将上古时期以来的礼仪进行了全方位的整理与改造，礼仪亦逐渐演变成为贵族阶级维护自身地位、实现社会控制的政治工具。至春秋时期，传统的氏族体系与社会结构瓦解崩溃，但即使是在这样的历史背景下，孔子依然明确地站在维护传统统治秩序的立场，主张"礼治"，反对"刑""政"。为了实现对周礼的维护，孔子借用"礼"塑造了一种具有神圣性的礼治文化，并将这种"礼"的神圣性与"治"的控制性结合起来。如在《礼记》中，儒家就将"礼"解释为"治政安君"与"以为民坊"的社会治理规范，从而使"礼"有了规范与约束的性质。因而历代学者大多认为，儒家所说的"礼"像法家所谈之"法"一样，具有国家强制力色彩，均代表了"个人社会一切行为的裁制力"[②]。

当然，儒家之"礼"与法家之"法"并非同一层面的概念，两者有明显区别，这一区别主要体现在"礼者禁于将然之前，而法者禁于已然之后"[③]。

法家之"法"强调国家法治体系的刚性规范作用，要求民众严格在预制好的规范体系中生产生活，若有人违法则会遭受严苛的制裁。与法家之"法"相反，儒家所谓"礼"则被更多地赋予柔性规约意义。《大戴礼记·礼

[①] 李泽厚：《中国古代思想史论》，生活·读书·新知三联书店2017年版，第2—3页。
[②] 胡适：《中国哲学史大纲》，上海古籍出版社1997年版，第97页。
[③] 《大戴礼记·礼察》。

察》载：

> 礼云，礼云，贵绝恶于未萌，而起信于微眇，使民日徙善远罪而不自知也。①

也就是说，儒家所谈的"礼"，注重从积极方面指导人们向上向善，目的在于教化民众依礼而行，其行为主体是人，行为依据是"礼"，行为目的是使人自"未萌"与"微眇"时即"合于礼"，违"礼"者将受到内心道德律令和外在仁义之士的双重谴责，因此，评价其治理效果的标准就在于"礼"是否能够使人自发自愿地"徙善远罪"。至此，儒家之"礼"也由最初的宗教仪礼、风俗习惯，演变为具有治理价值的社会规范体系，一切合于儒家道德要求的行为规范，均被纳入"礼"的范畴。具体来说，可以从以下三个维度来理解儒家复礼的方法论意义。

第一，明确伦理纲常，约定社会秩序。《礼记·坊记》说：

> 夫礼者，所以章疑别微，以为民坊者也。故贵贱有等，衣服有别，朝廷有位，则民有所让。②

这就是说，使"贵贱有等，衣服有别，朝廷有位"，是实现社会控制的基本方法，而礼治的最终目的则是"民有所让"。《礼记·哀公问》又说：

> 民之所由生，礼为大。非礼无以节事天地之神也。非礼无以辨君臣、上下、长幼之位也。非礼无以别男女、父子、兄弟之亲，昏姻、疏数之交也。③

也就是说，礼的治理价值在于，使社会各阶层敬天地、

---

① 《大戴礼记·礼察》。
② 《礼记·坊记》。
③ 《礼记·哀公问》。

事鬼神，明确君臣、上下、长幼，确定男女、父子、兄弟之间的关系，即社会各阶层在儒家伦理纲常的约束下，均得到确定。可见，明确"君君、臣臣、父父、子子、夫夫、妇妇"之伦理纲常，是儒家之"礼"的核心目的所在。

第二，节制人之情欲，规范社会活动。人有哪些情欲？人的情欲有何特点？又该如何节制情欲？孔子指出，上古圣王盛世十分美好，虽然当今的世人无法亲身体验，但却可以从古代的典籍中看到关于上古太平盛世的记载。在太平盛世，圣人能够"知其情""辟其义""明其利""达其患"。那么，什么是"人情"呢？即喜、怒、哀、惧、爱、恶、欲等与生俱来的情感要素。什么是"人义"？即父慈、子孝、兄友、弟恭、夫义、妇听、长惠、幼顺、君仁、臣忠等人人必须遵守的伦理规范。什么是"人利"呢？即"讲信修睦"。因为圣人可以"知其情""辟其义""明其利""达其患"，所以能够"以天下为一家，以中国为一人"。然而，由于世间的饮食男女，人人心中皆存"大欲"，而死亡与贫苦的不断降临，又极易使"大恶"横行。与此同时，人又善于伪装自己，即"人藏其心，不可测度也。美恶皆在其心，不见其色也"。只有人人"讲信修睦"才能给社会带来"人利"，反之若人人"争夺相杀"，则会造成无尽的"人祸"。那么，该通过何种手段使人们"讲信修睦，尚慈让，去争夺"？儒家给出自己的答案"舍礼何以治之"。[①]

第三，涵养个体情感，培植内在道德。儒家以礼乐教化人的目的在于，使人人成为尧舜。然而，根据《礼记》

---

① 《礼记·礼运》。

记载，人的"大欲"乃是与生俱来的情感，人人均有趋利避害的本性，虽然可以通过礼乐实现对人的规范和引导，但这毕竟是一个艰难而漫长的过程，需要治人者付出艰苦卓绝的努力。因而儒家所说的"礼"实质上还包含一种通过长期涵养、日积月累，以提升个体道德修养的意思，最终使人"绝恶于未萌""起敬于微眇""日徙善远罪而不自知"。这里实质上体现了儒家意图将礼乐这一外在约束，内化为内在道德律令的自然养成过程，也体现了儒家社会治理目标所蕴含的内外统一的更高要求。

（三）礼与法之融通

上文已述，孟子强调仁爱观念对社会成员的道德引领作用，荀子则强调礼法手段对社会的规范作用。之所以两者有这样的区别，既与他们所处的时代背景有极大关系，亦与各自对社会治理核心原则的把握有直接联系。我们知道，荀子一生三次担任齐国稷下学宫的祭酒，不仅学识令世人钦服，而且曾两次出任楚国的兰陵令。至晚年时，蛰居兰陵县专心著书立说，广收门徒，终成《荀子》一书，流传于后世，被世人尊称为"后圣"。荀子在继承孔孟学说的基础上，结合当时的社会发展状况，对儒家思想进行了创造性发展，其社会治理思想具有浓重的法治特色，主张"礼法并施"，这也是后世将其归为儒法贯通式人物的重要原因之一。接下来，我们就通过对荀子礼法观的分析，从更加宏观的视野考察战国中后期儒家正名复礼治理方法的内在价值。

1. 礼法的产生及其社会规制作用

马克思通过对生产和消费之间关系的描述，深刻地揭示了人的需要与生产劳动之间的内在逻辑。他指出，在生产、分配、交换、消费交流互动的各个环节，消费能够创造出"新的生产需要"，这是促进社会生产的"内在动机"。这种内在动机以"内心图像""需要""动力和目的"等观念的形式，提出了生产的对象，客观上促进了社会发展。因此，可以说"没有需要，就没有生产"。[①] 正如经济社会的运作机理一样，人的需要是在生产劳动和社会实践中形成的，是人的实践在需要层面上能动性和目的性的内化与发展。当消费需要在生产过程中得到满足时，则又会反过来对新的生产实践起到推动和引导作用。至此，人的需要在以生产劳动为核心的社会实践中达到自我满足与自我发展的有机统一，人类历史正是在这种不断追求更高目标、更好生活的进程中得以发展。

从儒家的视角来看，礼是在什么情况下产生的？作为一种社会规范，其对生产、分配、交换、消费各个环节又会产生什么样的影响？荀子首先基于性恶论，对礼的起源进行了界定。他认为，人一生下来就有欲望，欲望得不到满足，就会向外索求。然而，由于生产力发展水平的限制，先秦时期人类社会所能够生产出来的资源极为有限。在分配环节，如果人的需要无法得到满足，就会向外索求。此时若不对索求进行"度量分界"，就会导致"争""乱"与"穷"。

上古先王为了"养人之欲，给人之求"，使欲求与供给达到"相持而长"的平衡状态，于是制定礼仪，划分等级，节制欲望，以满足需要，使人的欲望不会因为物资不足而

[①] 《马克思恩格斯选集》第2卷，人民出版社2012年版，第691页。

走向无序争斗，而物资也不会消耗殆尽，即圣人制礼的目的在于维持特定生产力水平下，资源供给与人类需要之间的协调发展。① 在荀子看来，对人的需要进行引导与控制是圣人制礼的根本原因。

当然，这里需要强调的是，荀子所说的节制欲望，同宋明时期所谓"存天理，灭人欲"完全不同。荀子强调节欲，是为了引导人们在生产资料有限的状态下，如何通过"节欲"来更好地满足民众的物质与精神欲求。在荀子看来，"节欲"之道有二：一是在修身环节，人们可以通过"合卫生而不伤身"的"节饮食"之道，体验到"长享饮食之乐"；二是在社会治理领域，荀子强调圣人"制礼义以分之"，社会能够按照"贵贱贫富长幼之分"有序运转，物力财力可以满足供给，从而实现不争的理想状态。②

2. 礼法社会规制功能的依据

荀子说："礼有三本"。这里所谓"本"，就是根本的意思。在荀子看来，礼的根本有三个：天地、先祖与君师。天地是人类社会产生与发展的根本，无天地则无礼法；先祖是宗亲氏族得以繁衍传承之根本，无先祖则无礼法；君王与师长是实现天下大治之根本，无君师则无礼法，天下亦无法得到有效的治理。③

具体来说，礼之"三本"是如何运行的呢？三者之间又有何关系？一方面，天地、先祖、君师通过制定与推行礼法，来实现治理目标；另一方面，各个阶层对礼法的践行又进一步维护了天地、先祖与君师的地位，使得"生"

---

① 《荀子·礼论》。
② 《陈柱讲诸子学论》，河海大学出版社2021年版，第50页。
③ 《荀子·礼论》。

"类""治"得以实现。天地、先祖、君师作为礼法的共同之源，三者相辅相成，缺一则无法"安人"，治理之目标即无法实现。

3. 礼法实现社会规制目标的主要途径

荀子认为，礼法控制社会的途径主要有三个：从目的上讲，圣人制定礼法是为了实现"贵贱有等，长幼有差，贫富有别"；从实现路径上讲，礼法主要是通过对天子、诸侯、大夫、士族、百姓等不同阶层的差异化要求来完成的，天子、诸侯、大夫、士等阶层主要受礼与德的制约，百姓则主要受法与罚的约束；从动态机制上看，庶人与卿、相、士大夫之途是相通的，沟通二者的桥梁则是对礼义的遵守。所以，荀子说：

礼者，贵贱有等；长幼有差，贫富轻重皆有称者也。故天子袾裷衣冕，诸侯玄裷衣冕，大夫裨冕，士皮弁服。①

在这段论述中，荀子通过对礼仪规范等级差异的强调，进一步提出了"礼"与"法"相辅相成的治理观。他认为，社会治理必须遵循"德必称位""位必称禄""禄必称用"的原则，帝王、公侯、士大夫的子孙，如果不能顺礼义、正道德，则可能随时被归入平民；平民的子孙，如果能够"积文学，正身行"，时刻以"礼义"的高标准来严格要求自己，则可以归入卿相士大夫阶层。至此，荀子就围绕礼与法构建了一个德、位、禄相统一的社会治理体系。

4. 礼法实现社会规制目标的基本方式

在确立了礼法的根本及其治理价值后，荀子又进一步提出了实现礼法的方法——群。"能群"不仅是人之有别于

① 《荀子·富国》。

气、水、火、动物等无"义"之物的重要特征，也是君主实现社会治理目标的基本方式。

第一，人与禽兽之别在于"人能群"。在荀子看来，相对于水火、草木、禽兽而言，人的独特之处主要有如下四点：一是"水火有气而无生，草木有生而无知"，即水、火有气却没有生命，草木有生命却没有知觉；二是"禽兽有知而无义"，即禽兽虽然有知觉，但却没有道义的约束；三是人不仅有气、有生命、有知觉，而且有"义"，所以人是天下最可贵者；四是人的力气不如牛，奔跑不如马，但牛、马却被人役使，究其根源在于"人能群，彼不能群也"，即人可以结合成社会群体，而牛马却无法做到。①

第二，人之能群的原因在于"人有义"。既然"能群"是人区别于水火、草木、禽兽的重要特点，那么人是通过何种方式实现"群"的呢？荀子认为，人之所以"能群"，首先在于有"分"，即有等级名分。有了等级名分为什么能够实行？关键在于有"义"。因此，只要根据道义确定了名分，人类社会就能和睦协调；和睦协调，就能团结一致；团结一致，力量就强盛，"强则胜物"。②

第三，群体的和睦在于"分"与"义"。人作为一种社会动物虽然不能脱离社会群体，但现实社会中不可回避的问题是，若没有等级名分的限制，人一旦结合成了社会群体，就会发生争夺，发生争夺就会产生动乱，产生动乱就会离心离德，离心离德就会使力量削弱，力量弱了就不能胜过外物，也就无法安居乐业，因而荀子得出结论，人

---

① 《荀子·王制》。
② 《荀子·王制》。

类社会"不可少顷舍礼义"。①

总之,在荀子的社会治理体系中,君乃"善群"者,所谓君就是善于把人组织成社会群体的意思。从一般原则来看,只要"群道当",则"万物皆得其宜",即组织社会群体的原则恰当,万物就能得到合宜的安排,六畜就能得到自然的生长,一切生物就能各安其命、各得其所。亦正因为此,"政令时则百姓一,贤良服"。②从社会治理维度看,水能载舟,亦能覆舟。君主要想安定天下,就必须"平政爱民",要想获得荣耀,就必须"隆礼敬士",要想成就千古功名,就必须"尚贤使能",以上均是君主实现治理目标的基本方法,治理过程中只要善于运用这些方法,则必能安平天下,否则就有时刻倾覆之危险。③

二 郁郁乎文,吾从周

周礼是西周统治者所创建的一系列政治制度、经济体系、道德规范、祭礼仪式的总称。一直以来,学界多认为孔子之所以主张复兴周礼与其学派来源有直接关系。不过,对于儒家的历史起源问题,近现代学者多有争论。章太炎认为,儒家最早的源头可以追溯到上古时期的"巫史祝卜",此为"达名之儒";后演变成为对通晓"六艺"者的称呼,是为"类名之儒";从学术范围看,则指那些对德行政教钻研的"私名之儒"。④胡适在对儒家的来源进行考证后指出,儒乃是"殷民教士",他们以"治丧相礼"为职业,孔子对其进行改造后,这一部落性、柔懦性之"儒"

---

① 《荀子·王制》。
② 《荀子·王制》。
③ 《荀子·王制》。
④ 章太炎:《国故论衡》,上海古籍出版社2003年版,第105页。

逐渐发展成为"以天下为己任""刚毅进取"之儒。① 胡适的这一说法得到徐中舒的支持，他通过对甲骨文"需"与"儒"字的考证指出，儒在殷商时期乃指一种专门从事祭祖事神、为人相礼职业的人。② 冯友兰对胡适关于儒家乃"殷民教士"的说法提出不同意见，他认为先秦儒家源于西周末年有学问的贵族知识分子，他们在平王东迁之后，以"昔之礼乐制度"为理论依据来实现"平治天下"的目标。③ 与冯友兰类似，郭沫若、钱穆等人也对"殷民教士"的说法提出质疑。如郭沫若认为"儒"原本是一种对"邹鲁之士缙绅先生"的专号，古已有之，至春秋时期，传统的奴隶制度崩溃瓦解，才有了孔子之儒。④ 在邹鲁之士的代表——孔子眼中，周礼是当时最合理的社会治理体系，因而对周礼大加赞赏，所以孔子说，"郁郁乎文哉，吾从周"，⑤"如有用我者，吾其为东周乎"⑥。在对周礼充分肯定基础上，孔子又将"仁"融于"礼"，构建了儒家独特的仁礼观。《论语》中"礼"与"仁"字出现的频率极高，据张其成的统计，前者达到 75 次，后者达到 109 次。⑦ 一定意义上可以说，仁与礼是儒家正名复礼方法的基本范畴。

首先，以仁作为礼的基础。"人而不仁如礼何？"⑧ 礼是社会规范，这种社会规范要基于真情实感，这种真情实感

---

① 胡适：《中国思想史》上，吉林出版集团股份有限公司 2018 年版，第 3 页。
② 徐中舒：《甲骨文中所见的儒》，《四川大学学报（哲学社会科学版）》1975 年第 4 期。
③ 冯友兰：《原儒墨》，《清华大学学报（自然科学版）》1935 年第 2 期。
④ 《郭沫若全集》（历史编第一卷），人民出版社 1982 年版，第 456—457 页。
⑤ 《论语·八佾》。
⑥ 《论语·阳货》。
⑦ 《张其成全解论语》，华夏出版社 2017 年版，第 21 页。
⑧ 《论语·八佾》。

即是仁。具体来说，仁既是儒家对生命个体提出的道德要求，也是社会秩序得以维护的道德标准。对于个体而言，对仁的落实关键在于主体能动性的发挥，即"为仁"的依据是个体对道德律令的主动遵守，而非强制性的外力约束。一个人如果能够时刻使自己的言行与礼保持一致，则视为仁。对于社会而言，群体对礼乐制度的遵守，关键在于治理者能否用德治的手段有效引导民众主动遵守礼乐规范。从仁与礼的关系来看，二者能否保持一致，完全出于个体自觉，而非外在的规范与约束。当然，由于礼涵盖政治、经济、社会与生活的各个方面，因而仁也须在视、听、言、动等各维度全面地符合礼的要求，这就将"仁"这一内在心理感知上升为一种指导和约束人们言行的内在道德律令，为儒家社会治理体系奠定了坚实的基础。

其次，德与礼相互依存。在社会治理中，充分发挥"礼"与"德"各自的优势，从内在约束与外在规范两个维度共同维护社会秩序，是儒家正名复礼方法的重要形式。《论语·为政》说：

道之以政，齐之以刑，民免而无耻；道之以德，齐之以礼，有耻且格。[1]

这就从内外两个角度，对社会治理的方法和效果进行了理论预设。所谓外在约束，即"政"与"刑"，类似于儒家所讲之"礼法"，所谓"德"与"礼"，即是儒家所谓之"仁爱"的道德教化作用。这两个途径分别针对的是外在规范和内在约束，侧重点并不相同。关于这一点，下文将作进一步阐释。

---

[1] 《论语·为政》。

第三，礼的变化与发展。既然儒家如此重视礼的作用，那么礼是否可变？哪些礼可变？哪些礼万世不可变？《礼记·大传》言："圣人南面而治天下，必自人道始矣。"① 这里所说的圣人，就是周礼体系的奠定者——周公。此处，儒家从制度层面将君王治天下的手段分为"不可得与民变革者"与"所得与民变革者"。在儒家看来，作为治理方法的《周礼》并非万世不变，而是应该分领域、有层次地区别对待。对于度量、文章、正朔、服色、徽号、器械、衣服等涉及民生日用的部分，可以根据实际情况进行变革和损益；对于亲亲、尊尊、长长、男女有别等关系政治生活的领域，则是社会治理的核心原则，应万世不易，始终遵守。

第四，礼变革的基本规律。既然礼可以"变革"，那么在儒家的治理体系中，这种"变革"是如何发生的呢？王国维指出，商周更替之际，中国当时的政治文化传统发生巨大变革，而周公所奠定的周礼，不仅是规范社会的制度体系，也是规范社会道德之"器械"，是实现"尊尊、亲亲、长长、男女有别"的重要手段，而这样的治理手段一经确立，即对整个中国历史发展起到了至关重要的作用。故王国维说，周礼乃是"出于万世治安之大计，其心术与规摹，迥非后世帝王所能梦见也"。② 然而，无论是从时间上看，还是从内容上看，周礼作为产生于孔子之前数百年的社会规范体系，随着时代的变迁，必然有很多地方与当时的社会无法相适应。孔子虽然一生致力于恢复周礼，但

---

① 《礼记·大传》。
② 《王国维论学集》，中国社会科学出版社1997年版，第2—13页。

是所谓"恢复"并不是对周礼的照搬照抄,而是对其进行补充和发展之后的再推广,即所谓之"损益"。《论语·阳货》有言:"礼云,礼云,玉帛云乎哉?"① 意为对于周礼的传承和理解,不能仅仅停留在"玉帛"上到底是怎么说的,而应结合时代的变化,不断对其进行补充和创新,只有这样才能充分发挥其社会治理价值。

三 君子中庸,叩其两端而竭

"中庸"是儒家的一个重要概念,正名复礼需要遵循中庸之道。那么,中庸到底有哪几层含义?中庸与正名复礼之间的关系如何?在正名复礼的过程中又该如何区别"中庸"与"乡愿"?

(一)过犹不及之本意

何为中庸?《论语》中有这样一段对话,子贡问孔子:"子张(颛孙师)与子夏(卜商)两个人谁更好一些呢?"孔子回答道,子张"过",子夏"不及"。② 这里,孔子通过对子张与子夏的不同评价,来阐明自己对"中庸"的理解。在孔子看来,子张行为处事失之于"过",子夏则失之于"不及"。那么,相比较来看,二人孰优孰劣呢?孔子的态度是"过犹不及"。此处的"过犹不及",即是孔子在"过"与"不及"之间进行权衡后,对"中庸"的具象化表达。

为了对"中庸"作进一步的说明,孔子解释道:
质胜文则野,文胜质则史。文质彬彬,然后君子。③
又说:

---

① 《论语·阳货》。
② 《论语·先进》。
③ 《论语·雍也》。

君子中庸，小人反中庸。君子之中庸也，君子而时中；小人之中庸也，小人而无忌惮也。①

意思是说，质朴多于文采，就会流于粗俗；文采多于质朴，就会流于虚伪、浮夸。只有质朴和文采配合恰当，才符合君子的要求。因此，他说："中庸之为德也，其至矣乎！民鲜久矣。"②即中庸是道德体系中最高的一级，也正是普通民众亟须提高的部分。

既然中庸如此难以达到，那么在实践中到底该如何把握呢？子曰：

吾有知乎哉？无知也。有鄙夫问于我，空空如也。我叩其两端而竭焉。③

即是说，一个人对万事万物真谛的把握，并不在于表面上的"有知"，而在于能否做到"叩其两端而竭"。此处，"叩其两端而竭"，可谓"中庸"之精练表达。

宋代理学家对"中庸"有精辟的概括。二程指出："不偏之谓中，不易之谓庸。中者，天下之正道。庸者，天下之定理。"④朱熹进一步解释道："中者，不偏不倚、无过不及之名。庸，平常也。"⑤按照宋儒的解释，中庸的核心在一个"中"字。中庸，即"用中"，也就是要自始至终合乎"中"，不偏不倚，无过无不及。这里所说的"正道"指的正是以中庸之道行正名复礼之法。

关于孔子的"中庸"，冯友兰称其为"折中主义"。

---

① 《礼记·中庸》。
② 《论语·雍也》。
③ 《论语·子罕》。
④ （宋）朱熹：《四书章句集注》，中华书局1983年版，第17页。
⑤ （宋）朱熹：《四书章句集注》，中华书局1983年版，第17页。

他说：

孔丘所说的"两端"是没有斗争的、静止的两个对立面。他所说的"中"，就是要永远保持统一体的平衡，不使发生质变。他所说的"过""不及"，就是指偏离平衡的状态，因此他都认为是不好的。他的这些观点是形而上学反辩证法的观点。①

总之，"中庸"是在道德诸要素之间的权衡，是儒家推进正名复礼方法的重要途径，而不是游走于"是"与"非"之间的表面文章。为了对中庸进行更加深刻的阐释，孔子又引入"乡愿"的概念，以说明中庸的难能可贵。

（二）中庸与乡愿之别

何为乡愿？《论语·阳货》说："所谓乡愿，德之贼也。"何为"德之贼"？孟子进一步指出，对于乡愿者，我们去指责他，却又找不出他的错误；要去责骂他，却又找不出理由来。这种人只是"同乎流俗，合乎污世"，"居之似忠信，行之似廉洁"。虽然从表面上看起来大家都很喜欢他，他也自以为是，但是其行为却与尧舜之道大相径庭。

那么，对于这样的人，孔子、孟子为什么会厌恶呢？徐干的理解可谓一语中的：

乡愿亦无杀人之罪，而仲尼恶之，何也？以其乱德也。②

意思就是说，乡愿者虽然表面上看起来没有触犯不赦之罪，但孔子却厌恶之的原因在于他们对儒家道德体系的破坏。

---

① 冯友兰：《中国哲学史新编》（上），人民出版社1998年版，第161—162页。
② 《中论·考伪》。

在孔子看来，所谓"乡愿"，本质上乃是一种没有道德底线的"德之贼"。"中庸"和"乡愿"，看起来都是不偏不倚，无过无不及，且"众皆悦之"，然而"乡愿"者心中是没有道德原则的，"中庸"者心中则有道德原则。"中庸"之关键在于权衡，在于能够以"德"为依据行为处事，在于对道德底线的一贯坚守。因此，理解"中庸"的关键也就在于鉴别行为主体的依据是什么。即"中庸"是在道德选择中进行权衡，"乡愿"则是在利益选择中进行权衡。在儒家看来，基于利益之上的选择与正名复礼精神完全相悖，乃是一种投机行为。

第三节　仁心仁政的原则

在整个儒家思想体系中，"仁"始终居于核心地位，而儒家围绕"仁"所构建的社会治理体系，对引导、规范、维系人们的思想与行为亦具有极为重要的意义。[1] 如孔子一生围绕"仁爱"这一核心议题，提出了诸多改良社会的思想，并十分自信自己的理论能够获得成功。他说："苟有用我者，期月而已可也。三年有成。"[2] 又说："如有用我者，吾其为东周乎。"[3] 相对于孔子，孟子将关注的重点更多地集中在政治哲学领域，他在孔子之"仁"的基础上，进一步提出"不学而能，不虑而知""以不忍人之心，行不忍人之政""恒产安民""民贵君轻"以及道德教化等思想，

---

[1] 邹绍清：《论中华文明的精神特质》，《马克思主义研究》2022年第7期。
[2] 《论语·子路》。
[3] 《论语·阳货》。

而其所创建的"仁政"思想,更是直接奠定了孟子在先秦儒家的关键地位,对社会治理具有直接指导意义。

一 不学而能,不虑而知

人性论是整个儒家哲学的先验性命题,更是区分儒家内部各个支流的重要标志。自先秦以来,儒家人性论学说在每个时代都表现出鲜明的理论特色,归纳起来有代表性的人性论观点主要有五种:主张性"善"的孟子,主张性"无善无不善"的告子,主张性"恶"的荀子,主张性"善恶混"的杨雄,主张性"善恶以人异殊上中下"的世硕、公孙尼、漆雕开、王充等人。[1] 不过,需要指出的是,人性论作为儒家思想体系的重要组成部分,固然表达了他们对人性的基本态度,然而不可否认的是,人性论最终都是为他们的整个思想体系服务的,更与他们的社会治理理论有直接关系。从社会治理视角观之,儒家的人性论学说,特别是孟子对人性之善的阐释,为其确立以"仁心仁政"为基本原则的社会治理思想奠定了坚实基础。

从根源上讲,先秦诸子对人性的探讨,实际上是对人的本质属性进行追问的一种形式。孟子用人性来解释人的本质,用善来规定人性,这是他对人的本质的思考,而他的社会治理思想也是以性善论为基础的。在孟子看来,正是因为人人皆有恻隐、羞恶、辞让、是非之"四端",因而有"不忍人之心",而"不忍人之心"正是"不忍人之政"的理论基础。[2] 具体来说,孟子的性善论主要体现在四端说、良知说及其与告子之辩论。

---

[1] 章炳麟:《章炳麟讲国学》,金城出版社2008年版,第311页。
[2] 郭齐勇、吴根友:《诸子学通论》,商务印书馆2015年版,第99页。

第一,"四端"是人性之善的基本前提。何为"四端"?在论证"四端"时,孟子首先强调每个人都有一种发自内心深处的"不忍人之心"。何为"不忍人之心"?孟子以"孺子将入于井"为喻,指出每个人看到不认识的孩子即将落入井中时,均会由内而外发出一种"怵惕恻隐之心"。这种恻隐之心的产生,并非因为我们想要"交于孺子之父母",亦不是要"誉于乡党朋友",更不是"恶其声而然也",而是一种天生而能的善端。这种善端包括作为"仁之端"的"恻隐之心",作为"义之端"的"羞恶之心",作为"礼之端"的"辞让之心",作为"智之端"的"是非之心"。人的"四端"就像自己的"四体"一样,有此"四端"之人,如果能够好好地扩大充实它们,则足以安定天下;若不能好好地扩大充实它们,则连赡养自己的父母都成问题。[①] 通常而言,一个人作出道德选择,既可能是受到了外部因素的影响,也可能是受到了内部因素的影响。孟子在这里通过对"四端"的强调,意在说明人性之善的道德动机来源于每个人的内在善良本性,而非外力作用的结果,这就为其构建"仁心仁政"的治理原则奠定了基础。

第二,"良知良能"是"四端"之源。在孟子看来,人性除了与生俱来之"四端"外,还有一个重要的特点,即"良知良能"。何为良知良能?在孟子看来,所谓"良能"乃指不用学习即可获得的先天能力,所谓"良知"是指不用经过任何思维训练与情感培养即可获得的智慧。也就是说,良知良能实际上皆是人的一种天生能力,这种能力在幼年的孩童身上就已体现出来,因而孩童天生下来不

---

① 《孟子·公孙丑上》。

需学习，就知敬爱自己的父母，等到孩童长大，亦不需教导就知尊敬自己的兄长。从这一点来看，良知良能是为其人性本善论服务的。在孟子这里，每个人所应具有的社会责任感与道德责任感，皆受人与生俱来之"良能""良知"影响，是一个内生于本性的东西。"亲亲，仁也；敬长，义也。"① 既然"亲亲""敬长"是仁义的重要表现形式，而仁义礼智等善良品性，"非由外铄我也，我固有之也"，那么"亲亲"与"敬长"等仁义品性自然是不学而能、不虑而知的。

第三，水无东西，性有上下。按照告子的观点：

性犹湍水也，决诸东方则东流，决诸西方则西流。人性之无分于善不善也，犹水之无分于东西也。②

人性就像湍急的流水，流水的方向无所谓东西，因而人的本性也无所谓善恶。孟子则认为，水在方向上固然没有东西之别，但是却有上下之分。人之性本善，正如水之流向下一样，皆是其天然本性，并非后天的成就，即"人性之善也，犹水之就下也。人无有不善，水无有不下"③。此外，告子主张"生之谓性"，"食色，性也"，即人出生时就具有两种天然本性：一是人的生存需要；二是人对异性的欲望。在告子看来，这两样东西是永远不会变的，所以他将人性规定为食色本能。对此，孟子通过建立一种"白"与"性"的类比关系，对告子的"生之谓性"进行了反驳。孟子指出，如果说天生的东西即是本性，这正如我们说白色的东西都是白色一样，即"白羽之白"与"白

---

① 《孟子·尽心上》。
② 《孟子·告子上》。
③ 《孟子·告子上》。

雪之白""白玉之白"并无区别。然而如果按照这一逻辑关系,"犬之性""牛之性"岂不与"人之性"相同。① 当然,孟子在谈"白"的时候,白与白是没有区别的,但是当他谈"性"的时候,性与性却是有区别的。也就是说,"白"和"性"并不是同一维度的概念。"白"是形象的、具体的,而"性"却是抽象的、普遍的。孟子在论证过程中,将一个具体的"白"的概念换成一个普遍的"性"的概念,因而这一类比关系存在逻辑断裂的问题。

第四,"仁内义外"与"仁内义内"。告子关于人性的另一主张是"仁内义外",即"仁,内也,非外也;义,外也,非内也。"② 在告子的眼中,"食色"是人的本性,"仁"由我做主,所以"仁内";"义"由外物决定,所以"义外"。显然,告子的"仁"强调的是一种主观情感,"义"强调的则是一种外在行为。如何理解呢?告子进一步解释道:

彼长而我长之,非有长于我也;犹彼白而我白之,从其白于外也,故谓之外也。③

即如果碰到年长的人,我们都会尊敬他,这个"尊敬"并非"我固有之",而是因为他"长于我"的外在条件,这种尊敬的行为取决于外物而不是内心。又如,当我们说某物是白色时,并非因为"白"这一概念内在于人的意识,而是因为我们看到了该物"白于外"的颜色。对此,孟子进一步提出质疑:

异于白马之白也,无以异于白人之白也;不识长马之

---

① 《孟子·告子上》。
② 《孟子·告子上》。
③ 《孟子·告子上》。

长也，无以异于长人之长与？且谓长者义乎？长之者义乎？①

即"白马之白"与"白人之白"或许有所不同，难道"长马之长"与"长人之长"也不同吗？进一步说，到底是被尊敬的长者义呢，还尊敬长者的人义呢？告子则指出：

吾弟则爱之，秦人之弟则不爱也，是以我为悦者也，故谓之内。长楚人之长，亦长吾之长，是以长为悦者也，故谓之外也。②

此处，告子又以兄弟之间的友爱举例，他认为一个人见到自己的弟弟，就会产生友爱之情，若是秦人的弟弟，就不会产生友爱之情。因此，所谓爱与不爱，关键在于自己的内心，是以自己为主的，所以称其为"内"；尊敬楚国的年长者，亦尊敬我国的年长者，是以"年长"为标准，所以称其为"外"。对此，孟子提出不同意见，他说：

耆秦人之炙，无以异于耆吾炙。夫物则亦有然者也，然则耆炙亦有外与？③

意思是说，爱吃秦国的肉与爱吃自己国家的肉本身没有区别，其他事物也有这样的情况，但是喜欢吃肉的这种欲望却是内在的，而非外在的。可见，孟子坚持"义内"。据此我们可以发现，告子所说的"仁内义外"强调了情感的两个方面。比如爱我的弟弟与爱他人的弟弟，这个爱的情感要发生有两个基本条件：一是人人皆有的先天仁爱情感；二是伦理层面的先天基础。从自身来讲，这种仁爱情

---

① 《孟子·告子上》。
② 《孟子·告子上》。
③ 《孟子·告子上》。

感是由自己决定的，所以是"仁内"。不过，自己虽然可以决定仁爱的情感，但做到仁爱却还有一个外在条件，即是否具有仁爱的伦理基础。从这个角度讲，仁爱情感又是由外在条件决定的，所以称其为"义外"。事实上，不论是爱弟弟还是尊敬长者，都是一个道德行为的两个方面，从内在来讲需要人具有仁爱情感，如爱弟弟、尊长者；从外在来讲，需要一个伦理条件，如他必须是自己的弟弟、必须年长。告子想强调的是道德行为是由外决定的，孟子则强调道德行为的内在性，这也正是孟子与告子二人在人性论问题上的本质区别。

通过上文对孟子人性论的分析，我们发现先秦儒家论"性"主要从两个层面展开：一是先验层面，即每个人本性中的先天本源；二是经验层面，即这些先天本源的具体呈现方式。若将先秦儒家诸子的人性论学说进行比较，我们会进一步发现，孟子、告子和荀子的人性论学说之所以呈现出完全不同的路向，关键在于他们所讨论的人性之"善"与"恶"，并非在同一维度或层面展开。或者说，他们所谈之"性"并非同一层级的概念。孟子强调的是人人皆有的恻隐、羞恶、辞让、是非等道德根源，而荀子强调的则是人的后天行为能力，即化性起伪。前者是从先验层面讲的，而后者却是从经验维度讲的。如孟子在论证恻隐之心的时候说，"今人乍见孺子入井，皆生恻隐之心"，强调此即为善；而荀子则认为，"子代乎父，弟代乎兄"才是善。实质上，若从先验的层面看，不论是告子、孟子，还是荀子，他们都从"先天本源"维度探讨了人性的概念，但是若从经验层面讲，以上三人所谈之"性"又完全不同。告子强调的是每个人的"食色"本能，孟子强调的是人之所异于禽兽的道德根源，而荀子强调的则是人人皆有的物质性需要。先秦儒家诸子虽从不同维度作出了人性或"善"或"恶"的判断，但其中所蕴含的道德教化与引人向善的治理理念，以及由此申发出的"仁心仁政"的治理原则却是一以贯之的。

当然，荀子的人性之恶说虽然意在强调"化性起伪"的重要性，但实际上儒家人性论发展至此时，已逐渐偏离了孔子"仁者爱人"的基本路向。至战国末期，韩非将荀子"人性之恶"的学说发挥到极致，进而为其法家思想体系奠定了理论基础。可以说，孟子建立在"恻隐、羞恶、辞让、是非"基础上的人性本善说才是儒家的主流，亦正是在这一基础上，才有了"以不忍人之心，行不忍人之政"的仁政思想。进一步说，在儒家的话语体系中，约束人的途径主要有两个：一是每个人内在的道德律令；二是治理者所制定的外在礼法体系。孟子强调的是每个人先天本有的道德根源，荀子强调的则是外在的礼法规制。从社会治理角度观之，任何一个维度都是不可或缺的。如果人的行为只受道德情感的约束，就会走向一种以动机之善恶为标准的极端，结果如何则无足轻重。如果人的行为只受礼法的约束，也会导致一个后果，即只要不违法犯罪即是仁与善，但却是冰冷之"善"，无心之"仁"。事实上，社会性才是人的本质属性，不同的社会角色决定了人的不同表现形式。人只要在社会上生存，就必然会扮演各种各样的社会角色，社会角色的冲突决定了人与人的利益冲突。从这一角度来理解，虽然建立在人性之善基础上的孟子仁政思想代表了儒家社会治理思想的主流,然而若从社会冲突角度来看,荀子的人性论假设则更加契合了战国后期统治者意图快速实现社会控制的时代需要。

二 以不忍人之心,行不忍人之政

(一) 仁者爱人

仁爱是一种道德情感,基于这种情感,儒家能够做到"仁民爱物""民胞物与",即对人而言,能够时刻以他人为重;对物而言,能够做到以情感的眼光视之。在社会治理领域,儒家不仅直接以人为对象,表达了"仁者爱人"的治理理念,而且将社会的安全稳定作为重点内容,强调经济与社会发展对国家安全的重要性。如《论语·颜渊》中有一段孔子和子贡的对话。子贡向孔子求教为政治国之道,孔子回答说:"足食,足兵,民信之矣。"即为政者做到让百姓"足食",使国家"足兵",就会拥有百姓的信任。那么,"足食""足兵""民信"作为君王治国理政的三个要素,哪一个更重要呢?即如果以上三者必须去掉其一,应该先去掉谁呢?孔子选择"去兵",如果必须再去掉一个,可选择"去食",并说"自古皆有死,民无信不立"。[1] 可见,在孔子看来,足食、足兵、民信三者相辅相成,缺其一则偏离仁者爱人的精神,国家亦可能陷入危难之局,但从轻重缓急来看,民信为贵、足食次之、足兵为轻。需要指出的是,"仁爱"虽居于孔子学说的核心地位,但孔子未能对仁爱观念本身给出明确定义。我们大致可以从孔子对"仁爱"的表述中梳理他的仁爱观。

第一,为仁是个体涵养内在道德情感的过程。《论语》

---

[1] 《论语·颜渊》。

中关于"仁"的论述很多，但能够集中表现孔子仁学思想的是孔子对"颜渊问仁"的回答。《论语·颜渊》记载，颜渊问仁。子曰："克己复礼为仁。一日克己复礼，天下归仁焉。为仁由己，而由人乎哉？"颜渊进一步追问："请问其目。"孔子回答道："非礼勿视，非礼勿听，非礼勿言，非礼勿动。"① 在这段对话中，孔子对人的基本内涵和性质进行了说明，核心意思即为主体通过约束自己的言行，使自身能够时时处处符合"礼"的要求，如果能够做到这一点，则可以称之为"仁"。可见，克己——复礼——为仁，三者实际上是一个接续不断、努力奋进、追求卓越的动态过程，克己是行为，复礼是外在目标，为仁则是内在追求。当然，这里所谓之"礼"实际上是经过孔子"损益"之后的"周礼"，其基本内涵为孝、悌、忠等思想。特别是孔子将"孝悌"等个体道德原则作为"仁"的基本内容，这就打通了个体与国家（社会）的联系，所谓个体对家庭父母的孝悌，实际上与忠于国家之"忠"的品质是统一的，实现了孝也就做到了儒家所谓之"仁"。

第二，为仁是个体主动提升道德修养的过程。子曰："仁远乎哉，我欲仁，斯仁至矣。"② 又说："有能一日用其力于仁矣乎？我未见力不足者。"③ 这就充分体现出"为仁"的主动性特点，即个体对"仁"的践行主要依靠自我意志与自身努力，从现实可能性上来说，这也是每个人都完全可能做到的。孔子强调"为仁由己"，也正是希望每个人能够自觉地符合周礼的要求。这就将周礼这种外在约束

---

① 《论语·颜渊》。
② 《论语·述而》。
③ 《论语·里仁》。

机制，通过"仁"这一中间桥梁，转变为一种主动、内在的道德自觉。在孔子看来，违反"仁"的原则，不仅会受到刑罚制度的处罚，也会遭到社会舆论与个人道德律令的谴责。宰我与孔子的一段对话，亦颇能体现"为仁由己"之真谛。宰我问曰："仁者，虽告之曰井有仁焉，其从之也？"① 这里宰我预设了一种场景，即如果"仁者"路过一口井，有人告诉他刚才有一位"仁者"不小心落入水井，此时这个路过的"仁者"会不会跳下去施救呢？在此，孔子没有正面回答，而是给出了一个君子行仁的总体判断："君子可逝也，不可陷也；可欺也，不可罔也"，即君子会尽自己最大努力去救助落难之人，但同时也会尽可能避免使自己陷入危险。孔子批评宰我道："唯仁者能好人，能恶人"，即真正的君子可以被人用正当的理由欺骗，但绝不可被愚弄。由此，我们也可以感受到，孔子对于"克己复礼"过程中，君子秉持"为仁"原则的坚定性。

第三，为仁是个体全面提升道德修养的过程。樊迟问仁，子曰："爱人。"如何做到"爱人"？《论语·阳货》记载，子张向孔子问仁。孔子回答道，能够处处践行庄重、宽厚、诚实、勤敏、慈惠五种品德者，即是仁人。庄重就不致遭受侮辱，宽厚就会得到众人的拥护，诚信就能得到别人的任用，勤敏就会提高工作效率，慈惠就能够有效管理民众。另外，面对仲弓问仁，孔子回答说，出门办事如同接待贵宾，役使百姓如同进行重大祭祀，要时刻保持认真严肃的态度；自己不愿意做的，不可强加于人；做到在朝堂上没人怨恨自己，在卿大夫的封地里也没人怨恨自己。

---

① 《论语·雍也》。

此外，孔子将孝悌等家庭伦理道德的践行也视作"为仁"的重要内容。这也是孔子在针对"孝弟乃为仁之本"的论断时，发出"人而不仁，如礼何？人而不仁，如乐何"感叹的重要原因。

第四，为仁是个体持续提升道德修养的过程。"为仁"之途不可能一蹴而就，需要长期不懈的努力追求。因而孔子指出，"刚、毅、木、讷，近仁"，①"博学而笃志，切问而近思"，则"仁在其中矣"，②意思是说，判定一个人是否"为仁"，就要看其是否能够不断磨砺恭、宽、信、敏、惠等品德，行为处事时是否能够逐渐达到刚、毅、木、讷的目标，提高自身修养时是否能够不断追求博学、笃志、切问、近思的境界。与之相反，自夸者则多不仁，所以孔子又说："巧言令色，鲜矣仁！"这就要求统治者不仅应以身作则，更要以这些标准来规范自己的臣民，做到上下一致。那么，通过自身努力符合了以上要求，是否就能达到仁呢？子曰：

上好礼，则民莫敢不敬；上好义，则民莫敢不服；上好信，则民莫敢不用情。夫如是，则四方之民襁负其子而至矣。③

可见，在孔子看来，为仁之途并非个体独自修行的过程，而是一个由个体到群体以至于社会整体的全方位改善过程。

综上，孔子强调"为仁"，一方面是希望统治者能够按照周礼的要求，对民众加以积极引导，这样才能达到维护

---

① 《论语·子路》。
② 《论语·子张》。
③ 《论语·子路》。

贵族统治秩序之目标；另一方面"为仁由己"的总体原则也为个体不断提升自身道德境界，从而逐步接近圣人君子标准提供了基本遵循。这就为孟子基于"仁爱"理念，进一步提炼出"仁心仁政"的社会治理原则奠定了理论基础。

（二）不忍人之政

与孔子高度重视"复礼"的价值追求不同，孟子特别强调对个体的关注，亦因此被后世贴上"尊崇个人的孟子""鼓吹民权的孟子"等标签，其哲学思想也被定义为"心理的人生哲学"。[①] 在社会治理层面，孟子对个体的关注，主要体现在"以不忍人之心，行不忍人之政"的仁政思想中。仁政思想的哲学依据就是仁爱，在仁爱的基础之上推己及人，最后做到以不忍人之心，行不忍人之政。故孟子说："以不忍人之心，行不忍人之政，治天下可运之掌上。"[②] 概言之，孟子社会治理思想坚持的根本信念是"仁者无敌"，基本目标是建立一个"王道天下"，而在"以力假仁"与"以德行仁"两者之间，只有"以德行仁"才是实现王道的根本方法，才能实现对社会治理的最大保障。对于治理者而言，以德行仁主要有以下三条实现路径。

第一，恒产安民。富国强兵是对一国实力强盛的形象表达，充分展现了中国古代政治哲学将"兵强"与"国富"二者紧密相连的辩证思维。在孟子看来，国富的基础是民富，即只有百姓富足，社会才能安定，国家才会安全。孟子说："民之为道也，有恒产者有恒心，无恒产者无恒

---

① 胡适：《中国哲学史大纲》，上海古籍出版社1997年版，第203页。
② 《孟子·公孙丑上》。

心。"① 所谓恒产，是指固定的产业；所谓恒心，是指长久不变的善心。在孟子看来，善政的基础是先让人民能吃饱饭、能养家糊口，即先有恒产，有了恒产，才能有恒心，其中贯穿着一条由"恒产"到"恒心"，再到"使民从之"的"王道"路线。如何实现"恒产安民"？孟子进一步提出"制民之产"的思想。一是通过授予普通民众一定的生产生活资料，使其"仰足以事父母，俯足以畜妻子，乐岁终身饱，凶年免于死亡"。② 二是不违农时，如果能做到不违农时，则"谷不可胜食"；如果能使密集的渔网不入池塘，则"鱼鳖不可胜食"；如果能做到按季节砍伐树木，则"材木不可胜用"。百姓们丰衣足食，自然能够"养生丧死无憾"，这也正是"王道"的开端。③

第二，先王之道。孟子主张"民为贵，社稷次之，君为轻"，强调一切政治制度的设置应站在"为民"的立场，所以冯友兰指出，虽然孟子对传统制度之态度是"守旧的"，即"率由旧章""遵先王之法"，但从本质上看孟子所说的"先王之法"乃是其经过理想化与理论化的"法"，这种"法"的本质在于对"一切政治上经济上之制度，皆完全为贵族设"的"反动"，表现为"一切皆为民设"。正是基于"一切皆为民设"这一逻辑起点，孟子对"王道"与"霸道"进行了比较。"王道"的制度根源与政策设计均源于"为民"，所以能够达到"民皆悦而从之"，"霸道"因"以武力征服人强使人从己"，所以"非心服"。④ 如何

---

① 《孟子·滕文公上》。
② 《孟子·梁惠王上》。
③ 《孟子·梁惠王上》。
④ 冯友兰：《中国哲学史》（上），重庆出版社2009年版，第96—97页。

实现"为民"目标？具体来说就是要坚持"以德行仁，而非以力假仁"的原则。

第三，以德教化。道德教化是儒家调节社会成员关系、维护社会秩序的重要治理手段。《汉书·艺文志》说，儒家"出于司徒之官"，治学宗旨为"助人君顺阴阳，明教化"。何为"司徒之官"？《尚书·尧典》记载："契，百姓不亲，五品不逊，汝作司徒，敬敷五教，在宽。"可见，在先秦时"司徒"的主要职责在于教化万民，"五教"则是儒家教化民众的基本内容，所以陈柱指出，"儒家之教，又以明伦为职志"[1]。作为儒家的开创者，孔子最早强调道德教化的作用，并将其置于政令刑罚的硬约束之上。孔子早期有鲁国从政的经历，然并未获得统治者的认可，在推行自己的思想遇阻后，不得不周游列国十三年，并于晚年返回鲁国编著"六经"，专事教化之事业。孔子门徒众多，门人弟子在继承其思想时又表现出风格迥异的治学路径，传至后世亦分为各种流派。《韩非子·显学》对孔子之后的儒家流派进行了梳理，指出"自孔子之死也，儒分为八"，也就是说自孔子去世到墨子生活的二百多年时间里，历史上先后出现过八个儒家派别，分别是子张之儒、漆雕氏之儒、颜氏之儒、乐正氏之儒、子思之儒、孟氏之儒、孙氏之儒、仲良氏之儒。[2] 以上儒家八派中，对孔子以德教化思想传承最力者当属孟子。孟子主张以"礼"与"德"治国教民，强调"父子有亲，君臣有义，夫妇有别，长幼有序，朋友有信"是"明人伦"的前提。孟子说："上无礼，下无学，贼民

---

[1] 《陈柱讲诸子学论》，河海大学出版社2021年版，第4页。
[2] 《韩非子·显学》。

兴，丧无日矣。"① 在孟子看来，实现社会治理不外乎两种路径，一是礼法约束，二是仁爱之心。不过相对于礼法的外在约束，通过道德教化，以使民由内而外地产生"服从"之心，才是更为根本的目的，这样得到的"民心"才是更为根本的王道。因而，孟子说：

善政不如善教之得民也。善政民畏之，善教民爱之，善政得民财，善教得民心。②

由此可以发现，仁心仁政这一治理原则在经济上表现为"恒产安民"，在政治上表现为"先王之道"，在文化上则体现为对"以德教化"的坚持。在孟子看来，统治者只要秉持仁心仁政的治理原则，就能够保证社会治理目标在国家和个人两个维度上的实现：一方面，对于个人与家庭来说，可以实现"壮者以暇日修其孝悌忠信，入以事其父兄，出以事其长上"；另一方面，对于社会与国家层面而言，可以实现"使天下仕者皆欲立于王之朝，耕者皆欲耕于王之野，商贾皆欲藏于王之市，行旅皆欲出于王之涂，天下之欲疾其君者皆欲赴愬于王"。③

第四节 有耻且格的标准

"耻感文化"是一个源于西方的哲学概念，近代以来传入中国。中西不同语境下的"耻感文化"具有重大差异，

---

① 《孟子·离娄上》。
② 《孟子·尽心上》。
③ 《孟子·梁惠王上》。

亚里士多德将"否认耻感"作为一种美德的观点，亦与中国传统文化将"有耻"作为道德修养评价指标的观点有很大不同。近年来诸多学者从文化传承维度，考察了"耻感"在中国语境中的理论意蕴与实践价值。如杨峻岭指出："耻感是行为主体在接受自我评价和社会评价时产生的一种内疚、自责、惭愧等心理体验"，[1] 这种心理体验或感受是行为主体道德自律的前提条件，是道德责任、道德良心的特殊表现方式，更是"道德与政治、德行与行动、个人与国家的连接点"，[2] 不仅具有深厚的伦理学意蕴，也具有重要的社会治理价值。

一 以力服人与以德服人

德治与法治的关系是先秦思想家关注的重要议题，不同学派对这一问题的观点并不一致，可以归结为儒家"德主刑辅"与法家"务法不务德"之争。在治理实践中，"以法治国"表现为法家的严刑峻法，即将刑罚作为实现治理目标的基本手段。与法家相反，儒家则采取了完全相反的路径，所谓"以德治国"即是孔子所说的"为政以德"。具体来说，在德与刑的关系上，孔子虽然并不否定刑与罚的作用，甚至明确提出"宽以济猛，猛以济宽，政是以和"的主张，[3] 但总体上看其始终对"刑"持审慎消极态度，认为道德才是实现社会治理的根本依据，只有道之以德，齐之以礼，才能使民有耻且格。

---

[1] 杨峻岭：《先秦儒家耻感思想的基本内容、主要特征及其现实意义》，《伦理学研究》2008年第2期。
[2] 陈丹丹：《美德、行动与为政之道——中国早期思想中的"耻"》，《思想与文化》2021年第1期。
[3] 《左传·昭公二十年》。

孟子的性善论从逻辑上为儒家"道之以德"的方法论提供了先验的可能性依据。与此同时，他还基于对礼与刑两种治理方式的认识，提出"以德服人"的治理思想。他说："以力服人者，非心服也，力不赡也；以德服人者，中心悦而诚服也。"① 意思是说，那些凭借强力使人屈服的治理者，并不能使人真正信服，民众之所以表现出表面上的服从，只是因为自己的力量暂时无法与之抗衡罢了；与之相反，治理者如果能做到"以德服人"，即使暂时没有强盛的国力，民众亦能"心悦诚服"地配合治理者推行仁政。

后世荀子所提出的性恶说虽然与孟子性善说截然相反，但本质目标依然是为"以德治国"提供一个可行的理论依据。他说：

不教而诛，则刑繁而邪不胜；教而不诛，则奸民不惩；诛而不赏，则勤厉之民不劝；诛赏而不类，则下疑俗险而百姓不一。②

在荀子看来，一方面，社会治理过程中，刑罚的手段固然必不可少，然而刑罚必须以教化为基础，只靠刑罚诛杀而不对民众实行道德教化，那么刑罚再严厉，坏事也不能禁绝，社会也无法得到有效治理；另一方面，教化亦非万能，只有教化而没有刑罚，坏事亦得不到惩治，社会治理目标同样无法得以实现。由此可见，荀子虽然提出教与诛、礼与刑相结合的思想，但基本立足点始终是道德教化、德主刑辅。

---

① 《孟子·公孙丑上》。
② 《荀子·富国》。

至汉代时，董仲舒虽立足于儒家的道德教化传统，提出"教"为"政之本"的治理主张，却也充分注意到法家所倡之"刑"的积极意义，因而强调"政之末"——"狱"在维护社会稳定中的作用，指出"刑者德之辅"，这就明确提出了"德主刑辅"的观点。这一观点的提出，是对先秦儒家社会治理思想的修正，这一修正正式将法家刑罚的治理手段融入其中。当然，无论是"德"的方式，还是"法"的手段，最终都是为了实现社会稳定这一治理目标。那么，"德"与"法"的手段能否实现治理目标？治理实践中，儒家又会以何种标准来评判之？孔子"有耻且格"的思想为以上问题提供了答案。

二 齐之以刑与齐之以礼

《论语·为政》记载：

道之以政，齐之以刑，民免而无耻，道之以德，齐之以礼，有耻且格。[①]

这里的"道"通"导"，有引导的意思，"齐"则是作为治理规范而言，与"道"的意思接近，主要指统治者按照事先制定好的法规制度体系和惩罚约束机制来引导民众，以使其免于因犯罪而受到惩罚，"无耻"一般被认为是不知羞耻的意思。所谓"民免而无耻"综合起来看，是说老百姓虽然能够做到遵法守矩，但若仅是"道之以政，齐之以刑"，即以外在强制性的政策制度与刑罚体系来治理社会，就很容易使个体内心的道德约束机制失效，从而造成外在约束与内在道德的分离，"有耻且格"的标准就很难实现。那么，"刑"与"礼"同"有耻且格"的治理标准是一种

[①] 《论语·为政》。

怎样的关系？我们又该如何准确把握"有耻且格"的深层内涵？

第一，何谓"耻"。在孔子眼中，"耻"首先是一个名词，是评价人与群体（社会、国家）能否守住底线的重要指标。《论语》记载，一次原宪问"耻"，孔子回答道："邦有道，谷。邦无道，谷，耻也。"① 意思是说，若"邦有道"，即君主诸侯皆能够"为仁知耻""修己安民"，谨守"耻辱"与"仁德"的界限，那么士人君子就应当恪尽职守，并以此获得自己应得的俸禄；若"邦无道"，士人君子却依然为其工作并获取丰厚的酬劳，则可称之为"无耻"。此外，孔子在《泰伯》中亦有几乎一致的表述："邦有道，贫且贱焉，耻也。邦无道，富且贵焉，耻也。"② 在这里，"富且贵"与"贫且贱"实质上各代表了一种治国安邦的政治态度。前者指向"邦有道"时，君子能够承担自身职责，为国家兴盛与社会发展尽职尽责，但若君子此时依然坚守"安贫乐道"的态度，则亦是一种耻辱；后者指向"邦无道"时，君子却"富且贵"的可耻选择。

第二，何谓"有耻"。孔子说："君子耻其言而过其行。"③ 在此，孔子实质上是将"耻"作为君子自我修养的重要组成部分，而"有耻"亦成为评价君子道德修养的重要标准。故孔子认为，"耻"是君子"志于道"的必备条件，那些真正将"道"作为毕生追求的人，绝不会将注意力放在吃喝住穿等物质享受层面，亦不会使用"巧言、令

---

① 《论语·宪问》。
② 《论语·泰伯》。
③ 《论语·宪问》。

色、足恭""匿怨而友其人"等伎俩博得众人的好感。① 孟子亦指出:"声闻过情,君子耻之。"② 这就是说,君子行为处事须言行一致,若言过其实或巧言令色,则视为耻。这实际上是对那些喜用花言巧语(伪善行为)装饰自己以及过度谦卑和过分谄媚者的一种告诫,同时也告诫世人在社会交往时应秉持率真、坦诚的原则,切不可心口不一、阳奉阴违。此外,孔子对于耻的界定并非止于言行层面,亦延伸到入仕从政、为人处世等领域。他说:"士志于道,而耻恶衣恶食者,未足议也。"③ 意思是说,真正"志于道"的君子,将全身心的精力置于儒家之"道"的宏大志业,因此根本不会在意自己的衣食住行条件如何,以至于"衣敝缊袍,与衣狐貉者立"而不知耻。④ 那些嘴上标榜仁义道德,内心却以"恶衣恶食"为耻的人,根本不值得与他们谈论圣人治世安邦的大道。

第三,何谓"耻感"。一次子贡问孔子,如何成为一个真正的"士"。孔子回答:"行己有耻,使于四方,不辱君命,可谓士矣。"⑤ 这里"行己有耻"成为衡量君子士人的重要标准。此处,孔子从"耻"的维度对君子提出了更高要求,即君子不仅要在物质层面坚决摒弃"耻恶衣恶食"的观念,更要在政治与社会生活中做到"行己有耻""不辱君命"。当然,"有耻"不仅是对君子的道德要求,亦应作为一种美德在民众中推行倡导,这也为儒家在治理实践

---

① 《论语·公冶长》。
② 《孟子·离娄下》。
③ 《论语·里仁》。
④ 《论语·子罕》。
⑤ 《论语·子路》。

中倡导"有耻且格"的标准提供了理论依据。孔子认为，治理者若能够用"德"与"礼"来引导民众，则民众不仅能在道德上积极追求向上向善的价值目标，亦能在社会实践中时刻保持一种自我克制的羞耻感。当然，个体对"德性"的追求并非天成，而需后天之"礼"的涵养。这种涵养培育乃是在人与人、人与社会的动态交往中形成的，一方面治理者可以通过"礼"潜移默化地影响个体，使他们在个体与社会生活中主动践行"德性"；另一方面作为个体的人又通过对"礼"的践行，涵养出一种发自内心深处的耻感，从而无止境地向"德性"靠近。[①] 至此，孔子所谓之"有耻"亦从个体道德要求扩展至政治与社会领域，既具有自我修养的内在规范意蕴，也是评价君王治国理政成效的重要标准。

第四，何谓"格"。在对"格"的理解上历代学者众说纷纭，莫衷一是，代表性的观点主要有三种：一是将其理解为"正"。何晏《论语集解》曰："格，正也。"[②] 刑昺义疏曰："格，正也……则民有愧耻而不犯法，且能自修而归正也。"[③] 二是将其解释为来或至。如陆德明在《经典释文》中对"格"字进行解释时，就引用郑玄注："格，来也。"[④] 朱熹在《论语章句集注》中也指出："格，至也。"[⑤] 三是将其理解为洗心革面之义。清代学者黄式三在其著作《论语后案》中将"格"解释为"革"的借字，后世程树

---

① 陈丹丹：《美德、行动与为政之道——中国早期思想中的"耻"》，《思想与文化》2021年第1期。
② （清）阮元：《十三经注疏》，中华书局1982年版，第15页。
③ （清）阮元：《十三经注疏》，中华书局1982年版，第15页。
④ （唐）陆德明：《经典释文》，上海古籍出版社1985年版，第1352页。
⑤ （宋）朱熹：《四书章句集注》，中华书局1983年版，第54页。

德进一步指出"三代以上，音同之字任意混用，在金石文中久成通例，盖即革面洗心之义也"。面对众说纷纭的解释，杨伯峻在《论语译注》中对以上观点进行了综合分析，并给出了自己的观点。他说：

> 格——这个字的意义本来很多，在这里有把它解为"来"的，也有解为"至"的，还有解为"正"的，更有写作"恪"，解为"敬"的。这些不同的讲解未必符合孔子原意。据《礼记·缁衣》篇："夫民，教之以德，齐之以礼，则民有格心；教之以政，齐之以刑，则民有遁心。"这话可以看作孔子此言的最早注释，较为可信。此处"格心"和"遁心"相对成文，"遁"逃避的意思。逃避的反面应该是亲近、归服、向往，所以用"人心归服"来译它。①

今人俞志慧通过对《论语·为政》《礼记·缁衣》与金文、《郭店楚墓竹简·缁衣》《上海博物馆藏战国楚竹书·幺才衣》以及《易经·家人》象辞中相应文字的参照比对，认为"格"乃是"亘（恒）"的一音之转，"有耻且格"体现了孔子对"恒德"的重视。②与俞志慧的观点不同，王文凯在梳理历代学者"格"字释义的基础上指出，"格"为动词，应解读为"位"，是各安其位的意思。③从社会治理角度观之，无论是将"格"理解为"恒德"，还是将其解释为"位"，"且格"与"有耻"从德性的层面，

---

① 杨伯峻：《论语译注》，中华书局2006年版，第13页。
② 俞志慧：《释"行有格"、"有耻且格"的"格"》，《苏州大学学报（哲学社会科学版）》2004年第4期。
③ 王文凯：《"有耻且格"释义》，《高等函授学报（哲学社会科学版）》2007年第6期。

共同构成了儒家评价社会治理效果的重要维度，深刻反映了孔子基于"仁"与"德"所构建的宏大社会治理蓝图。

孔子之后，孟子与荀子对"耻"与"格"进行了更为细致与深层的阐释。所谓"羞恶之心，人皆有之"，即是说"羞耻之心"作为人类社会普遍存在的道德情感，是每个人与生俱来的内在道德律令。因此，"人不可以无耻，无耻之耻，无耻矣"。① 也就是说，有羞耻心是人之所以为人的核心内容。从社会治理层面看，这里的"无耻"明显担当了言行规范与法规约束的角色，只是孟子在孔子耻感论说的基础上，又基于人性本善论，将耻感对人与社会的约束提升到了道德本性的重要位置，更加明确了其社会治理作用。

荀子认为，荣辱有两端，即"义荣"和"势荣"、"义辱"和"势辱"。"义荣"是指"志意修，德行厚，知虑明"，"势荣"则指"爵列尊，贡禄厚，形势胜，上为天子诸侯，下为卿相士大夫"。② 反之"流淫污漫，犯分乱理，骄暴贪利"是为"义辱"，而"受人斥责，被杖笞刖膑，以至弃市暴死，车裂身死，或沦为刑徒"，是为"势辱"。③ 荀子所言的荣辱两端，虽然同属于荣辱范畴，其内涵却有着天壤之别。因此他说：

君子可以有势辱，而不可以有义辱；小人可以有势荣，而不可以有义荣。有势辱无害为尧，有势荣无害为桀。义荣势荣，唯君子然后有之；义辱势辱，唯小人然后兼有之。是荣辱之分也。④

---

① 《孟子·尽心上》。
② 《荀子·正论》。
③ 《荀子·正论》。
④ 《荀子·正论》。

在这里，荀子在对耻感文化强调的基础上，引入"义"和"势"的概念，从人的受动性和主动性两个层面，对其社会治理价值进行了阐释。从"义"的层面看，对于义荣和义辱的区分，突出了人们在荣辱抉择时主动性的一面；对于势荣与势辱的划分，则是荀子围绕"势"而展开的论述，强调了个体选择的受动性一面。"'正义'即'公平''公正'，'正义'作为法的渊源之一，更是法的追求与归宿。"[1] 这就从个体主动选择与客观环境制约两个维度，更加丰富地明确了儒家"礼法"的规范约束作用。

总之，由孔子创立，经由孟子、荀子等逐步完善的先秦儒家社会治理思想，既有对个体生存与发展需要的现实关照，又有对社会公共利益的高度关注。在历史长河中，儒家在中华民族两千多年的"族群认同"与"社会稳定"进程中，地位不断升高，[2] 甚至可以说，儒家社会治理思想已无孔不入地渗透在人们的信仰、观念、行为、习俗、情感状态、思维方式……之中，亦在人们处理人际关系、社会生活和各种事务的过程中起到至关重要的作用，已经成为中华民族共同性格特征与心理状态的重要组成部分。[3]

---

[1] 刘星：《中华优秀传统文化传承发展研究》，中国社会科学出版社 2024 年版，第 152 页。
[2] 郭齐勇、吴根友：《诸子学通论》，商务印书馆 2015 年版，第 67 页。
[3] 李泽厚：《中国古代思想史论》，生活·读书·新知三联书店 2017 年版，第 26 页。

第四章　兼爱相利，顺从天志

春秋战国时期氏族传统的逐步崩溃，撼动了传统礼治文化对社会的垄断局面，贵族逐渐失去对广大手工业者的严密控制，代表小生产劳动者的墨子以此为契机开派立说，在空前复杂的先秦意识形态领域占据了一席之地。[①] 从社会治理角度观之，墨子及其继承者能够根据时代发展变化，将自己的见解表达出来，这些见解与时代需求相互印证、相互支持，形成了别具特色的思想体系。这一思想体系，以兴利除害为目标、以以利导民为方法、以兼爱相利为原则、以互利互惠为标准。通观这四个方面，"爱"与"利"是贯穿于其中的核心要素，因而本书将墨家社会治理思想概括为"兼爱相利，顺从天志"。

第一节　兴利除害的目标

在墨子的理论体系中，无论是表达其世界观的天志、明鬼，还是反映其方法论的尚贤、尚同，二者皆服务于

[①] 李泽厚：《中国古代思想史论》，生活·读书·新知三联书店2017年版，第44页。

"兴天下之利,除天下之害",这也是墨家为君王与百姓描绘的美好治理目标,更是其所谓"仁者之所以为事者"的根本动因。具体来说,墨子所构想的兴利除害治理目标主要包括以下方面:一是充分肯定"天志"的作用,即统治者必须"顺天之意",制定"明法",为天地万物与世间民众提供一个共同遵守的制度体系,同时也为治理者实现兴利除害目标提供一个系统化的制度依据;二是要求治理者清醒地认识到"以命为亡"的重要性,即决定兴利除害目标是否实现的根本"存乎上之为政",而非所谓的"天命";三是由于兴利与除害的复杂性,墨子主张治理者在追求社会治理目标的过程中,亦应掌握"权变"的方法,以"两而无偏"的精神,以"义"为中心,权衡"利害"。

一 古者圣王,为万民兴利除害

墨子思想具有十分鲜明的民生特色,其所描绘的古者圣王,能够时刻以"为万民兴利除害"为己任,而在《非乐》中墨子更是鲜明地指出,"仁人之事者,必务求兴天下之利,除天下之害,将以为法乎天下",即是说评判君主是否行仁政,首先要看其是否将"兴利除害"作为根本目标,看其是否将"利人乎即为,不利人乎即止"作为天下共有的原则来普遍推广。《墨子·尚同》篇也指出:"古者圣王,明天鬼之所欲,而避天鬼之所憎,以求兴天下之害。"这里的"以求兴天下之害",应为"以求兴天下之利,除天下之害"。也就是说,墨子所构建的治理目标是从"利"与"害"两方面来展开的,具体内涵十分丰富。

所谓"兴利",须先明确墨家所说之"利"的含义。《墨子·经上》说:"利,所得而喜也。"《墨子·经说上》:

"得是而喜，则是利也；其害也，非是也。"这里墨家从认知和情感层面来解释"利"，意思是说能够给人们带来喜悦感的东西即是利。具体而言，"利"的内容有哪些呢？《墨子·尚贤》中说："国家之富，人民之众，刑政之治"，此即为"利"。这实际上就从国家发展、民生保障与法治建设三个层面，明确了社会治理的基本目标，即国家富强、人民幸福、社会和谐。而墨子提出天志、明鬼、兼爱、尚同、尚贤等政治主张，即是为了实现人民之利。

所谓"除害"，何为"害"呢？《墨子·经上》："害，所得而恶也。"《墨子·经说上》："得是而恶，则是害也；其利也，非是也。"意思是说，那些被人们所厌恶的东西即为害。具体而言，是指"国与国之相攻，家与家之相篡，人与人之相贼。君臣不惠忠，父子不慈孝，兄弟不和调，此则天下之害也"。这里所说的"害"，虽然涉及"家"与"国"两个层面，但反映在社会治理层面，则表现为对国家、社会和家庭矛盾的解决。而墨子提出节用、节葬、非命、非攻、非乐的政治主张，目的正是为民众扫除灾害。

为了进一步明确兴利除害目标的基本内涵，墨子提出了著名的"三表法"。[①] 对于三表法，学界常从认识论角度对其进行解析，将"三表"归结为墨家"衡量一种言论的真伪是非的三个标准"。[②] 如冯友兰即指出，"墨翟于道德观之外，又提出一个认识论的问题，就是判断一个言论是否代表真理，究竟以什么为标准"，"墨翟认为判定真伪是

---

① 《墨子·非命上》。
② 北京大学哲学系中国哲学教研室：《中国哲学史》（第 2 版），北京大学出版社 2003 年版，第 43—44 页。

否的标准有三个，即他所谓'三表'"。① 耿静波等亦认为，墨子的"三表法"实际上是一个认识论和方法论领域的重大问题，即"真理的标准问题"。② 与以上观点不同，黄玉顺则指出，从认识论角度来定义三表法"大谬不然"，"三表"实际上是墨子"判断一种政治主张的价值标准"，③ 这一价值标准分为古者圣王之事、百姓耳目之实、国家百姓人民之利，后两者皆以"百姓人民之利"为旨归，三者共同服务于兴利除害这一治理目标。对此，下文将作进一步阐释。

二 顺天之意，得天下之明法以度之

墨子认为，当今天下的士人君子著书立说发表言论者不计其数，虽然涉及的范围十分广泛，"上说诸侯，下说列士"，但这些观点与"仁义"的追求相差甚远，因此需要"得天下之明法以度之"。④ 此处所说的"天下之明法"即为"天志"。那么这个天有什么意志呢？天志的作用有哪些？天志对于统治者实现兴利除害目标又有何意义？

首先，天是最终的裁决者，天志中蕴含着兴利除害的治理目标。在墨子的思想体系中，天是最高权力的来源。之所以做出这样的判断，是因为在墨子看来，治理者"为政"的原则在于"上之政下"，即自上而下形成一套自我运行的组织体系。在这个组织运行体系中，士人可以节制管理庶人"次己为政"，将军、大夫可以节制管理士人

---

① 冯友兰：《中国哲学史新编》（上），人民出版社1998年版，第237—238页。
② 耿静波、韩剑英：《墨子"三表法"与"察类明故"思想研究》，《北京工业大学学报（社会科学版）》2009年第5期。
③ 黄玉顺：《天志：墨家的超越观念及其政治关切——墨子思想的系统还原》，《社会科学研究》2020年第6期。
④ 《墨子·天志上》。

"次己为政",三公、诸侯可以节制管理将军、大夫"次己为政",天子可以节制管理三公、诸侯"次己为政",而天子作为人世间的最高统治者,应该由何种力量来节制管理呢?墨子给出了"百姓未得之明知"的"天",认为上天是约束天子"遵义为政"的最终力量。天子若想长久地保持"穷贵"与"穷富"的地位,就必须遵循上天之"义","当天意而不可不顺"。此处的"义"实际上蕴含了墨家兴利除害的治理目标。因为在墨子看来,上天"欲义而恶不义",那么上天之"义"到底是什么呢?"天下有义则生,无义则死;有义则富,无义则贫;有义则治,无义则乱",这就从"生死""富贫""治乱"三个维度,具体化了兴利除害的基本内容。

其次,天是最高的监督者,天志督促治理者以兴利除害为目标。按照墨子的说法,"天之意"在于"兴利除害"。正所谓"天欲人之相爱相利,而不欲人之相恶相贼也"。[①] 也就是说,治理者兴利除害,乃是天的意志。人必须顺从天的意志,不仅百姓要顺从,诸侯君王也必须顺从。无论是庶人、士人、将军、大夫,还是诸侯、三公、天子,都会受到上天的监督。故墨子说:"今人皆处天下而事天,得罪于天,将无所依避逃之者矣。"违背天志之人,即使逃到"林谷幽门无人"之处,上天也能"明必见之"。这与孟子所谓"民为贵,社稷次之,君为轻"的思想十分接近,孟子强调统治者(天子或诸侯国君)如果不能顺应民众需求,则民众有权力推翻其统治。只是孟子强调的推翻者是民众,而墨子则将这个对统治者的"反动"力量归于"天

---

① 《墨子·法仪》。

志"。相对于孟子来说，墨子所说的"天志"，一般百姓几乎无法与之"沟通"，民众只有通过"天子→国君"才能实现与天志的间接互通，这种思想为汉代董仲舒的神秘主义政治学说提供了启示。董仲舒《春秋繁露·楚庄王》："故必徙居处、更称号、改正朔、易服色者，无他焉，不敢不顺天志而明自显也。"此处的天志，即是对墨子天志思想的改造与发展。

再次，天是赏罚的掌握者，天志以明法来评判兴利除害的成效。在墨子的哲学思想体系中，天是一个具有宗教意义的神，既能明察秋毫，又能赏善罚恶，而上天赏罚的依据正是"明法"。何为明法？明法有何作用？墨子指出，"轮人"制造车轮需要"规"，"匠人"完成工作需要"矩"，工匠以"规"与"矩"为依据来度量自己的产品。如果没有"规"与"矩"，则无法精准度量"天下之方圆"。与"轮人"和"匠人"的规矩类似，天志则是统治者管理天下的规范。统治者顺从天志，践行兼爱，则"天能赏之"，若不顺从天志，不能以兴利除害为目标，而是肆意施行暴政，就会受到上天的惩罚。因此墨子强调，天子若身患疾病或遇到祸祟，就应斋戒沐浴，准备洁净的"酒醴粢盛"，以祭祀"天鬼"，这样上天就可以帮助他们去除疾病与祸患。[①] 可见，在墨子这里天是最高的权威，它几乎掌握了一切事物的兴衰存亡。国家与社会是否实现兴利除害目标，关键在于天子的作为，而天子治理天下又必须依赖于"天志"。天子若能遵从天志，努力实现兴利除害目标，就会受到上天的赏赐；如果不能遵从天志，则会受到

---

① 《墨子·天志中》。

惩罚，而"明法"正是评判治理者行为的基本标尺。

那么，天的意志包括哪些内容呢？墨子以"兴利除害"为起点，从治国、理家与为人等视角解析了天志的要求，并提炼出天志的基本内容。从治国的角度来看，天志"不欲大国之攻小国"；从理家的角度来看，天志不欲"大家之乱小家"；从为人的角度来看，天志不欲"父者之不慈""子者之不孝"。总之，凡是"强之暴寡，诈之谋愚，贵之傲贱"等违反兼爱原则者，皆是"天之所不欲"，应该予以摒弃。[①]

既然天是有意志的，能够赏善罚恶，那么就必须有一个执行者，这个执行者即为鬼神。墨子认为，鬼神的种类有很多，不同的鬼神掌管不同领域的赏善罚恶之权，如"天鬼神""山水鬼神""人死而为鬼"等等。[②] 为了强调"鬼神"的重要性，他甚至引用各国史书来证明这一点。墨子认为鬼神不仅事实上存在，而且无所不知，"山林深谷，鬼神之明必知之"。[③] 意思是说，鬼神的明智与圣人的明智相比，就像一个耳目聪明的人与聋子瞎子相比一样，相差是很悬殊的。因此，鬼神可以协助主宰一切的有意志的天，实行赏善罚暴。在赏善罚暴过程中，鬼神的能力也是超越一切常人的，即使遇到"勇力强武，坚甲利兵"，也能无障碍地执行天志。[④] 在这方面，墨子几乎完全继承了原始的宗教思想，不但是有神论者，而且是多神论者。由此，墨子在继承原始宗教思想的基础上，创造性地提出天志、明鬼

---

① 《墨子·天志中》。
② 《墨子·明鬼下》。
③ 《墨子·明鬼下》。
④ 《墨子·明鬼下》。

等观点，意在借助于超自然的力量来实现对病态社会的治理，提醒统治者应谨记"兴利除害"之目标，努力为民众创造一个安宁的社会环境和富足的生活条件。

三 以命为亡，安危治乱存乎上之为政

"天命"是先秦哲学话语体系中的一个重要概念。在甲骨文中，"命"的字形为"𠂤"，就像一个跪着接受命令的奴隶。东汉许慎解释道："命，使也。"段玉裁注之曰："令者，发号也，君事也。非君而口使之，是亦令也。故曰命者，天之令也。"天作为超越于世俗世界的最高主宰者，拥有决断一切的绝对权力。一方面，天子诸侯的权力来源于上天，如殷商就宣称自己建国安邦正是上承天命之举，故说，"天命玄鸟，降而生商"。[①] 另一方面，天子诸侯、世家大族遇有重大决策事项，须在寻求上天的意旨之后，方能进行决断。故有，"国之大事，在祀与戎"的说法。[②] 在治理实践中，命定论也被作为统治者极力推崇的一种世界观，目的是使民众安于现状、无所作为。

基于对命定论的反对，墨子提出非命的观点。在他看来，上古时期的王公大人为政治国，没有不希望国家能够实现兴利除害目标的，然而当今之世无法实现国家富足、人口繁盛、社会有序，原因正在于"执有命者以杂于民间者众"。这些有命论者，鼓吹命由天定，而非人力所能决定，并将这种观念"上以说王公大人，下以驵百姓之从事"，从而导致治理者"失其所欲"却"得其所恶"，庶人百姓则只能服从命运的安排。具体来说，墨子从以下三个

---

① 《诗经·商颂·玄鸟》。
② 《左传·成公·成公十三年》。

方面论证了非命思想的合理性。

首先，从间接经验角度来看，天下治乱在于人心而非天命。为了说明天下治乱的根源在于"人心"，墨子以上古圣王之事为例展开论述。他指出，夏桀行暴政而导致国家人民陷于危亡，商汤取得政权后却能够挽救天下，实现大治；至商代末期时，商纣王的暴政再次使天下陷于危亡，武王伐纣建立周朝，且能够将国家治理的井井有条。回顾历史，夏商开国之时，夏启、商汤皆自称"上承天命"，但王朝终究免不了暴政而亡的命运，商汤周武革命时，亦自称"代天讨伐"，号称能够实现天下大治，然而本质来看，以上诸君的努力皆与"天命"没有关系，均是人为努力的结果。故墨子发出"岂可谓有命哉"的感叹。[1]

其次，从感性认知角度来看，自古及今从未有人见过天命。墨子提出了判断"命之有与亡"的一个重要标准——"众人耳目之情"，即"有闻之，有见之，谓之有；莫之闻，莫之见，谓之亡"。[2]正所谓眼见为实，耳听为虚，只有那些亲眼见到、亲耳听到的事物，才可能是存在的。对于天命之事，自古以来，从未有人曾经"见命之物、闻命之声"，君主诸侯亦未尝"有闻命之声、见命之体者"。[3]因此，从这一维度亦可证明"以命为亡"观点的合理性。

最后，从实践成效角度来看，非命是实现兴利除害的前提。墨子认为古代圣王和百姓之所以能够获得成功，关键就在于他们对"非命"的坚持。他说，王公大人之所以努力处理政务，就在于他们知道"强必治，不强必乱，强

---

[1] 《墨子·非命上》。
[2] 《墨子·非命中》。
[3] 《墨子·非命中》。

必宁，不强必危"；农民之所以努力耕种，是因为他们知道"强必富，不强必贫。强必饱，不强必饥"；妇女之所以努力纺织，是因为她们知道："强必富，不强必贫。强必暖，不强必寒"。反之，如果他们一致认为一切命中注定，则没有人会努力做事，终将导致"天下大乱"。① 因此，墨子最终得出结论"安危治乱，存乎上之为政也，岂可谓有命哉"。②

至此，墨子分别从三个维度对"命"进行了论述，认为所谓的"命"是不存在的。当然，墨子"以命为亡"的思想虽然强调了个人努力的重要性，但是根据天志理论，上天又具有赏善罚恶的意志，每个人如果能够按照上天的意志行为处事，则会得到奖赏，反之就会受到惩罚。那么，按照这一思路，现世的赏善与罚恶到底是源于上天的意志，还是源于自身的努力呢？进一步说，在墨子的社会治理体系中，到底是天志的作用更大，还是非命的作用更大？有学者指出，由于墨子思想内在的无法调和性，使其最终陷于天命论，所谓的"非命"实质上依然是一种"天命"。不过亦有学者指出，若将墨子思想放置于当时的历史背景下考察，则可以发现其同时提出天志与非命，主要是为了赋予主宰之天一个正义的价值尺度，而非设置一个神秘主义的主宰之天。③ 黄玉顺亦指出，虽然墨子既谈天志，又说非命，但二者并不矛盾，在墨子的哲学体系中，"天命"之"命"与"非命"之"命"实际上"并不是同一个概念"，前者强调的是上天赋予世俗政权的合法性问题，后者则指

---

① 《墨子·非命下》。
② 《墨子·非命下》。
③ 舒良明：《墨子非命观研究》，《贵州师范学院学报》2019 年第 7 期。

"宿命"，即一种无法改变的命运。在墨子看来，所谓"天命"乃是一种由暴君假冒"天命"之名凭空制造出来的——"矫命"。[1]

实际上，墨子由天志、明鬼申发出来的非命思想包含了两方面内容：从治理者的维度来看，统治者应时刻保持对天与鬼的敬畏，若违反天志行事，必然会受到惩罚；从普通民众（被治理者）的维度来看，则天志的惩罚意蕴被淡化，此时强调非命，一定程度上体现了墨子鼓励民众由被动管理角色向主动参与治理角色转变的理念。不过正如吕思勉所说："墨子宗旨，全书一贯。兼爱为其根本。《天志》《明鬼》，所以歆惧世人，使之兼相爱，交相利也。"[2] 也就是说，墨子一面将天志作为警示治理者的幕后力量，另一面又以非命鼓励世人通过自己的努力改变命运，而无论是天志，还是非命，都以"兼爱"为中心，共同服务于兴利除害的治理目标。

四　两而无偏，以权变天下之利与害

从操作层面看，墨子在提出兴利除害目标后，仍需为治理者提供一个落实目标的具体方案。为此，墨家提出了"智"的概念。《墨子·经说上》有言：

为，欲鬻其指，智不知其害，是智之罪也。若智之慎之也，无遗于其害也。而犹欲鬻之，则离之。

意思是说，智力在人们认识"利""害"的过程中具有重要作用，也即是说纯粹依赖于人类感知的欲望，由于没有理性的指引，可能走向绝对的趋利避害，然而人们如

---

[1] 黄玉顺：《天志：墨家的超越观念及其政治关切——墨子思想的系统还原》，《社会科学研究》2020年第6期。

[2] 吕思勉：《先秦学术概论》，云南人民出版社2005年版，第129页。

果能在"智"的指引下,正确认识"利"与"害"的关系,则能够实现真正的兴利除害。在这里,依赖于人的欲望的趋利避害是一种被动的行动,最终走向自私的功利主义,而在"智"的指引下,则可能使人基于主动的创造性意愿,真正实现兴利除害,因而具有主动性特点,其性质属于一种追求人类幸福的主动创造性活动。

当然,从具体操作层面而言,实现兴利除害尚需具体"权变"。在墨家看来,世间万物纷繁复杂,即使依靠"智"的指引,也可能由于各方利益纠葛很难做出决断,因而就需要在遇到问题时,具体分析和权衡其中的利弊,即所谓"权"。如何"权"呢?墨子说:

所体之中,而权轻重之谓权。

权者,两而无偏。①

意思就是说,人们要在千头万绪之中,分别权衡各种事物的轻重缓急。"权"的目的在于保持"正",而不是做出是非对错的判断。根据"权变"思想,治理者须根据不同的实践场景采取适宜的策略,"择务而从事"。② 如治理者在"国家昏乱"时,须采取尚贤、尚同的策略;在"国家贫"时,应秉持节用、节葬的原则;在"国家憙音湛湎"时,则强调非乐、非命;当国家出现"淫僻无礼"时,则应引导民众尊天、事鬼,有敬畏心;当国家"务夺侵凌"时,则强调兼爱、非攻。③ 而治理者在面对社会问题时无论采取何种策略,都应以兴利除害为目标。正因为此,

---

① 《墨子·经说上》。
② 郭齐勇、吴根友:《诸子学通论》,商务印书馆2015年版,第291页。
③ 《墨子·鲁问》。

墨子警示世人"欲正权利,且恶正权害",①即遇到正确之事,要权衡有利的一面,遇到不正当之事,则要充分权衡有害的一面。

进一步追问,世人该如何保证"权"之"正"呢?为此,墨子又提出"求"与"为义"的概念。所谓"求"是指,人们在面临"小害"与"大利"时,应追求行为处事的平衡。那么,当人们面对"害"与"利"的抉择时,该如何保证"求"的正确性呢?遇到利害抉择时,仅将目光放在"求"上并不正确,关键是要保证"求"之"为义",此处的"为义"与"兴天下之利,除天下之害"有相似之处。由此,我们也可以进一步看出,墨家所谓的"利"与儒家根本不同,墨家的"利"乃是社会共同体之大利,而非儒家通常所说的一家一姓之小利。

最后,天志、明鬼、非命与权变等思想,虽然很难在春秋战国特殊的政治环境中找到自己的实践场域,然而由于墨家独有的学派风格与组织形式,这些理念首先在学派内部得到一定程度的应用。我们知道,墨家学派建立后,广收门徒,影响力不断扩大。孟子对墨家有过一段评价:"杨朱、墨翟之言盈天下,天下之言,不归杨则归墨。"②韩非称儒墨皆为"世之显学"。③《吕氏春秋》则评价道,孔子与墨子去世之后,其弟子后学"充满天下"④"不可胜数"⑤。清代学者汪中更是指出,先秦九流十家之中,仅有

---

① 《墨子·经上》。
② 《孟子·滕文公下》。
③ 《韩非子·显学》。
④ 《吕氏春秋·当染》。
⑤ 《吕氏春秋·有度》。

儒家"足与之相抗""自余诸子,皆非其比"。① 可见,墨子的思想在先秦时期,至少在孟子之前影响力是相当大的。墨家学派不仅门徒众多,而且有大量来自社会中下层的成员,其中不少人直接参加生产劳动,他们对民众疾苦与现实生活的感悟更加深刻,因此主张运用技术手段为民众"兴利除害"。据史书记载,墨子是一个与能工巧匠公输般齐名的匠人,二人都曾用木材制作出可连续飞三天而不落地的飞行器。②《墨子·公输》亦载,为了对付公输般的九种攻城器械,墨子拿出与之相抗衡的九种守城器械。③ 此外,墨家学派内部有自己的领袖,具有严密的组织纪律。"巨子"是墨家学派的最高领导者,享有至高权威。巨子不仅负责组织和指挥特定的生产劳动,而且有规范约束学派成员之权力。墨家要求其成员不仅在集体活动时遵守"墨家之法",即使是在单独行动时也要受"墨法"的规制,为天下百姓"兴利除害"。

第二节 以利导民的方法

由于治理目标的不同,导致儒、墨两家在治理方法的选择上亦风格迥异。儒家整体来讲是想建立一种基于情感的"仁政",而墨家则是出于利益的考量建立一种贤人政治,立足点亦在于只有圣人、贤者才能引导民众抛弃眼前

---

① 《述学·墨子序》。
② 《淮南子·齐俗训》。
③ 《墨子·公输》。

小利，追求长远大利。具体来说，墨家以利导民的治理方法主要通过以利取义、尚贤以举义、尚同以壹义等方式展开。

一　人民之大利

《墨子》中言"利"之处非常多，"利"的含义也十分丰富。墨子本人虽然与儒家有很深的渊源，但无论是墨家所谓兴利除害的治理目标，还是以利导民的治理方法，墨家所言之"利"均与儒家所说的"利"具有本质不同。胡适认为，"儒墨两家根本上不同之处，在于两家哲学的方法不同，在于两家的'逻辑'不同"。[①] 儒家将目光聚焦于"是什么"的问题，他们为社会治理提出了一个"极高的理想的标准"，并将其作为每个人的奋斗目标，以此来确保整体目标的实现。因此，儒家强调对人的道德要求，人们的行为与思想只有在道德范围内活动，才是适宜的、正确的。《礼记·中庸》所谓"义者，宜也"，"宜"就是"应该"的意思。与儒家不同，墨家说的则是"为什么"的问题，具体表现为"墨子以为无论何种事物、制度、学说、观念，都有一个'为什么'"。在墨子看来，"事事物物都有一个用处"，"知道那事物的用处，方才可以知道他的是非善恶。为什么呢？因为事事物物既是为应用的，若不能应用，便失了那事那物的原意了，便应该改良了"。因而，胡适又将墨子的学说概括为"应用主义"或"实利主义"。[②] 所谓"义，利也"。就是说，凡事只要是有利的，便是应该做的，就是"善"的。

[①] 胡适：《中国哲学史大纲》，上海古籍出版社 1997 年版，第 109 页。
[②] 胡适：《中国哲学史大纲》，上海古籍出版社 1997 年版，第 111—112 页。

20世纪30年代，冯友兰在早期所著的《中国哲学史》中指出，相对于儒家"正其谊不谋其利，明其道不计其功"的观点，墨家哲学专注于"利"和"功"，因而是一种"功利主义"哲学。[①]冯友兰还引用边沁《道德立法原理导言》中所谓"快乐苦痛"，来比对《墨经》中之"利"与"害"，[②]认为墨家哲学乃是一种"极端的功利主义"[③]。牟宗三亦认为，墨子是"朴素的功利主义"者，这也是其"不法周"而"法夏禹"的重要原因。[④]李泽厚在比较了儒、墨二者的区别之后，也指出墨家哲学将伦理规范、社会道德要求等与现实的物质生活直接相联系。

儒家的"爱"是无条件的、超功利的；墨家的"爱"是有条件的而以现实的物质功利为根基的。它不是来自内在心理的"仁"，而是来于外在的互利的"义"。基于"利"和"义"是小生产者的准则尺度。[⑤]

在李泽厚看来，儒家的眼中只有道德层面的无条件的"仁爱"，对于"利"十分鄙视。与儒家相反，墨家则将"义"与"利"联系起来，因而表现为一种功利主义的倾向。[⑥]综上，墨家的"道德论富有功利主义色彩"，几乎成为一种学界"共识"，受到诸多学者的肯定。

不过对于墨家功利主义的评价，亦有学者提出相反观点。如清代经学大师孙诒让就高度评价墨子思想的治理功

[①] 冯友兰:《中国哲学史》(上)，重庆出版社2009年版，第76页。
[②] 冯友兰:《中国哲学史》(上)，重庆出版社2009年版，第85页。
[③] 冯友兰:《三松堂全集》第2卷，河南人民出版社2001年版，第111页。
[④] 牟宗三:《中国哲学十九讲》，上海古籍出版社2005年版，第50—51页。
[⑤] 李泽厚:《中国古代思想史论》，人民出版社1986年版，第58—59页。
[⑥] 杨俊光:《〈墨经〉"义，利也"校诂》，《南京大学学报(哲学·人文科学·社会科学)》2002年第2期。

用。他认为，墨子"用心笃厚，勇于振世救弊"，其学说思想"纯实可取者盖十六七"，远不是韩非、吕氏等人可比。① 胡适评价墨子一生"慷慨好义"，是"一个极热心救世的人""一个实行非攻主义的救世家""一个实行的宗教家"。② 一定意义上甚至可以说，"利"乃是墨子评价一切价值的标准。不过墨子所说的"利"乃是指"人民之大利"，而不是"一人之私利"，即"墨子的一切主张，都以求天下人民之大利为基本"。③ 郝长墀在对儒墨两家所说的"仁爱"与"利益"进行对比分析后，引入莱维纳斯的观点，指出儒家所强调的仁义背后隐藏着宗族血亲的名誉与利益，而墨家所谓利益则是一种超越了个人与集团利益，表现为他人利益的道德命题，因而其所谓之"兼爱"是一种"建立在人的自然感情上"的自爱。由此可知，墨子不仅不是功利主义的，而是恰好站在功利主义者的对立面。④ 这种"利"与儒家所批评的自私自利之"利"根本不同，是一种符合最大多数人利益之"利"。⑤ 这里所说的"国家百姓人民之利"，即指人民之"富"与"庶"，"凡能使人民富庶之事物，皆为有用，否者皆为无益或有害；一切价值，皆依此估定"。⑥

如何保证"人民之大利"的实现？墨子进一步提出"以利取义"的观点。从字的发生学角度看，"利"字最早

---

① （清）孙诒让：《墨子间诂》（上），中华书局 2001 年版，第 2 页。
② 胡适：《中国哲学史大纲》，上海古籍出版社 1997 年版，第 107—108 页。
③ 《张岱年全集》第 2 卷，河北人民出版社 1996 年版，第 298 页。
④ 郝长墀：《墨子是功利主义者吗？——论墨家伦理思想的现代意义》，《中国哲学史》2005 年第 1 期。
⑤ 《墨子·非攻下》。
⑥ 冯友兰：《中国哲学史》（上），重庆出版社 2009 年版，第 78 页。

出现在商代的甲骨文中，会意字，写作"𥝢"，左侧为"禾"，字形像一株成熟的庄稼，右侧为"勿"，有割的意思。左右两个部分合在一起，表达用农具收割庄稼的意思。《易经》中有："利者，义之和也。"《说文解字》解释道："铦也。从刀。和然后利，从和省。"段玉裁《说文解字注》将"铦"引申为"铦利"，认为"铦利"即"利害之利"；又说，"刀和然后利，从刀，和省"，"割刀之用而鸾刀之贵，贵其义也"。可见，从字意上理解，"义"与"利"不可分。那么，治理者该如何来协调"义"与"利"的关系呢？

墨子认为，他所处的年代之所以天下大乱，是因为没有统一思想亦没有贤良之士来治理社会，因此提出尚贤与尚同的思想。这里涉及国家起源的问题。关于这一问题，先秦诸子都提出了不同的主张，但普遍认同"群"的重要作用。在生产力较为低下的发展阶段，天灾和人祸均是阻在人类社会面前的重大困难，而身处春秋战国之乱世，相较于天灾，争夺土地、财产与人口的不"义"之战才是对安全与利益的最大威胁。对此，虽然不同学派给出了自己的解决方案，但均强调"群"的作用。如《吕氏春秋》有言："群之可聚也，相与利之也，利之出于群也"，即只有"群之可聚"才能实现"相与利"之目标，也就是说人的安全与利益源于"群"的力量。

然而现实的问题是，由于人们不仅有不同的"欲求"，也由于"刑政"制度尚不完善，因而极易造成"智者诈愚，强者凌弱，老幼孤独，不得其所"。墨子认为，上古之时每个人都有自己的是非准则，"一人则一义，二人则二义,十人则十义",若芸芸众生都根据自己心中之"义"行事,必然出现"其人兹众,其所谓义者亦兹众",这样又会进一步造成每个人"是其义"而"非人之义",最后出现"交相非"的局面。如家人之间因为相互抱怨而致无法和睦相处,百姓之间以水火毒药相互残害,邻里之间即使有余力也不愿意相互帮助,即使自己的财货腐朽也不愿意拿出来帮助需要的人,有好的道理也不愿意教给别人。长此以往,终将导致"天下大乱",有如禽兽群居一般。① 为何会出现如此结果?究其根源在于天下没有统一的"义"。因而墨家强调建立一种基于共同信念的行为规范,以便对民众的"欲求"进行合理引导,目标是帮助人们树立正确的义利观。如何制定规范?又该如何落实这样的规范?墨家的理论是尚贤、尚同,即选出一个贤良的天子,使其按照统一之"义"治理天下,才能实现"人民之利"的贤人政治。

二 尚贤以举义

尚贤的意思是唯才是举。墨子十分反对贵族世袭和宗族垄断的政治体制。他认为,造成王公大人"有一裳不能制""有一牛羊不能杀",以至于国家无"良工""良宰"的原因在于,君王无法推行贤人政治。② 因而,尚贤成为墨子"以利导民"社会治理方法的重要前提。墨子强调:"尚贤者政之本也。"又说:"是故国有贤良之士众,则国家之治厚。贤良之士寡,则国家之治薄。"在墨子看来,国家的强盛在于贤人能够治理国家,因此主张"官无常贵,

---

① 《墨子·尚同上》。
② 《墨子·尚贤中》。

民无终贱"。具体来说，就是要"尊尚贤而任使能"，即只要是有才能的贤人，就要"举而上之，富而贵之，以为官长"；对于无能之人，就要"抑而废之，贫而贱之，以为徒役"。① 这与儒家的世袭富贵是对立的。如孔孟虽然也强调"选贤与能"，但选贤的目的首先在于维护亲亲尊尊的氏族传统，在于通过"讲信修睦"来修礼仪、行仁义，而墨家"尚贤"的首要目的在于促进生产，维护"国家百姓人民之利"。②

对于如何选拔或评判贤者，墨子亦有自己的主张。《墨子·尚贤上》说：

不义不富，不义不贵，不义不亲，不义不近。

在这里"义"被赋予全新内涵，成为墨子评判贤者的根本标准。此外墨子还专设《贵义》篇，强调"万事莫贵于义，手足口鼻耳从事于义，必为圣人"。可见，"义"在墨家学说中具有极为重要的地位，是成为"圣人"的充分必要条件。

那么，何为"义"？又该如何践行"义"呢？"义"是先秦各家阐述自身学说的核心概念，不同学派通过赋予其新义来表达自己的主张。"义"字最早出现于商代甲骨文，字形像一个带有特殊装饰的锯齿形长柄兵器，𦣻。这种兵器是一种出现在祭祀中的礼器，象征威仪、礼仪，一般用来表示合乎正义的意思，有时也指合理、合宜。《周礼》中所说的"义"，主要指礼仪，强调人的容貌举止要符合礼仪要求。《易经》中的"义"则多有适宜、合适的意思。孔子

---

① 《墨子·尚贤中》。
② 李泽厚：《中国古代思想史论》，生活·读书·新知三联书店 2017 年版，第 46 页。

在宣扬儒家礼学、仁爱思想时，多用"义"来阐释"礼"与"仁"的伦理学意蕴，从而拓展了"义"的语义内涵。与儒家经典不同，当时的史书开始从"利"的角度来理解"义"。所谓"义义生利，利以丰民""夫义所以生利也""德义，利之本也"，皆是从这一层面来说的。

在社会治理层面，墨家在理论维度赋予"义"以"协作取利"的意思，并将"义"作为约束民众行为的基本准则。①墨子认为，儒家将重点放在"言亲疏尊卑之异"，虽然强调"亲亲有术，尊贤有等"，却忽略了对人的真正关怀。因而，只有以"义"来充实"利"，才能真正实现"兼相爱，交相利"之目标。

关于"义"的分类，墨子将"义"分为"仁义"和"道义"。②何谓仁义？在墨子看来，称职的天子乃是"天下之仁人"，而仁者最重要的特点就是能够"为天下度"。在治理实践中，当世的王公大人士君子应当学习上古圣王的仁爱之心，为天下兴利除害，从而"富贫、众寡、定危、治乱"，只有这样才称得上仁义。何为道义？墨子所说的"道义"主要通过他对"非攻"的论述表现出来。墨子十分反对诸侯国之间的兼并战争，认为这些战争不仅违背道义，也给国家与人民带来无尽灾难：

入其国家边境，芟刈其禾稼，斩其树木，堕其城郭，以湮其沟池，攘杀其牲牷，燔溃其祖庙，劲杀其万民，覆其老弱，迁其重器，卒进而柱乎斗……③

而真正的君子，能够在贫穷时谨守廉洁、在富贵时谨

---

① 黄森荣：《墨子的"义"及其管理伦理》，《求索》2004年第11期。
② 邱竹、邹顺康：《墨子义利观之考辨》，《道德与文明》2010年第4期。
③ 《墨子·非攻下》。

守道义，对生者示以仁爱，对死者示以哀悼，只有这样才能外合道义，内合仁义，其中正蕴含着墨家以利导民的方法论原则。

关于"义"的价值，墨子认为智者引导天下万民谋虑，基本依据乃是"义"。为此，墨子以"利"释"义"，从天之利、鬼之利与人之利的角度，强调之所以各诸侯国间"攻伐并兼"，人与人"异义"，乃是因为"有誉义之名而不察其实"，从而导致"上不中天之利""中不中鬼之利""下不中人之利"。① 只有确定了"义"这一前提基础，行动才可能符合"天、鬼、百姓"之"利"。②《墨子·耕柱》还提到："今用义为政于国家，人民必众，刑政必治，社稷必安。"可见，在墨家眼中"义"与"利"是统一的，③ 义不仅是"以利导民"方法的价值指引，更是实现"兴利除害"目标的内在要求。

关于"义"的践行，墨子认为在确定了"义"的分类与内涵后，天子与国君应不避亲疏、贫贱、远近，"逮至远鄙郊外之臣，门庭庶子，国中之众，四鄙之萌人"，人人皆应以自己的行动"举义"，④ 从而使"有力者疾以助人，有财者勉以分人，有道者劝以教人"，⑤ 即人们在日常生活中，皆应秉持"义"的原则来处理"利"的纠葛。为了充分说明"义"对践行"以利导民"方法的指导意义，墨子从农事、劳动与军事三个维度对"不义"之举进行了批判。在

---

① 《墨子·非攻下》。
② 《墨子·非攻下》。
③ 杨俊光：《〈墨经〉"义，利也"校诂》，《南京大学学报》2002 年第 2 期。
④ 《墨子·尚贤上》。
⑤ 《墨子·尚贤下》。

农事方面，统治者为了争夺土地、人口、财富，即使是在春种秋收之际也要发动战争，导致"废民耕稼树艺""废民获敛"；在劳动方面，墨子强调通过战争劫掠的方式不劳而获，乃是天下君子皆反对的不义之举；在军事方面，大国号令军队攻伐小国，遇到反抗者就击杀，遇到顺从者就抓回来当奴隶，而这些"好攻伐之君"却未能认识到自己的行为乃是违背仁义之举。在墨子看来，贤者对以利导民方法论的运用必须以"义"为最基本的依据。

三 尚同以壹义

"尚同"在墨家治理体系中具有十分重要的地位，不仅是"壹义"的前提，更是贤者"以利导民"的保障。何为尚同？如何通过尚同实现以利导民？对此，首先要从当时诸侯国家间的关系来看。春秋战国之际，墨子所面对的乃是一种礼崩乐坏的世界，周王朝建立的大一统格局被彻底打破。那么，该如何构建一个新的"世界秩序"呢？与儒家天下大同、法家霸王天下、道家小国寡民的观点不同，墨子特别反对以争霸为主题的"古代帝国主义"。[1] 他指出：

> 古者天子之始封诸侯也，万有馀；今以并国之故，万国有馀皆灭，而四国独立。[2]

也就是说，上古天子在分封诸侯的时候万国并立，相互之间能够融洽相处，但是当今各国却争斗不断，导致"万国并立"局面被"强国独霸"的格局替代。墨子主张"法夏绌周"，即主张各诸侯国无论大小强弱，"皆天之邑也"，人无长幼贵俭之分，"皆天之臣也"。

---

[1] 黄玉顺：《"以身为本"与"大同主义"——"家国天下"话语反思与"天下主义"观念批判》，《探索与争鸣》2016年第1期。
[2] 《墨子·非攻下》。

那么，在这样一个不分上下、贵贱的新世界，该遵循什么样的治理原则呢？墨子对"古代帝国主义"的反对，是否内在地包含着一种既崇尚平等，又强调专制的内在矛盾呢？进一步说，墨子是如何解决"尚同壹义"与"万国并立"矛盾的呢？

墨子认为，天下之所以战乱不断，根本原因在于"无政长"，因此应选取天下最贤能的人，"立以为天子"。天子确立以后，再选择天下贤能的人，将其立为"三公"。天子与三公确定以后，还要进一步"画分万国，立诸侯国君"，并选择"国之贤可者"，将其立为"正长"。①"正长"确立以后，还要在各级分别选拔贤者，将其任命为里长、乡长。于是，天子、国君、乡长、里长，自上而下形成一套治理天下的贤人组织。

贤人组织确立后，又要依据"义"来治理天下，即治理目标要通过自天子以至于庶人的"壹义"来实现。墨子说："闻善而不善，皆以告其上。"又说："上之所是，必皆是之；所非，必皆非之""上同而不下比"，就是所谓尚同，尚同正是要使天子能够"壹同天下之义"，诸侯国君能够"壹同国之义"，乡长能够"壹同乡之义"。②

然而，由于"上之所是弗能是，上之所非弗能非"，因此如果有人违反"壹同之义"，也会遭到惩罚。故墨子说：

> 古者圣王为五刑，请以治其民，譬若丝缕之有纪，罔罟之有纲，所连收天下之百姓，不尚同其上者也。

意思就是说，上古时期的圣王为了维护自上而下的治

---

① 《墨子·尚同上》。
② 《墨子·尚同上》。

理秩序，制定了"五刑"，用于惩罚那些不服从管理者的人。至此，墨子就构建了一个以"义"为中心，以贤人为主导的自上而下的治理体系。在这一治理体系中，虽然墨子意图通过尚贤与尚同来实现兴利除害的目标，然而为了给治理者提供一个合法的权力来源，墨子又不得不构建一套自上而下的权力运行体系。这就为以利导民的方法提供了一个系统完备的制度保障和组织体系。不过，尚同的目的虽然是统一于义，但在无法保证公平性的选人体系下，实践中很难保证贤者既有能力，又无私心。因此，墨子又强调天志的作用，也就是使治理者的思想与行为皆统一于天。于是，尚贤、尚同与天志互为系统，共同构成了墨子贤人政治的组织体系。

总之，儒家基于爱有差等的观念，强调"亲亲有术，尊贤有等"，意思是爱亲人应有差别，尊敬贤人也有差别。墨家则强调"官无常贵，而民无终贱，有能则举之，无能则下之"。[1] 显然，儒家的社会治理理论中有一种情感的因素，墨家则不考虑情感因素，是一种更加依赖于制度理性的治理理论，而"以利导民"正是贯穿这一制度理性的基本方法。

第三节 兼爱相利的原则

基于诸侯战争的残酷性，立足于小生产（手工业）者的阶级立场，墨子反对兼并攻国，提出兼爱相利的主张，

---

[1] 《墨子·尚贤上》。

并以此为起点表达了自己的社会治理思想。在墨子看来，医者给人治病，要想药到病除，就必须找到病因；若无法找到病因，则一切只是徒劳。同样，三代圣王治理国家之所以能国泰民安，关键在于找到了祸乱社会的根源。今人效法古人，要想实现人民之大利，亦必须从根源上寻找问题，否则只会适得其反。由此，墨子引出问题：天下之害如何产生？又有哪些天下之利亟待发展？墨子云："皆起不相爱"，也就是说，天下之害皆是因为"不相爱"。要想实现兴利除害之目标，要想使以利导民的方法行之有效，只有秉持"兼相爱、交相利"的原则，即"兼相爱、交相利，此圣王之法，天下之治道也"。那么，兼爱的理论内核是什么？墨家是如何由兼爱引出相利？兼爱是否真的能够达到相利？

一　爱人者，人必从而爱之

墨子的兼爱理论源于对"天下之祸"（国与国相攻、家与家相篡、人与人相贼、君臣不惠忠、父子不慈孝、兄弟不和调）的深刻反思。[1] 墨子认为，造成天下之祸的根本原因在于人与人的"不相爱"，世间最大的罪恶莫过于"攻国"。那些只会作表面文章，满口仁义道德，背地里却相互攻伐之人，终究只是"明小物而不明大物"。因此墨子强调，"爱人者人必爱之，利人者人必利之"，治理者只有秉持兼爱相利的原则，才能实现治理目标。

由此，我们发现兼爱相利不仅是墨子哲学体系的历史起点，更是其社会治理思想的逻辑起点。墨子目睹了春秋末期天下大乱、诸侯混战的现实，认为导致这种局面的根

---

[1]《墨子·兼爱中》。

本原因是人不相爱。他说:"凡天下之祸篡,其所以起者,以不相爱生也,是以仁者非之。"如何改变这种局面,墨子提出兼爱,即"凡天下之祸篡怨恨可使毋起者,以相爱生也,是以仁者誉之"。① 那么,兼爱为什么能改变这种局面?兼爱的具体内容又有哪些呢?

首先,兼爱强调爱的平等性。《说文解字》将"兼"解释为"并","兼持二禾,秉持一禾"。段玉裁注曰:"并,相从也。"在墨子的话语体系中,兼具有平等的意思。所谓兼爱,即为平等之爱。墨子认为,"官无常贵,民无终贱",无论是贵族奴隶主阶层,还是平民、奴隶阶层,皆应平等地得到别人的爱。

其次,兼爱强调爱的对等性。墨子指出:"爱人者,人必从而爱之。"② 人与人之间的爱应是相互对等的,单方向的爱无法持久。不仅如此,在墨子看来,除"爱"之外,"利""恶""害"皆同此理,"利人者,人必从而利之;恶人者,人必从而恶之;害人者,人必从而害之",意即每个人只有易地而处,设身处地为对方考虑,才可能受到对方的尊重,天下才能兼爱。

再次,兼爱强调爱的广泛性。所谓爱的广泛性,即打破国与国、家与家、人与人之间的隔阂,主张"视人之国,若视其国;视人之家,若视其家;视人之身,若视其身"。在墨子看来,"天下之人皆相爱",则诸侯"不野战",家主"不相篡",人与人"不相贼",君臣之间能够"惠忠",父子之间能够"慈孝",兄弟之间能够"和调"。

---

① 《墨子·兼爱中》。
② 《墨子·兼爱中》。

最后，兼爱强调爱的持续性。在墨子看来，"众世"与"寡世"相同，"尚世""后世"与"今世"也没有什么区别。对于人口众多的"众世"固然要爱，对于人口稀少的"寡世"也应持相同的态度；同理，无论是上古盛世之人，还是被寄予厚望的后世之人，都应当像爱今世之人一样爱他们。有学者甚至根据墨子对爱的持续性的强调，从中阐发出一种可持续发展的生态思想。①

当然，无论是对爱之平等性、对等性的关注，还是对爱之广泛性与持续性的强调，墨子并非教人不分善恶，即并非孟子所谓"兼爱而不知亲疏"。可以说，墨子所说的兼爱不仅强调"兴天下之利"，也主张"除天下之害"。那么，如何才能做到兼爱呢？墨子以晋文公、楚灵王、越王勾践为例，指出君主"好士之恶衣"，则臣子"皆牂羊之裘，韦以带剑，练帛之冠"；君主"好士细要"，则臣子"皆以一饭为节，胁息然后带，扶墙然后起"；君主"好士之勇"，则臣子"闻鼓音，破碎乱行，蹈火而死"。②在墨子眼中，臣子之所以能够做到以上艰难之事，关键在于君主能够以"兼爱"为"政"，臣子能够以"兼爱"为"行"。君臣之间只要能够上行下效，则做到兼爱并非难事。治理者能够做到兼相爱、交相利，则天下自然转危为安。

二 利人者，人必从而利之

兼爱是墨家思想的核心原则，更是墨家社会治理思想的基本原则。那么，在墨子的思想体系中，兼爱又是以何

---

① 吕海滨：《论墨子兼爱思想的理论涵摄及其当代价值》，《求索》2012年第7期。
② 《墨子·兼爱中》。

种形式呈现的？兼爱相利在社会治理领域发挥着怎样的作用？

从认识层面看，兼爱是一种无差别的爱。墨子认为，兼爱者能够做到"视人之国若视其国，视人之家若视其家，视人之身若视其身"。意思就是说，能够做到兼爱者，首先应在主观认识层面真正将"人之国"视为"其国"，将"人之家"视为"其家"，将"人之身"视为"其身"。进一步说，也只有真正认识到兼爱重要性并践行的人，才能做到"孝慈等德行，自然全备"，于是"一切扰乱，自然无有"。因而，张岱年指出墨子所主张的兼爱乃是墨家道德学说的"基本"，也是实现其政治主张之"枢纽"。①

从实践层面看，兼爱与相利紧密相连。"墨子提倡的'兼相爱'是以'交相利'作为基础的，也是以'交相利'为具体内容的。"② 因此，墨子强调君子应"审兼而务行之"。如何行之？《墨子·贵义》中说，治理者的一切行为，皆须以是否"利民"为评判标准，只讲付出，不求回报。③ 具体来说，君子应去除喜、怒、乐、悲、爱、恶等个体情感以及手、足、口、鼻、耳等感官影响，站在"义"的立场上，做到"为人君必惠，为人臣必忠，为人父必慈，为人子必孝，为人兄必友，为人弟必悌"。又说："故君子莫若欲为惠君、忠臣、慈父、孝子、友兄、悌弟。"④ 此处，君子成为理想化人格的道德集合体，言行均通过对兼爱的

---

① 《张岱年全集》第2卷，河北人民出版社1996年版，第299页。
② 北京大学哲学系中国哲学教研室：《中国哲学史》（第2版），北京大学出版社2003年版，第40页。
③ 《墨子·贵义》。
④ 《墨子·兼爱下》。

认识与实践表现出来。反之,那些"退睹其友,饥即不食,寒即不衣,疾病不侍养,死丧不葬埋"的人,与兼爱者根本不同,墨子将其命名为"别士"。所谓"爱人者,人必从而爱之;利人者,人必从而利之。恶人者,人必从而恶之;害人者,人必从而害之。"[①] 不能践行兼爱者,必将自食其果。

从效果层面看,兼爱最终要落实到相利。从认识与实践二者的关系来理解,兼相爱作为一种认识论,是经过交相利的实践渗透于社会治理各个领域的。然而,兼爱与相利二者的关系如何,则要通过对其实施效果的评估来检验。对兼爱的效果评价主要有三个层次:一是民生日用层面的基本秩序与生活保障,即所谓之"有力者疾以助人,有财者勉以分人,有道者劝以教人";二是国家和社会治理目标的实现;三是人人兼爱相利局面的出现。墨子引用《泰誓》语:"文王若日若月,乍照光于四方,于西土。"以此来比照兼爱天下的终极目标:"辟之日月,兼照天下之无有私也",即是说在理想社会,治理者对一切人皆能秉持一种无所不爱的态度。[②]

后期墨家对兼爱相利原则的理解与墨子基本一致。我们知道,墨子去世后,墨家分为相里氏之墨、相夫氏之墨、邓陵氏之墨三家。后世墨家根据墨子生平事迹,收集其语录,编成了《墨子》一书。历代学者多依《韩非子·显学》和《庄子·天下》将墨子本人的学说与后期墨家学说区分开来。后期墨家的代表人物主要有宋钘、尹文、许行

---

① 《墨子·兼爱中》。
② 《墨子·兼爱下》。

等，胡适甚至将惠施、公孙龙也归于"别墨"，认为他们"也是信兼爱非攻的人"，因而"终是墨家一派"[①]。后期墨家资料流传下来的很少，除了《墨子》中颇具争议的《经说》等篇，主要集中在《韩非子·显学》《庄子·天下》《庄子·逍遥游》《孟子·告子下》《荀子·解蔽》《荀子·正论》《荀子·非十二子》等文献中。总体来看，虽然他们有的亦结合时代特点，提出自己独有的见解，但并未超出墨子兼爱、相利的原则范畴，因而历代研究者多将他们归于后期墨家，将其称为"别墨"或"墨家的支与流"。在墨家看来，造成灾祸的原因皆在于"不相爱""交相贼"，因此他们特别强调兼爱相利的重要性。在他们看来，治理者无论是谋求国家之治，还是追求百姓之利，皆依赖于对"兼相爱，交相利"原则的坚持。

第四节　互利互惠的标准

墨家在社会治理标准的设定方面，既十分强调"国家百姓人民之利"的价值指引，又特别重视"圣王为政"对人民之利的落实过程。具体来说，墨子通过对民生日用、厚葬久丧、无用之乐等的考察，提出了"互利互惠"的治理标准。那么，互利互惠的标准包括哪些内容？在墨子眼中，此处的"利"为"功利"而非"私利"，此处的"惠"也应是一种为对方着想的"互惠"。互利互惠标准不仅须落实于民生日用层面，也应通过节用、节葬、非乐等

[①] 胡适：《中国哲学史大纲》，上海古籍出版社1997年版，第180页。

具体环节，落实于圣王为政层面。

一 有用之者，国家百姓人民之利

"义""利"关系是先秦思想家所关注的重要议题。从儒、墨两家的区别来看，儒家所强调的仁爱乃是一种发自内心的道德层面之爱，所以对个人私利较为轻视。在儒家看来，公义和私利是对立的，儒家谈利亦大多是从个人私利的层面而言，如孔子在谈到"利"时，仅将其作为儒家伦理的对立性概念，提出"见利思义""先义后利"等道德评判标准，强调"君子喻于义，小人喻于利"。孟子进一步指出："王何必曰利，亦有仁义而已矣。"①

那么，儒家是如何看待"公利"的呢？实际上，儒墨在对待"公利"这一问题上具有高度的一致性。如孟子虽然强调"仁义"，但并不反对"公利"，只是以"仁义"来阐释"公利"。司马光也说："夫唯仁者为知仁义之为利，不仁者不知也。"②朱熹对此深表赞同，并在《四书章句集注》中引用二程的观点："君子未尝不欲利"，"唯仁义，则不求利而未尝不利也"，但是君子若陷于"专以利"的旋涡，则是有害的。③

与儒家重仁义轻私利的基本立场不同，墨子及其追随者以"利"为出发点，提出了很多务实的社会治理理念，并颇为自信地说："王公大人用吾言，国必治；匹夫徒步之士用吾言，行必修。"④如墨家将"功"与"利"作为立论

---

① 《孟子·梁惠王上》。
② (宋) 司马光：《资治通鉴·周纪二》，中华书局 1956 年版，第 64 页。
③ (宋) 朱熹：《四书章句集注》，中华书局 1983 年版，第 202 页。
④ 《墨子·鲁问》。

之基，①强调国家治理之"功"在于对庶人百姓之"利"的保护。所谓"兼相爱，交相利"，"爱"就体现在人与人的利益往来之中。后期墨家强调"义者，利也"，显然是对墨子兼爱相利思想的继承。

正如上文所述，《墨子》中谈到"利"的地方虽然很多，但大多是站在为民众谋求"大利"的基础之上，如"众利之所生何自生，从爱人利人生""兴天下之利，除天下之害""天必欲人之相爱相利""爱利万民"等。也就是说，在墨子看来只有那些"有所用""可以行"的事物才是"有价值"的。②

那么，何为"有所用""有价值"？又该如何理解墨子的"利人实用"？《墨子·非命上》有一段话揭示了墨子之"利"的价值旨归。墨子说，正如在陶轮上安装测量时间的仪器一样，凡事必须先确定规矩与标准，如果没有科学明确的标准，则"是非利害之辨，不可得而明知也"③。那么，评价社会治理的标准到底是什么呢？

上文已述，墨子虽然为辨析"为政"之"善恶"制定了一个基本标准，即"三表"，"古者圣王之事""百姓耳目之实""国家百姓人民之利"，④不过综合来看，"国家百姓人民之利"显然是墨子评价治理成效的更为根本的价值依据。在墨家看来，"凡事物必中国家百姓人民之利，方有价值。国家百姓人民之利，即是人民之'富'与'庶'"，这就决定了墨家行为处事所遵循的基本原则乃是"凡能使

---

① 冯友兰：《中国哲学史》（上），重庆出版社2009年版，第77页。
② 冯友兰：《中国哲学史》（上），重庆出版社2009年版，第77页。
③ 《墨子·非命上》。
④ 《墨子·非命上》。

人民富庶之事物，皆为有用，否者皆为无益或有害；一切价值，皆依此估定"。① 可以说，墨家实际上是将"利"作为评价善恶的基本原则，这一原则落实到实践中即为互利互惠的具体标准。

二 圣王为政，节用、节葬、非乐

从学术源流上看，墨子与儒家有很深的渊源，他在论述自己观点时多用儒家的概念。《淮南子·主术训》记载："孔丘、墨翟修先圣之术，通六艺之论。"②《墨子》中亦随处可见墨子引用儒家经典之处，后世法家代表人物韩非甚至认为儒、墨均是"明据先王，必定尧舜者"③。此外，韩愈亦从尚同、兼爱、尚贤、明鬼等维度分析了儒、墨两家的相通之处。他指出，"儒墨同是尧舜，同非桀纣，同修身正心以治天下国家，奚不相悦如是哉"，并得出结论"孔子必用墨子，墨子必用孔子"。④ 不过按照《淮南子·要略》的记载，墨子虽然曾经"学儒者之业，受孔子之术"，但又"以为其礼烦扰而不悦，厚葬靡财而贫民，久服伤生而害事"。⑤ 由此可知，墨子早期曾比较深入地学习过儒家学说。后期，墨子可能认为儒家的治理策略，虽然讲求礼仪，但过于烦琐，且容易走向劳民伤财的极端，因而舍弃儒学，独创性地提出自己的主张，被后世称为墨家始祖。

比较儒墨的不同，"仁"是儒家的核心概念，孔子以"仁"为人生之道，"仁"亦被确立为儒家的最高原则，不

---

① 冯友兰：《三松堂全集》第3卷，河南人民出版社2001年版，第471页。
② 《淮南子·主术训》。
③ 《韩非子·显学》。
④ 《韩昌黎集·读墨子》。
⑤ 《淮南子·要略》。

过孔子强调"仁者，爱人"，即"仁"应是一种"互惠"式的双向情感交流。孟子在"仁者爱人"的基础上强调"推己及人"，并进一步提出"成己成物""立己立人"等思想。《墨子》中关于"仁"的论述也非常多，但多是以"利"言"仁"。正所谓："仁人之所以为事者，必兴天下之利，除去天下之害，以此为事者也。"① 在墨家看来，真正的仁者乃是能够为天下万民兴利除害者。当然，世间万物纷繁复杂，为政者的任何一个行为都可能造成不同的结果，因此对于"义"与"利"的维护，应建立在互利互惠的基础上。那么在治理实践中，为政者到底该如何落实"国家百姓人民之利"？墨子互利互惠的治理标准包含哪些内容？我们可以通过对墨子节用、节葬、非乐等思想的考察，理解其治理标准。

（一）节用之利

《墨子·鲁问》载：

国家贫，则语之节用、节葬；国家憙音湛湎，则语之非乐、非命。

这里所说的节用、节葬、非乐皆是墨子治国理政的重要途径。其中，节用作为墨子思想的基本内容受到学者的高度重视。如胡寄窗就认为，在先秦各家学派中，墨家最突出的一个特征是"节用与崇俭"。② 进一步说，节用是墨子由早年"学儒者之业，受孔子之术"，进而转向独创墨学的重要动因。③ 节用是针对贵族的铺张浪费而言。节用思想

---

① 《墨子·兼爱中》。
② 胡寄窗：《中国经济思想史》（上），上海财经大学出版社1998年版，第155页。
③ 张秀玉：《节用与节欲：西方比较视野中的墨子"节用"》，《管子学刊》2014年第4期。

主要出现在《节用》《节葬》《非儒》《非乐》《七患》《三辩》《辞过》等篇，几乎贯穿了《墨子》一书的始终。

从为政者的角度看，墨家坚守的基本原则是"凡足以奉给民用则止"。我们知道，在墨子的时代，虽然生产力水平仍然十分低下，但是诸侯贵族为了维持本阶级极端奢华的生活，满足其政治野心，对内厚敛无度，加大对普通民众的剥削，对外则频繁发动侵略战争，力求不断扩张自己的领地，这就导致数百年的春秋战国时期，一面是"田甚芜，仓甚虚"，另一面却是"朝甚除""服文彩，带利剑，厌饮食，财货有余"，老子称其为"盗夸"统治的时代。①

墨子早年虽曾学习孔子之术，但后来又认为儒家烦琐古板，特别是其提倡厚葬靡费巨大，致使民众负担过重，因而主张弃"周道"而用"夏政"。关于这一点，不仅在《墨子》中出现多次，而且在《庄子》《淮南子》等典籍中也得到确证。如《墨子·公孟》中记载，墨子批评公孟乃是"法周而未法夏"。《庄子·天下》亦引述："墨子称道禹行曰：不能如此，非禹之道也。不足谓墨。"

何为"夏政"？先秦典籍中对于"夏政"亦多有记载。《论语》说，大禹虽为帝王，却"恶衣服""菲饮食""卑宫室而尽力乎沟洫"。② 庄子亦说大禹："亲自操橐耜而九杂天下之川，腓无胈，胫无毛，沐甚雨，栉疾风。"③ 大禹作为上古圣王，亲自拿着工具掘地、运土，与民众一起疏导山川，风雨无阻，坚持不懈。《吕氏春秋》载："（禹）忧其黔首，颜色黎黑，窍藏不通，步不相过。"可见，大禹

---

① 《老子·第五十三章》。
② 《论语·泰伯》。
③ 《庄子·天下》。

乃是天下"俭苦"的表率。墨子提倡统治者以禹为榜样，秉持"去无用之费"的节用原则，做到"摩顶放踵利天下，为之",[①] 可见墨学"出于夏禹自无可疑"。

此外，江瑔从墨字的古义出发，指出"墨"训为"黑"，又训为"晦"，其引申意义为瘠黑、绳墨。墨学的宗旨在于"弃文而从质，弃华而务实，弃逸而任苦"。[②] 在江瑔看来，所谓"墨者"，是指"垢面囚首，面首黧墨之义"。夏道"以质著"，夏禹更是"尽俭苦之极轨"。"墨子之学出于夏禹"，宗旨正是"弃文而从质，弃华而务实，弃逸而任苦"，墨子本人"以自苦为极，必至如禹之身体偏枯，手足胼胝，颜面黧黑，不自以为苦"，也正是因为此，后世学者皆以"墨子""墨者"称之。[③] 李泽厚进一步指出，儒、墨两家一者维护周制，一者主张行夏政，之所以体现出如此不同的路向，关键在于前者的基本立场是氏族贵族，特别强调"等级差别"，因而重视"礼乐文化和个体价值"，后者则立足于下层生产者的立场，否定"非生产性消费"，反对"奢侈生活"，因而"强调集体互助，幻想博爱世界"。[④]

这也就不难理解，为何班固在《汉书·艺文志》中将墨家定义为，"盖出清庙之守，茅屋采椽，是以贵俭"。也就是说，墨子不仅从理论上提出节用、贵俭的主张，更为可贵的是也要求其成员秉持艰苦朴素的作风，在从事经济、

[①] 《孟子·尽心上》。
[②] 《读子卮言》。
[③] 《读子卮言》。
[④] 李泽厚：《中国古代思想史论》，生活·读书·新知三联书店 2017 年版，第 61 页。

社会和政治活动时,应受命于团体领袖。关于墨家的艰苦生活,庄子曾经作过比较形象的描述。《庄子·天下》篇在描述墨家成员时说他们"以绳墨自矫""以裘褐为衣""以跂蹻为服""日夜不休,以自苦为极""不能为此,非禹之道也,不足谓墨"。这里的"绳墨"正是墨家所谓的"墨家之法",亦是墨子所说的"禹之道"。社会生活中,墨子不仅要求成员严格遵守本学派的规矩,而且身体力行"以自苦为极"。据《墨子·公输》介绍,墨子为了阻止楚国攻打宋国,裂裳裹足,日夜不休,"行十日十夜而至于郢"。

当然,墨子虽然主张"节用",但并不反对必要的开支,只是强调一切用度均应以是否有用为原则。如墨子认为,墨家成员入仕之后,要以推行墨家主张为己任,遵循这一原则者应受到赞赏,违背者就要自行辞职,甚至会受到墨家巨子的斥责。《墨子·耕柱》载高石子受卫国君主高官厚禄之邀,入仕为官,然而因"石三朝必尽言,而言无行",于是愤而辞职。高石子见到墨子时内心惶恐,却受到墨子的大加赞赏,鼓励高石子道,"天下无道,仁士不处厚焉""去之苟道,受狂何伤"。[1] 墨家传至后世,巨子的权力越来越大,对墨者入仕为官有重要建议权,甚至对成员拥有生杀之权。如《墨子·鲁问》所载胜绰之事,就表现出墨家对入仕弟子的约束力。胜绰受命于墨子去辅佐项子牛,项子牛"三侵鲁地",而胜绰"三从"。墨子知道后,十分生气,指责其"言义而弗行,是犯明也",专门派人去说服项子牛辞退胜绰。[2]

---

[1] 《墨子·耕柱》。
[2] 《墨子·鲁问》。

此外，墨子还通过"圣王为政"的事例，指出圣王治理国家时，社会和人民的财富能够加倍增长，经济与社会得到快速发展，根本原因在于为政者（圣王）能够"用财不费，民德不劳"。墨子还通过设计衣物、建造房屋、制造军械、管理军队等事例，指出为政者应将减小或去除"无用之费"作为社会治理的基本原则。由此也可以看出，墨子并不反对"加费"，但是如果"加费"却不能"加民利"，就应该禁止之。

具体来说，圣人节用的做法是，在制作衣物时，以冬天御寒、夏天防暑为目标即可；建造房屋，以冬天抵御风雪、夏天遮蔽暑雨为标准；生产作战的盾牌、铠甲、刀剑时，以抵御外敌和盗贼入侵为标准；制造车船等交通工具时，以满足基本生活需要为标准。总而言之，就是要去掉"珠玉、鸟兽、犬马"等奢华无用的东西，一切以实用为根本标准。

此外，墨子在强调君主节用的同时，还主张为政者要开源增产、爱惜民力。在春秋战国时期，人力资源是最重要的生产力之一，人口的增加往往意味着国家的富强，各国征伐战争的核心目标亦是掠夺土地与人口。如何增加人口呢？墨子认为，一是效仿圣王之法，要求男女到了一定年龄就应当婚育，以繁衍人口；二是停止"寡人"之道，即过度使用民力、聚敛民财、攻伐邻国，长久下去人口必然减少，因此统治者在为政治国的过程中，应尽力减少这些行为。[①]

---

① 《墨子·节用上》。

（二）节葬之利

节葬，是墨子针对贵族丧葬制度所造成的铺张浪费而言的。

古之丧礼，贵贱有仪，上下有等。天子棺椁七重，诸侯五重，大夫三重，士再重。①

墨子认为儒家所推崇的丧葬制度，目的在于宣示贵族等级体系，而非表面上所说的推行仁义。若从天下利害的角度观之，"厚葬"的结果是"多埋赋财"，这就使得原本可以用于人民生活的财富埋于地下。这样的丧葬制度，对于逝者而言，仅是"金玉珠玑比乎身，纶组节约，车马藏乎圹"，生产出的屋幕、鼎鼓、几梃、壶滥、戈剑、羽旄、齿革等物品也仅供陪葬之用，并无任何实质意义。然而对于诸侯王公大人之家来说，却足以使府库空虚，对于普通民众之家而言，更会导致家财耗尽。

"久丧"的直接后果是"久禁从事"。根据"处丧之法"的规定，居丧期间必须"哭泣不秩，声翁，缞绖垂涕，处倚庐，寝苦枕凷，又相率强不食而为饥，薄衣而为寒"，由于居丧期长达三年之久，因而会占用居丧者大量时间精力，导致王公大人"不能早朝"，士大夫不能治理"五官六府，辟草木，实仓廪"，农夫"不能早出夜入，耕稼树艺"；百工"不能修舟车为器皿"，妇女"夙兴夜寐，纺绩织纴"。又由于居藏期间，导致"面目陷，颜色黧黑，耳目不聪明，手足不劲强"，从而使百姓"冬不忉寒，夏不忉暑，作疾病死者，不可胜计"，可谓"败男女之交多矣"。因此，墨子认为"厚葬久丧"实际上是一种"言则相非，

---

① 《庄子·天下》。

丧则相反"的行为。①

此外，墨子还特别指出，天子死后殉葬者往往多则数百人，少则数十人，将军、士大夫死后殉葬者往往多则数十人，少则数人，②为逝者"杀殉"是一种极为残忍的制度，必然导致百姓困苦、社会混乱、国家危亡。因此，应废除不同等级丧葬制度的区别，不论贵贱，一律"桐棺三寸"，不分亲疏，逝者葬后，家人一律照常从事生产。

从治理评价的角度看，墨子认为可以通过治理者对待"丧葬"的态度，来评判各国君主是否继承了三代圣王之仁义。为此，他提出三条基本原则，即能否做到天下贫则"从事乎富"，人民寡则"从事乎众"，众而乱则"从事乎治"，这也正是墨家互利互惠治理标准的具体化。

（三）非乐之利

非乐，即反对音乐，同样是针对贵族奢靡成风而言的。在儒家看来，礼是一种社会规范，其中蕴含了十分明显的等级观念，而乐则是对等级的一种补救，能够使人放松，缓解等级制度给社会带来的压抑，此外，乐也是一种极端重要的教化手段，但墨家却出于"国家百姓人民之利"的立场，对乐加以否定。

墨子认为音乐是贵族的奢侈品，对百姓没有丝毫益处，因此应当废除。对此，荀子批评墨子"蔽于用而不知文"，认为他只看到了人的生存需要，却忽视了人在生存需要之外还有享受与发展等更高级别的需要。事实上，荀子所说的"文"，代表着一种森严的等级，维护"文"的地位也

---

① 《墨子·节葬下》。
② 《墨子·节葬下》。

就是维护封建等级制度，借以从思想上压迫劳动人民。客观地讲，荀子对墨子的批评，无非是一种阶级偏见。然而，春秋战国时期随着生产力的发展，社会财富不断积聚，掌握生产资料的贵族阶级不再满足于基本的生存性需要，也有了更高的享受性需要。

在谈及需要的具体内容时，马克思指出，人为了满足自身的基本生活，首先需要"吃喝住穿"。① 这种"吃喝住穿"的需要是人通过劳动，而对其自然属性的满足。不过应当认识到，"吃喝住穿"只是人为了满足自身生存的物质性需要，与"动物的机能"相同。② 人的需要绝不可能止步于"动物的机能"。马克思在《资本论》中对需要理论进行了发展，一方面，人的需要具有社会历史性的特点，即随着生产力的发展，处于其中的人们为了适应社会发展变化，只能尽力创造新的需要；另一方面，人的需要也具有多样性的特点，即"需要是同满足需要的手段一同发展的"，③ 一旦满足需要的手段发生变化，人的需要也会发生相应变化，这种变化主要表现为人对享受资料和发展资料的追求。④ 也就是说，在生存需要满足之后，人的需要会进一步向享受需要和发展需要转变。

先秦时期，诸侯贵族阶层为了满足自身需要，加大了对人民群众的剥削，这种历史现象正反映了当时生产与消费二者矛盾运动的历史规律。从劳动者的角度看，他们作为生产劳动的主要承担者，深知生产之不易与生活之艰难，

---

① 《马克思恩格斯文集》第1卷，人民出版社2009年版，第531页。
② 《马克思恩格斯文集》第1卷，人民出版社2009年版，第160页。
③ 《马克思恩格斯文集》第5卷，人民出版社2009年版，第585—586页。
④ 《马克思恩格斯文集》第9卷，人民出版社2009年版，第548页。

对于他们来说反对奢侈享受和铺张浪费理所当然,然而一般民众又根本没有浪费的物质基础,试想一个连基本生命财产安全都无法保证的人,如何谈得上节用、节葬与非乐呢。墨子在未提出政治体制改革方案的情况下,意图通过限制甚至取缔基本需要之外的一切消费,来实现对民众利益的维护,实际上违背了社会发展的客观规律。进一步说,墨子这里所主张的节用、节葬、非乐,主要集中在贵族生活领域。从客观上讲,造成民众生活困苦的根本原因是社会制度,然而墨子却并未亦不可能提出改变社会体制的政治学说。因而,无论何时,物质生产水平和物质生活资料的极大丰富,才是实现社会治理目标的基本前提,没有这一物质性基础作为保障,任何美好的社会治理蓝图,最终不过是水中月、镜中花。与此同时,在物质生产水平得到极大提高之后,还需要对社会制度进行全面的改革,才有可能真正实现"国家百姓人民之利",否则一切都是空谈。

综上,墨子之所以提出节用、节葬、非乐等治理主张,就是想要引导统治者时刻以互利互惠为标准矫治自己为政之得失,从而促进生产劳动、维护民生保障、实现国家与社会的安全稳定。具体来说,在生产劳动方面,墨子认为当时的社会"为者寡,食者众",如果任由这种情况持续下去,则会导致岁无丰产。因此,统治者应当以"义"为中心,以互利互惠为标准,充分保障国家百姓人民之利。只有"以时生财""固本用财",才能家给人足,百姓富裕;人民在得到充分的财货供给之后,又必然会积极投入生产,以维护国家的统治秩序。在民生保障方面,墨子认为无论是在日常生活、精神生活领域,还是在关涉死生大事的丧葬事宜方面，统治者都应该以互利互惠为标准行为处事。如在《七患》中，墨子以上世圣王为例，指出夏禹、商汤之时，国家人民也曾遭受重大自然灾害，可谓"离凶饿甚矣"，但老百姓却可以避免因冻饿而死，原因正在于禹汤能够一方面积极鼓励生产，另一方面又十分注意节俭。人民的基本生活得到保障，圣王的统治就会得到人民的支持。后世君主也应该效仿他们，以互利互惠为标准，时刻反省自己是否做到了"生财密""用之节"。在国家安全方面，墨子认为造成国家边境不守、四邻不救、民力滥用、君主专断、臣民不忠、赏罚不分、国库空虚的原因在于君主、士大夫不能按照互利互惠的标准要求自己。如果这些人"厚作敛于百姓，赏以赐无功，虚其府库，以备车马、衣裘、奇怪；苦其役徒，以治宫室观乐，死又厚为棺椁，多为衣裘；生时治台榭，死又修坟墓"，那么国家一旦遇到外敌入侵，就会立刻陷入危亡，百姓一旦遇到灾荒之年，就要遭受苦难，以至于"上"与"下"离心离德。

第五章　小国寡民，无为而治

老子与庄子生活的时代，民生之艰难困苦达到了空前的境地，一方面是"天下无道，戎马生于郊""师之所处荆棘生焉"，导致"其政察察"；另一方面则是"民之饥，以其上食税之多""天下多忌讳，而民弥贫"，导致"其民缺缺"。从道家来看，只要治理者无为、好静、无事、无欲，则民自化、民自正、民自富、民自朴。然而，诸侯君王却以"损不足以奉有余"的"有为"之策，加重了对民众的压迫与剥削。正是在这样的历史背景下，老庄道家提出一种"不用礼法制度而又秩序井然，民风淳朴，生活安定、富裕，人生自在、放达的理想社会"。[1] 具体来说就是要求治理者秉持一种无为而治的原则，以为腹为安为目标，以结绳而用为方法，以安居乐俗为标准，创建一个"小国寡民，无为而治"的美好社会。

第一节　为腹为安的目标

春秋无义战，战争不仅使诸侯国时刻处在危险之中，

---

[1] 郭齐勇、吴根友：《诸子学通论》，商务印书馆2015年版，第142页。

更使百姓的生产生活受到极大影响。从内部看,"家给人足"不仅是维持社会稳定的重要保障,也是实现人民安居乐业的基本前提,因而各国君王意图通过掠夺人口、鼓励生产,以实现所谓丰衣足食;从外部看,"平和安泰"成为诸侯国首先追求的目标,因而各国君王意图通过增强军备、聚敛财富,以实现所谓国强兵盛。然而,在老子看来,统治者所持有的这种不正确的政治观是理想社会无法实现的根本原因,因而君主治国理政应坚守"务内而不逐外"的理念,以"闷闷"之政为手段,去除浮华,克制欲望,追求一种"为腹为安"的治理目标。

一 为腹不为目,故去彼取此

老子说:

五色令人目盲,五音令人耳聋,五味令人口爽,驰骋畋猎令人心发狂,难得之货令人行妨。[1]

何为"五色""五音""五味"?不同学者对其理解不同。苏辙在《老子解》中解释道:

视色听音尝味,其本皆出於性,方其有性而未有物也,至矣。及目缘五色,耳缘五音,口缘五味,夺於所缘而忘其本,则虽见而实盲,虽闻而实聋,虽尝而实爽也。[2]

可谓揭示了老子"为腹不为目"的真谛。"五色",一般指白、赤、黄、黑、青五种颜色,形容色彩绚丽多样,"目盲"并非眼睛失明,而用来比喻眼睛被不同颜色干扰,无法认识颜色之本质。"五音"指宫、商、角、徵、羽,意为声音多种多样,"耳聋"比喻人的听觉被纷杂之声扰乱,

---

[1] 《老子·第十二章》。
[2] 《老子解·第十二》。

分不清"五音"。"五味"指苦、咸、酸、辛、甘,意为不同的美味,"口爽"的意思是患口疾后味觉失灵。河上公认为"五色令人目盲"的重点是在强调人的态度,如果一个人贪淫好色,则会导致"伤精失明",无法发现隐藏在"五色"之后的"无色之色"。① 彭富春译之为过度的"五色"会使人眼花缭乱,以至于"眼睛变盲"。② 尹振环进一步认为,这句话实际上是在警示世人,如果"五色"的缤纷绚丽过高,则可能对人的认知能力造成影响。③

在对人的感觉进行考察后,老子进一步将这种"乱花渐欲迷人眼"的感觉,引申为社会治理中不同群体对声色犬马等物欲过度追求,却无法获取时的"心发狂""行妨"状态。如何解决人们在求而不得时的无助与迷失呢?老子给出了自己的解答:"是以圣人为腹不为目,故去彼取此。"④ 历代学者站在不同角度,对"圣人为腹不为目"进行解释,大致来说有三种含义。

第一,以河上公、顾欢(南齐)、宋徽宗等为代表的"尊道德,去妄欲"一派。如河上公《老子道德经河上公章句》认为,所谓"为腹"即"守五性,去六情,节志气,养神明",所谓"不为目"是指"目不妄视,妄视泄精于外",所以只有"去彼目之妄视,取此腹之养性",抛弃"五性""六情"等非分之欲,坚守仁义礼智之秉性,才可以保全天性,逐步向圣人之境靠近。宋徽宗作《御解道德真经》云:

---

① 王卡点校:《老子道德经河上公章句》,中华书局1993年版,第45页。
② 彭富春:《论老子》,人民出版社2014年版,第32页。
③ 尹振环:《帛书老子再疏义》,商务印书馆2007年版,第264页。
④ 《老子解·第十二》。

圣人以天下为度，故取此能容之腹，非事事而治之，物物而察之也。故去彼外视之目。

意思是说，圣人以实现天下之治为己任，因而海纳百川，无所不能容，也正是因为此，故无所不能治、无所不能察。

第二，以王弼、苏辙等为代表的"以物养己"一派。王弼认为，"为腹者"是指那些"以物养己"者，"为目者"则是"以物役己"者，① 两者完全不同。按照王弼的理解，这里所谓"为腹"，是指圣人通过外在之物来涵养内在之腹，而"为目"则是说圣人在用好外在之物的同时，又能很好地避免内心受到外在之物的役使。对此，苏辙也认为：

圣人视色听音尝味，皆与人同，至于驰骋田猎，未尝不为，而难得之货未尝不用也。然人皆以为病，而圣人独以为福，何也？圣人为腹而众人为目，目责而不能受，腹受而未尝责故也。彼物之自外至者也，此性之凝于内者也。②

即是说，圣人感官与常人相同，为何常人"皆以为病"，圣人"独以为福"？关键在于两者所追求的目标不同，圣人"为腹"，众人"为目"。因此，我们要效仿圣人"为腹不为目"的行为处事原则，尽力摒弃物质层面的诱惑，从而保持一种安宁知足的生活状态，做"以物养己"者，而非"以物役己"者。

第三，以李约、陆希声、司马光等为代表的"知足无欲"一派。唐代李约在对《老子》的注解中指出，圣人为

---

① （魏）王弼：《老子道德经注校释》，楼宇烈校释，中华书局2008年版，第28页。

② 《老子解·第十二》。

何会"为腹不为目",原因是"为腹者"能够知足知止,所以"圣人为之","为目者"贪得无厌,所以"圣人不为"。因而可以说,圣人君子"为腹不为目"的根本原因在于他们能够"知足无欲"。①对此,唐代陆希进一步指出,圣人"为腹",则可"知止足","不为目"则"不见可欲"。因此可以"去彼大惑""取此玄德",即圣人可以约束自己克制对外物的过度欲求,始终坚守"知足无欲"的虚静之心。

综上,由于老子生活于天下大乱且重质轻文的春秋时期,故其学说极力倡导"非文返朴",坚决反对被外物所诱惑。他认为,珠玉财货、声色犬马皆是惑乱人之心性的外在诱惑,圣人君子应该坚决摒弃。与之相对,内在的"腹"能够"知足无欲",因而是人们应该追求的基本目标,只有始终坚持这一目标,才能最终达到内心的安宁。根据《老子》帛书甲乙本显示,"圣人"二字之后有"之治也"三个字。不少学者进一步指出,这里老子实际上通过警示世人勿沉迷于"五色""五音""五味""驰骋畋猎""难得之货",来引申其中的治国之道。如古棣就认为帛书中的"之治也"三个字是《老子》书中本来就有的,老子这句话意在通过对贵族生活腐化的劝诫,进而引申到治国层面。②陆元炽也指出圣人治理社会的目的是实现丰衣足食,而非引导人们追求耳目声色层面的满足。③

如果说"为腹不为目"是老子社会治理目标的内在规定性的话,那么其所言"执大象,天下往","往而不害,

---

① 《道德真经新注·卷一》。
② 古棣:《老子校诂》,吉林人民出版社1998年版,第410页。
③ 陆元炽:《老子浅释》,北京古籍出版社1987年版,第32页。

安平太",则为治理者确定了一个社会层面的治理目标。这里的"象"即"道",成玄英疏之曰:"大象,犹大道之法象也。"林希逸注:"大象者,无象之象也。""安",王引之《经传释词》曰:"安,犹于是也,乃也,则也。""太",同泰,具有安、宁的意思,古本多作"泰"。严复将"安"解释为"自",将"平"解释为"平等",将"太"解释为"合群"。综合来看,老子这段话的意思是说,治理者只要执"无为"之大"道",则能够达到安泰平和,而老子所说"见素抱朴""燕处超然""甘其食,美其服,安其居,乐其俗"等均或明显,或隐晦地包含了"为腹为安"的治理目标。

二 其政闷闷,其民淳淳

在为社会治理设定了"为腹不为目"的目标后,老子进一步提出社会治理之于国政与民生的具体要求,即"其政闷闷""其民淳淳"。老子说:

其政闷闷,其民淳淳;其政察察,其民缺缺。[1]

"闷闷"是指昏昏昧昧,具有宽厚仁爱的意思。河上公注曰:"其政教宽大,闷闷昧昧,似若不明也。"意为"政教宽厚"。"淳淳",《说文解字》解释道:"惇,厚也。"帛书《老子》乙本作"屯屯",指淳朴憨厚的意思。奚侗指出,以"闷闷"为政,"则为天下浑其心,而民德醇厚"。[2]"察察",林希逸解释说:"察察者,烦碎也。"《老子·第二十章》亦有"俗人察察"的表述。释德清注:"察察,即俗谓分星擘两,丝毫不饶人之意。"陈鼓应认为,这里的

---

[1] 《老子·第五十八章》。
[2] (清)姚鼐、(清)奚侗、(清)马其昶:《老子注三种》,黄山书社2014年版,第126页。

"察察"是严苛的意思。①"缺缺"一般作狡诈解,帛书《老子》甲本作"夬夬"。高亨认为"缺"应借为"狭",而"狭"与"狯"同,意为狡诈。②《说文解字》中亦将"狯"解释为"诈"。

按照王弼的解释,"其政闷闷,其民淳淳"是说,真正善于治理天下者,能够于无形、无名、无事、无政中实现善治;在这样的治理环境中,老百姓能够"无所争竞,宽大淳淳"。与之相反,"其政察察,其民缺缺"是说,如果统治者主要依靠"立刑名,明赏罚"等有为之政来治理社会,那么老百姓就会常怀"争竞""狡诈"之心,社会亦不得安宁。③也就是说,人民在宽厚仁爱的治理环境下,就会表现得淳朴憨直,在严苛烦琐的治理环境下,则会表现得狡诈。这实际上反映了老子对无为理念的肯定,对"有为"之政的反对。

老庄道家崇尚无为之政,认为宽厚的治理手段,可以使民风社风变得淳朴敦厚,人民的生活交往也会更加朴实,只有在这样的治理理念之下,整个社会才有可能走向一种安居乐俗的理想状态。从这一维度来看,老子的社会治理理念在方法选择上,虽然秉持的是一种"无为而治"的原则,但却包含了积极拯救世乱的一面。对此,徐复观指出,老子学说虽然构建了以"道"为核心的宏大宇宙论体系,但其逻辑理路是"由人生的要求",逐步向上"推求到作为宇宙根源的处所",并以此作为"人生安顿之地",从而

---

① 陈鼓应注译:《老子今注今译》,商务印书馆2003年版,第284页。
② 高亨:《老子注译》,华钟彦校,河南人民出版社1980年版,第125页。
③ (魏)王弼:《老子道德经注校释》,楼宇烈校释,中华书局2008年版,第151页。

为人生寻得"安全立足点"。^① 因而可以说，老子的哲学体系实际上是"由宇宙论伸展到人生论，再由人生论延伸到政治论"，其对"道"的形而上探讨，最终目的是"应合人生与政治的要求"。^② 在这一点上，庄子与老子是一致的。如庄子指出："鹪鹩巢于深林，不过一枝；偃鼠饮河，不过满腹。"意思是说，鹪鹩在小树上筑巢，只不过占据一个树枝的空间；偃鼠渴时饮用河水，也仅仅以填满肚子为极限。这里庄子以"鹪鹩""偃鼠"为喻，既揭示了许由拒绝尧"让天下"的"无为而治"之治理观，也暗含了"为腹为安"的社会治理目标，而这一目标又须通过"其政闷闷，其民淳淳"的具体施政方针来展现。

那么，老子所提出的为腹为安治理目标与儒、墨相比有何特点？从学术源流上看，先秦诸子皆不同程度地受到老子思想的影响，^③ 如据《史记·孔子世家》《史记·老子列传》载，孔子就曾问礼于老子，但二人到底是何年相见，却没有定论。清代阎若璩据《礼记·曾子问》所说："昔吾（孔子）从老聃助葬于巷党，及堩，日有食之"，推算出二人见面时间应为昭公二十四年夏五月乙未朔巳时，当时孔子是34岁。胡适对这一说法提出质疑，认为孔、老相见的时间应在公元前518年和公元前511年两次日食之间。由此，胡适认为，孔、老二人年龄相差约为二十岁左右。^④ 当然，道家不仅对儒家学说的创建与发展有直接影响，而

---

① 徐复观：《中国人性论史》（先秦篇），上海三联书店2001年版，第287—288页。
② 陈鼓应注译：《老子今注今译》，商务印书馆2003年版，第22页。
③ 郭齐勇、吴根友：《诸子学通论》，商务印书馆2015年版，第173页。
④ 胡适：《中国哲学史大纲》，上海古籍出版社1997年版，第33—34页。

且与墨家亦关系匪浅。有学者指出,墨家以"贵俭"为中心的节用、节葬、非乐等思想与道家以"俭"为"三宝"之一的思想有相通之处,如《庄子·列御寇》中说:"在上为乌鸢食,在下为蝼蚁食",表达的正是一种反对厚葬的思想。① 汪中认为,《墨子·亲士》篇,特别是其中"今有五锥,此其铦,铦者必先挫……是以甘井近竭……"等论述,同《庄子·山木》中所说的"直木先伐,甘井先竭"十分接近,乃是"错入道家言二条"。②

我们知道,儒家想要构建的乃是一种"仁礼并重"的礼治社会,他们为君王治理天下所设定的目标不仅包括对物质需求的满足,也包括对精神需求的满足。与此同时,这种目标设定还建立在一种对人性之善充分肯定的基础上,即对于治理者来说,每个人内在本有的道德情感是实现"与民同乐"目标的前提。墨家将"兴利除害"设定为社会治理目标,认为一切治理活动都应以"义"为中心,努力实现国家百姓人民之利。不过与儒家形成鲜明对比的是,墨家以"非命"为依据,充分肯定了民众在治理活动中的重要作用,鼓励每个劳动者都应为实现自身利益发挥聪明才智。这样,墨家就建立了一个既自上而下,又上下互动的治理体系,治理体系中的每一个能动因素均围绕兴利除害目标展开活动。反观道家,在"道法自然"与"无为而治"理念的指导下,强调在当时的社会环境中,应坚决反对所谓"以智治国",只有这样才可能实现"为腹为安"的治理目标。

---

① 高华平:《墨家对先秦诸子的学术批评》,《文史哲》2020 年第 5 期。
② 陈柱:《诸子概论(外一种)》,毕明良校注,华东师范大学出版社 2015 年版,第 151、312 页。

第二节　结绳而用的方法

我们知道，老子年轻时曾担任周朝守藏室之史，以博学而闻名，故《汉书·艺文志》载："道家者流，盖出于史官。"就当时来看，君王道术与"史学"的发展密不可分。张尔田所著《史微内篇》说：

中国文明，开自黄帝，黄帝正名百物，始备百官，官各有史，史世其职，以贰于太史，太史者，天子之史也，其道君人南面之术也。

史官的职责主要是通过"历记成败、存亡、祸福、古今之道"，发现其中蕴含的"要"与"本"，以启示治理者"清虚以自守，卑弱以自持"，此即为"人君南面之术"。春秋百家未分之前，天下的"学术政教"皆可归结于"官守"，而"官守"又是通过史家来"垂训后王"，以达到"佐人君明治理"的效果。由此可见，如何在当时极度衰微的情况下力求自保，同时挽救天下，不仅是周王室关注的问题，也是作为史官的老子所思考的问题。基于此，高亨指出老子的学说皆是为王侯服务，其所成之书《老子》可谓"侯王之宝典"，其中所蕴含的哲学思想亦可称之为"侯王之哲学"。[1] 王博指出，老子的思想是"以王侯为中心"，为治理者提供"治道"。[2] 张腾宇进一步指出，老子所描述的"小国寡民"，乃是其"以侯王为中心，为对治

---

[1] 高亨：《老子正诂》，清华大学出版社2011年版，第44页。
[2] 王博：《老子思想的史官特色》，文津出版社1993年版，第96页。

诸侯国广土众民所带来的诸多问题而提出的救世之策，旨在通过削弱诸侯势力以拱卫天子，并让百姓过上自给自足的安稳生活"。① 那么，在老子看来，治理者实现小国寡民理想社会的"治道"有哪些呢？《老子·第八十章》言：

> 小国寡民。使有什伯之器而不用；使民重死而不远徙；虽有舟舆，无所乘之；虽有甲兵，无所陈之。使人复结绳而用之……

具体来说，"小国寡民"救世之策主要通过"使有什伯之器而不用""使民重死而不远徙""使人复结绳而用之"等方法来实现。

一 使有什伯之器而不用

"什伯之器"，《老子》帛书甲本作"十百人之器"，乙本作"十百人器"。可见今本《老子》中之"伯"乃是"佰"的借字。何为"什伯之器"？《一切经音义》解释说：

> 什，众也，杂也，会数之名也，资生之物谓之什物。

《史记·五帝本纪·索引》解释说：

> 什器：什，数也。盖人家常用之器非一，故以十为数，犹今云什物也。

张松如据此认为，老子所说的"什伯"是众多的意思，指人们生产生活中使用的各种器物。对此，清代俞樾提出不同观点，认为"什伯"应指兵器，依据是《后汉书·宣秉传》中所说"军法五人为伍，二五为什，则共其器物"。《周书·武顺》记载："五五二十五曰元卒，四卒成卫曰伯"。可见，古代军法中有"百人为伯"的说法。所谓"什伍"与"什伯"，全部都是士卒部曲的名称，只是大小

---

① 张腾宇：《〈老子〉"小国寡民"之义辨正》，《哲学研究》2017 年第 12 期。

不同罢了。不过亦有学者指出，若据此理解，那么"河上公本"与"帛书甲乙本"在"什伯"后面又有"人"字的说法则解释不通。因此，"什伯之器"的本意并不复杂，乃是指能够十倍百倍地提高生产生活效率之器械。

老子在阐释其小国寡民治理蓝图时，提出"使有什伯之器而不用"，本意是希望回到朴素自然的生活状态。在这种生活状态下，人们只需要简单的工具即可满足生产生活的一切需求，而不必为了提高生产效率无休止地创造各种器物。由此，我们也可以进一步发现，所谓"使有什伯之器而不用"，主要是针对治理者的"有为"之策而言的。在老子看来，要想实现治理目标，必须采取"无为"之策，这样既可以消除"有为"所带来的负面影响，又可以使人们回到"见素抱朴，少私寡欲"的状态。① 当然，老子这里对于"什伯之器"的"不用"，并非针对一切事物，而专指对人类质朴本性损害的智巧、机巧之类的工具。因为在老子看来，如果"民多利器"，则"国家滋昏"，如果"人多伎巧"，则"奇物滋起"。②

在"使有什伯之器而不用"这一观点上，庄子持何种态度？《庄子·天地》有言："有机械者必有机事，有机事者必有机心。"③ 意思是说，喜欢利用机械之巧的人，必有机巧之事，有机巧之事，则必有机巧之心。机巧之心存于胸中，则无法保持纯真空明之本性；不能保持纯真空明本性，则心神无法保持稳定，心神不稳，则不能载道。我们

---

① 黎千驹：《"小国寡民"非老子的社会政治理想考论》，《老子学刊》2021 年第 1 期。
② 《老子·第五十七章》。
③ 《庄子·天地》。

并不是不会利用机械之巧,而是因为这样做无法载道,因此感到很羞耻。可见,庄子与老子在鄙弃"什伯之器"这一点上是一致的。

二 使民重死而不远徙

如果说"使有什伯之器而不用"是老庄道家社会治理方法在器物层面的具体化,那么"使民重死而不远徙"则是在民生领域的具体要求。理解这句话的关键在于对"徙"的解析。"徙"字,《说文解字》作"䢔"。段玉裁《说文解字注》解释说:"从辵止,会意者,乍行乍止而竟,止则移其所矣。"此处主要指离开本乡,远距离迁徙。

老子生活的时期,奴隶主贵族主导下的井田制受到很大破坏,以小农经济为主导的封建土地所有制得到快速发展。不过无论是井田制,还是自耕农经济,由于生产力水平较为低下,普通百姓只能聚族而居,将毕生的精力和希望全部寄托也只能寄托于土地上,以此来获得生产生活资料。《孟子·滕文公上》的一段材料,较为具体形象地描述了当时普通民众的生产生活状态。他说:

死徙无出乡,乡田同井,出入相友,守望相助,疾病相扶持,则百姓亲睦。

所谓"死徙无出乡",是说无论是死葬,还是搬迁,均局限在本乡的范围之内。在这样的环境生活,日出而作、日落而息,随时都有亲友乡民相互扶持,一旦遇到疾病灾害也可以相互照顾,乡民之间友爱和睦。然而在春秋时期,天下诸侯征伐不断,一旦遇到战乱或遭遇国内暴政,老百姓便无法维持正常的生活,只能冒着诸多未知风险向外迁徙,而暴政或战乱正是统治者的"有为"之策所致。老子说："民之轻死，以其上求生之厚，是以轻死。"① 所谓"求生之厚"正是"有为"的一种表现。在老子看来，统治者只有秉持"无为"的治理原则，才能使民众免于暴政之苦，才能给民众带来安居乐俗的生活，人民也就能够重新回到"重死而不远徙"的时代。

三 使人复结绳而用之

《周易·系辞下》说："上古结绳而治，后世圣人易之以书契，百官以治，万民以察。"结绳而治，指在绳子上打结以传递信息。然而随着国事的日益繁杂，结绳而治的方法必然无法适应治理需求，故后世圣人以"书契"代替"结绳"，用文字记事的方法来治理国家。不过在老子看来，所谓书契治国，乃是一种在治国理政中不断发布法令措施以实现"有为"之治的施政手段。治理者若采取"有为"之策，则会造成"法令滋彰，盗贼多有"②"其政察察，其民缺缺"③。因此，老子主张"多言数穷，不如守中"。④ 在小国寡民的理想社会下，圣人治国只需采用"结绳而用"的方法，即可收到"上古结绳而治"的成效。只有秉持"无为而治"的原则，才能逐步实现"其政闷闷，其民淳淳"的治理目标。故老子说：

我无为，而民自化；我好静，而民自正；我无事，而民自富；我无欲，而民自朴。⑤

老子对小国寡民的描述除了以上三处对治理方法的直

---

① 《老子·第七十五章》。
② 《老子·第五十七章》。
③ 《老子·第五十八章》。
④ 《老子·第五章》。
⑤ 《老子·第五十七章》。

接表述外，还用了两个"虽有……"的句式，从生产生活与军事行动维度，对道家社会治理方法作进一步阐释。

"虽有舟舆，无所乘之。"此处的舟舆是指装饰华丽的舟车。老子认为舟车作为人们实现生产生活目标的基本工具，作用在于"引重致远"与"以济不通"。然而，当时的统治者为了满足骄奢淫逸的生活，体现自己高人一等的地位，将原本作为运输工具的舟车，"饰车以文采，饰舟以刻镂"。过度装饰的另一面是对百姓的盘剥。与老子几乎同时期的齐国相国晏子也意识到贵族"侈靡而不顾其行"的不正之风，因而希望通过倡导"乘敝车，驾驽马"来扭转这种不良风气。① 由此可以发现，老子这里所说的"虽有舟舆，无所乘之"，并不是对舟车之用的否定，而是对统治者骄奢淫逸生活的一种批判。

我们再来看"虽有甲兵，无所陈之"。甲兵作为武装力量，最初仅用于保护自身安全，然而随着社会的发展、国家的建立，甲兵成为统治者争夺利益的"有为"手段。为了在战争中胜出，坚甲利兵不断升级。老子认为"兵者，不祥之器""师之所处，荆棘生焉。大军之后，必有凶年"。在理想的小国寡民社会里，国与国之间应摒弃"甲兵"，而表现为"大邦以下小邦，则取小邦""小邦以下大邦，则取大邦"，大邦与小邦"各得所欲"。②

最后来看"甘其食，美其服，安其居，乐其俗，邻国相望，鸡犬之声相闻，民至老死不相往来"。在老子所构建的小国寡民治理体系中，这部分内容主要体现为道家对理

---

① （汉）刘向：《说苑》，岳麓书社1994年版，第339页。
② 《老子·第六十一章》。

想社会治理标准的设定。该部分，老子从衣、食、住、行等方面对治理目标进行了标准设定，也是老子对"至治之极"理想状态的描绘。关于这部分内容，本书将在下文作进一步阐释。

综上，可将老子关于小国寡民的描绘分为三个层次。"使有什伯之器而不用""使民重死而不远徙""使人复结绳而用之"为第一层次，是老子实现社会治理目标的方法论，"虽有舟舆，无所乘之；虽有甲兵，无所陈之"为第二层次，主要从客观维度表达老子所追求的价值目标；"甘其食，美其服，安其居，乐其俗，邻国相望，鸡犬之声相闻，民至老死不相往来"为第三层次，体现了老子的社会治理评价标准。从表面上看小国寡民似乎是一个生产力水平极为低下的原始社会，但细究之下并非如此。老子认为，在小国寡民的状态下，并不是没有舟舆，只是不必使用舟舆即可实现运输目的；并不是没有甲兵，只是备而不用，不必将甲兵置于战场准备打仗，因为天下太平；并不是没有文字，而是因为"结绳而用"即可满足人们交往的基本需要。老子认为，天下最好的政治是让人民觉得饮食甘甜、衣服美丽、居住安逸、风俗和乐。邻国之间，可以互相看见，声音也能互相听见，但人民却老死不相往来。这里老子为实现"小国寡民"理想而设置的"结绳而用"方法，所要表达的乃是一种极简的自然主义态度。这种返璞归真、极端简朴的哲学态度，虽然无法应对现代社会的复杂状况，然而其中蕴含的尊重客观规律、反对复杂化的人生论、政治观，在原则上仍然不失为一种真理性的认识。

第三节 无为而治的原则

"古之善为道者,非以明民,将以愚之。民之难治,以其智多。故以智治国,国之贼。不以智治国,国之福。"① 在老子的眼中,治理者如果想要实现天下大治,须遵循"古之为治者"的方法——"非以明民,将以愚之"。何以如此?老子认为,"民之难治,在于智多",因而治理者应依循"结绳而用"的方法"绝圣弃智""无为而治",只有这样才能实现小国寡民"为腹为安"的社会治理目标。

一 民之难治,以其智多

自然、无为不仅是老子哲学的核心概念,更是道家社会治理思想的基本原则。老子说:"人法地,地法天,天法道,道法自然。"这里所说的自然是指万物本性如此的一种状态,而非具体存在的某种东西或属性。此处老子虽强调"道"法"自然",但实际上是以人、地、天来指代万事万物,意在说明世间万物皆法自然,治理者应该顺应万物的自然本性,尽可能少地将自己的意志强加于万物,而不应以"有为"的态度对待之。从政治哲学角度看,老子在建构了"道""无为"与"自然"之间的形而上关系后,又将其应用于国家与社会治理层面。

这里,老子揭示了"有为"给民众带来的灾难。何为"有为"?之于刑政领域,治理者喜欢用严苛的刑罚来约束人民;之于经济领域,治理者制定控制经济生活的各种烦

---

① 《老子·第六十五章》。

琐禁忌，使得民众手足不知所措；之于徭役税收领域，治理者为了维护阶级统治秩序，重税搜刮，使得民不聊生，社会矛盾激化。长期的有为之策往往导致两种极端：一面是老百姓田园荒芜无人耕种，仓廪空虚无法糊口；另一面是统治者身着华丽的衣服，佩戴利剑，以势压人，饱食终日，财货富足。在老子看来，这样的统治者简直就是"盗夸"，所行之道亦"非道也"。①

在老子的眼中，如果统治者将威权发挥到极致，将老百姓逼迫到无法容忍的地步，必然会造成天下大乱。所以老子说，"民不畏威，则大威至"，又说，"民不畏死，奈何以死惧之"。当时的统治者无法做到有所作为，却任意妄为，最终只能造成民不聊生、人亡政息，而所谓"民之难治，以其智多"，正是老子对有为之策的批判。所谓"智多"，王弼注之曰："多智巧诈"；范应元注曰："不循自然，而以私意穿凿为明者，此世俗之所谓智也。"实际上，这里所谓"智多"，意在强调治理者如果自以为是，以"多智巧诈"来治理社会，则可能引起更大更多的社会危机。

二　绝圣弃智、绝仁弃义、绝巧弃利

如果说"道"是道家社会治理思想的本体论预设的话，那么"无为"则是他们为"道"这一宇宙本体所设定的运行规则。具体而言，"无为"不仅是"道"的基本特征，也是大道之行的道德属性，更是治理者所应遵循的核心原则。进一步说，无为而治的社会治理思想源于道家在哲学层面对"无为"的形而上架构，而"绝圣弃智""绝仁弃

---

① 《老子·第五十三章》。

义""绝巧弃利"正是这一形而上架构的具体表现形式。

（一）无为的多重含义

从社会治理角度来看，无论是老子的"无为"，还是庄子对"无为"的理解，落脚点均是对现实社会问题的关切，[①] 本质皆在于揭示一种"无为而无不为"的治理原则，具体可以从以下四个层面来理解。

第一，"无为"意味着以极少的干预实现"不治治之"。在老子看来，所谓无为而治，实质上是为了实现一种"我无为而民自化，我好静而民自正，我无事而民自富，我无欲而民自朴"理想治理模式，[②] 所体现的正是一种"以不治治之"的治理原则。何谓"不治治之"？王充解释道："夫不治之治，无为之道也。"[③] 郭象在对《庄子·逍遥游》"尧让天下于许由"进行注解时也指出："夫能令天下治，不治天下者也。故尧以不治治之，非治之而治者也。"[④] 这就充分揭示了道家无为而治的本质特征——不治而治之。

第二，"无为"意味着人要敬畏不可言说之"道"。"道可道，非常道"，道无所不在，无所不有，然而"大象无形，大音希声，大道不言"，故说"玄之又玄，众妙之门"，所以道并不以具体的形象来表征自身的存在，而是蕴含于宇宙天地之间，蕴含于万事万物之中。可见，从老庄之"道"的维度来看，即使是圣王，对于道的掌握也是极其有限的，仅仅停留在"知其不知"的阶段，因而治理者

[①] 何哲：《道与无为：中华道家的治理思想及对人类治理体系完善的启示》，《贵州社会科学》2021年第9期。

[②] 《老子·第五十七章》。

[③] 黄晖：《论衡校释》（3），中华书局1990年版，第778页。

[④] （清）郭庆藩：《庄子集释》（1），中华书局1961年版，第24页。

就应该时刻保持一种对"道"的敬畏之心,施政治世时应该循道而行,以免发生不好的后果。

第三,"无为"意味着治理者不可悖"道"而行。大道形成万物,表征于万物,并使万物循道而行。这就意味着,无论时光如何变换,空间如何转移,大道虽然看不到、摸不着,但却与万物时时处处同在。正所谓,"道也者,不可须臾离也",即天下无一物不见道,天下无一刻可离道,天下更无一事可不依道而行。对于肩负社会治理重任的圣王,更要充分认识社会运行的内在规律。所谓"道常无为而无不为,侯王若能守之,万物将自化",就是说圣王治理社会,只要依"道"而行,则天下必将"自定"。

第四,"无为"意味着治理者应顺"道"而为。在道家的哲学体系中,"道法自然"是"辅万物之自然而不敢为"的前提,而"圣人"循自然之理"处无为之事,行不言之教"则是其应秉持的基本原则。老子谓"治大国若烹小鲜",意为治理国家就像烹食小鱼那样,须具备高超的艺术才能胜任。这就要求治理者,既不可脱离实际任意"妄为",又须"从天之则""遵天之道",并在治理实践中"因自然以理事",即严格按照事物发展变化的客观规律顺"道"而为,才能有所作为。[1] 具体来说,一方面,这里的"无为",落实于政治生活层面,是告诫执政者要警惕"妄为",并不是否定积极的"有为"。如果治理者仅仅凭借自己的喜好,被外物与欲念所迷惑,则会导致灾难性的后果。另一方面,人们在生产劳作过程中,不仅须遵守自然规律,

---

[1] 葛荣晋:《道家的"无为而治"与现代科学管理》,《北京行政学院学报》2007年第4期。

同时又要善于抓住时机，勇于顺势而为。对于社会治理而言，就是要遵循社会运行的客观规律，洞悉人类社会不同时期、不同群体的不同需要，顺势而为，因为只有这样才能有所作为。

（二）无为而治的两个维度

无为而治作为道家社会治理思想的基本原则，其中蕴含的敬畏天道、依道而行、顺道而为、不治之治等思想不仅内涵十分丰富，而且具有一定的当代价值。何哲认为道家思想是中华文化的核心根基，居于核心主干地位，先秦百家的治理思想皆源于道家，因此从治理角度而言，统治者凡是能够坚持以道家为核心指导思想的历史时期，均有利于形成一种人民安居、社会和谐、百业兴旺的繁荣景象。[1] 吕锡琛等立足于对老庄之"道"的考察，指出"遵道而行""无为而治""慈柔宽容"是道家社会管理思想的三大主旨，这些思想启示当代管理者应顺天道、不妄为、顺民意，善于以慈柔宽容的方式实现治理目标。[2] 葛荣晋重点考察了道家"无为而治"思想对现代科学管理的价值，他认为"无为而治"思想启示现代管理者在"顺其自然"时须有所作为，在"逆其自然"时应坚持有所不为的原则，在竞争方面则应处理好"争"与"不争"的关系，以尽可能小的成本获取最大的管理绩效。[3] 具体可以从以下两个维度对道家无为而治的治理原则进行理解。

---

[1] 何哲：《道与无为：中华道家的治理思想及对人类治理体系完善的启示》，《贵州社会科学》2021年第9期。
[2] 吕锡琛、黄小云：《道家社会管理思想的主旨及其意义》，《求索》2017年第6期。
[3] 葛荣晋：《道家的"无为而治"与现代科学管理》，《北京行政学院学报》2007年第4期。

其一，从治理者维度讲，所谓"无为"就是要放弃对智力、仁义、利益的追求。老子以"无为"为核心要义的道家修身养性之术，就是要求统治者将"养身之道"与"治国之术"统一起来，放弃"救世主心态"，主动认识并顺应自然与社会发展的客观规律，而不是以所谓的聪明、机巧来治理国家。①《老子·第十九章》："绝圣弃智，民利百倍；绝仁弃义，民复孝慈；绝巧弃利，盗贼无有。"② 意思是说，抛弃聪明与智巧，民众就能获利百倍；抛弃仁义与法则，民众就能回归孝慈；抛弃机巧与利益的诱惑，盗贼就能消失。"绝圣""绝仁""绝巧"之物，不足以治理天下，因此要让民心有所归属。归属于什么呢？外表单纯而内心纯朴，减少私心而降低欲望，摒弃所谓的学问就能无忧无虑。在对统治者的态度上，庄子亦持相同观点，甚至也将诸侯君王比作"窃国者"。他认为在理想的"至德之世"，人类与禽兽"同乎无知"，共享自然，人群与万物"同乎无欲"，共存于世，根本不需要圣人礼乐，也不需要君王干预，反而是圣人、君王的出现，造成了天下的分离。

其二，从人民的维度讲，所谓"无为"就是要实行"愚民"之策。"古之善为道者，非以明民，将以愚之。民之难治，以其智多。"③ 在老子看来，上古时期修道之人，不是要使人民聪明，而是要使人民愚笨。当然，此处所说的"将以愚之"并不是我们现在意义上所理解的愚民政策，而是一种"明道若昧""大巧若拙"的说法，即在遇到矛盾与冲突时，若人人自以为智，不肯让步，则必然会掀起

---

① 郭齐勇、吴根友：《诸子学通论》，商务印书馆2015年版，第170页。
② 《老子·第十九章》。
③ 《老子·第六十五章》。

争端。这就教育世人在处理与他人关系时，应秉持一种"本明而自以为昧，本巧而自以为拙"的态度，不以巧、诈"陵人"，则争端自然得以平息。所以，老子认为以智谋治理国家，是国家的祸害；不以智谋治理国家，是国家之福。治国的法则（稽式）应包括以上两种原则。掌握了这两种治国的法则，就可以称作玄奥的德。玄奥的德深远广大，与万物复归于大道，然后才能达到太平之治。又说："有之以为利，无之以为用。"[①] 老子在这里强调，"有"是物体形成的条件，"无"才是物体的功用所在。物体之所以有功用，是因为"无"，所以老子强调无为，无为而无不为。

当然，无论从哪一个层面来理解"无为"，在道家看来社会治理的实现都必然依托于一个"唯道是从"的治理者。也就是说老子和庄子虽然主张"无为而治"，但却并非"无政府主义者"，社会治理中只有依托于"无为""无私"的统治者构建一个民众"不知有之"的治理体系，才能实现"民自化"。此即所谓"顺物自然，而无容私"，则"天下治矣"。具体来说，老子所说"含德之厚"的"婴儿""赤子"，庄子所谓之"神人""真人""至人"或"圣人""德人""全人""天人""大人"，都是对"无为"者的一种理想化描绘。道家通过赋予治理者以理想的人格，使他们能够将人世间看作一种自然的存在，以"无功""无名""无己"之精神，使世间万物皆能复归到自然状态，而实现这一目标的基本原则就是"无为而无不为"。[②] 相对于道家

[①] 《老子·第十一章》。
[②] 葛荣晋：《道家的"无为而治"与现代科学管理》，《北京行政学院学报》2007年第4期。

的"无为",法家也强调"天"与"道"的神圣性,只不过在道家看来,法家所建立的刑罚体制,从本质上看是在借"道"的名义,滥施酷刑。儒家所谓"仁政",亦是一种干涉主义的治理策略,即将实现治理目标的愿望寄托于极少数至纯至善的圣人身上,希望在圣人的干预和引导下,实现天下大同。[①] 与儒、法不同,道家的圣人之治,则是一种"把善恶美丑贤不肖一切对待的名词都消灭",从而复归于"无名之朴的混沌时代",[②] 这样的时代虽然民众"无知无欲",圣人"无功""无德""无为",但却能够"全功""全德",每个人皆能"安居乐俗"。

(三)"智""愚"之合的无为而治

老子对理想社会——小国寡民的美好构想既展现了其少私寡欲、见素抱朴的人生态度,也包含了道家无为而治的政治主张。[③] 那么,该如何理解老子基于对"多智巧诈"的反对而描绘出的小国寡民理想社会呢?

历代学者对"小国寡民"的解读主要有两条路径:一是将"小"与"寡"作为"国"与"民"的形容词,认为这是老子对当时农业社会的理想化抽象,或是老子对未来社会的一种假设。如刘俊男就指出,"小国寡民"乃是指将诸侯国无限析分,使其土地和权势越分越小,以至于逐步取消诸侯国,类似于汉代的推恩令。他认为,在小国寡民时代,所谓无为而治,并非回到原始的生产生活方式,而

[①] 张师伟:《黄老道家无为而治思想及其治理智慧》,《南京师大学报(社会科学版)》2015年第3期。

[②] 胡适:《中国哲学史大纲》,上海古籍出版社1997年版,第45页。

[③] 白奚:《"小国寡民"与老子的社会改造方案——〈老子〉八十章阐微》,《安徽大学学报(哲学社会科学版)》2000年第4期。

是希望结束"暴力国家"的统治,建立一种没有压迫、剥削,人人平等的社会秩序,即达到人人"甘食""美服""安居""乐俗"的理想社会状态;"民至老死,不相往来"也不是要否定人情伦常,而是寄托了道家希望摒弃烦琐浮华之"旧礼",建设返璞归真之"新礼"的社会治理构想。庄子多次强调"君子淡以亲,小人甘以绝",又说:"君子之交淡如水",实际上正是对老子这一思想的承继。① 二是认为"小"与"寡"所表达的是"以大国为小""视众民为寡",也有学者将其解释为"小其国、寡其民"。当然,从内容上看,无论哪一种观点,学界均将"小国寡民"理解为一种国小、民少的状态。②

围绕以上两条解读路径,研究者在对待小国寡民的态度上又形成了两种截然不同的观点。一种以高亨为代表,认为小国寡民乃是老子对"想象社会"的描写,这样的社会"国家小,人民少,等于原始时代的小部落。不要提高物质生活,不要文化生活,人民无欲无知,满意于朴素、简单的生活条件和环境,所以没有乱事。国与国之间没有战争,异国人民也不相往来。"因此,小国寡民"明显是倒退到没有阶级的原始社会","这种想象当然是复古倒退的"。不过高亨亦指出,老子之所以描绘出这样一个"复古倒退"的想象社会,目的在于"反对奴隶制,

---

① 刘俊男:《〈道德经〉第八十章新释——重评老子的社会理想》,《湖南师范大学社会科学学报》1999年第5期。

② 黎千驹对"小国寡民"研究进行学术史梳理后,将学界关于老子倡导"小国寡民"原因的研究归纳为乌托邦说、理想国说、搞分裂说、开倒车说与小国易治说等五种。邓伟龙等将历代学者对"小国寡民"的解释归纳为八种代表观点。参见黎千驹:《"小国寡民"非老子的社会政治理想考论》,《老子学刊》2021年第1期;邓伟龙、邓凡燕:《〈老子〉"小国寡民"本义蠡测——〈老子〉"小国寡民"及当代价值研究之二》,《中华老学》(第五辑)2021年第2期。

反对一个阶级剥削压迫一个阶级"，因而有其积极意义。[①]另一种以冯友兰为代表，即认为老子所说的理想社会，并不是"原始社会之野蛮境界"，而是一种"包含有野蛮之文明境界"。[②]老子将理想社会描绘成这样，并不是说对于"一般所谓文明"的追求"为之而不能"，"而是能之而不为"，这里所表达的是一种对"隐士思想"继承的"人的精神境界"。东晋陶渊明"结庐在人境，而无车马喧"的桃花源之境，所要表达的也正是对老子理想社会的一种向往之情。[③]陆永品亦指出，老子所构想的小国寡民社会，乃是一种上承先民"乐土""乐国"理想，下启陶渊明"世外桃源"向往的美好生活，虽然在当时的背景下是一种不可能实现的"乌托邦"，但这种"甘食美服，安居乐俗""民至老死，不相往来"的理想社会，毕竟具有一定的积极意义。[④]

实际上，老子之所以构建一种小国寡民的理想社会，就是要通过对"智"的反对，为治理者提供一种"无为而治"的治理原则。从表面上看，虽然小国寡民理想社会所使用的是"结绳而用"的方法，强调"绝圣弃智、绝仁弃义、绝巧弃利"，但其本质上所展示的乃是一种"愚"的治理精神。此处的"愚"应是"大智若愚"之"愚"，是"智"与"愚"之"合"，并非真正的"愚"，[⑤]亦非历史的倒退，而是表现为对当时主流社会治理体系的反动，亦

[①] 高亨：《老子注译》，华钟彦校，河南人民出版社1980年版，第166—167页。
[②] 冯友兰：《中国哲学史》（上），重庆出版社2009年版，第160页。
[③] 冯友兰：《中国哲学史新编》（上），人民出版社1998年版，第346—347页。
[④] 陆永品：《老子通释》，中央编译出版社2015年版，第190—191页。
[⑤] 冯友兰：《中国哲学史》（上），重庆出版社2009年版，第159页。

表现为一种对未来社会的美好向往。

第四节　安居乐俗的标准

在道家的社会治理思想中，无论是为腹为安的治理目标，还是无为而治的治理原则，抑或是结绳而用的治理方法，一旦落实到实践层面，则目标、方法与原则皆须指向现实维度的标准设定。进一步来看，如果将小国寡民作为道家对未来社会的一种设想，那么"甘其食，美其服，安其居，乐其俗""民至老死，不相往来"正是老子为实现小国寡民理想所制定的基本标准。

一　甘食美服，安居乐俗

"安居乐俗"出自《老子·第八十章》：

小国寡民。……甘其食，美其服，安其居，乐其俗。邻国相望，鸡犬之声相闻，民至老死，不相往来。

此处的"甘""美""安""乐"均是形容词的意动用法，意思是说在小国寡民的时代，每一个普通百姓都能享受到香甜的食物，穿着美观大方的衣服，居于安全舒适的住所，能够在欢乐有趣的习俗中自得其乐。与此同时，在这样的时代，邻国之间的居民可以相互看见彼此的生活状态，邻里之间可以相互听到鸡鸣狗吠之声，普通百姓从生到死，可以不相往来，却生活得很好，感受到生活的乐趣。

所谓"甘食美服、安居乐俗"，正是老子为"广土众民"勾勒的一幅美好蓝图。蒋锡昌指出：

本章乃老子自言其理想国之治绩也。盖老子治国，以"无为"为唯一政策，以人人能"甘其食，美其服，安其居，乐其俗"为最后之目的。其政策固消极，其目的则积极。——此四事者，吾人初视之，若甚平常，而毫无奇异高深之可言。然时无论古今，地无论东西，凡属贤明之君主，有名之政治家，其日夜所劳心焦思而欲求之者，孰不为此四者乎？①

可见，老子这里所强调的安居乐俗，乃是一种对民众自我满足感与安全感的表达。宋人苏辙进一步总结道：

内足而外无所慕，故以其所有为美，以其所处为乐，而不复求也。民物繁多而不相求，则彼此皆足故也。②

可谓十分准确地抓住了老子"安居乐俗"的本质。

先秦落后的农业社会由"无数自治自尚"的村落组成，各个村落之间交通来往极少，生产生活上能够基本自给自足，经济形态表现为一种"封建经济生活分散性"。此时，老子提出以"安居乐俗"为归宿的"小国寡民"模式，实际上是基于当时分散的小农经济所构想出的一种"桃花源"式理想社会模式。在这样的理想生活状态下，保持社会秩序，根本无须国家强制力，单靠人与人之间纯真的自然之性即可实现。在这样的理想状态下，没有沉重的赋役，没有兵连祸结，没有凶悍的民风，亦没有暴戾与不安。生活在这样环境中的人们没有恐惧、没有焦虑、更没有失落的感受。③

---

① 蒋锡昌：《老子校诂》，商务印书馆1937年版，第464—465页。
② 《道藏》（第十二册），上海书店出版社1988年版，第321页。
③ 陈鼓应注译：《老子今注今译》，商务印书馆2003年版，第347页。

二　民至老死，不相往来

理解"民至老死，不相往来"的关键在于如何理解"往来"。众多研究者将"往来"解释为"人际交往"，[①] 认为"不相往来"是小国寡民社会的重要特征。如宋代陈景元认为，所谓"民至老死"乃是指"无战敌而寿终也"；所谓"不相往来"是说，人与人应像"鱼相忘于江湖"一样，亦应"相忘于道术"。[②] 不过也有学者认为此处的"往来"并不是指正常的生活来往，亦非普通的经济活动，而是专指诸侯国之间在战争中你来我往的残酷场景，老子借此意在表达一种"民众从生到死，从不相互争战"的美好愿望。[③]

我们知道，随着文明的发展与科技的进步，社会分工日益细化，交往活动成为必然。交往的范围十分广泛，既包括物质交往，也包括精神交往。从物质层面看，交往活动是主体间的客观活动，是交往性与主观性、客观性的统一；从精神层面看，交往为以语言为中介的"意识交往"奠定了客观基础。交往活动系统的产生使世界成为一个普遍联系的整体，而随着交往系统的不断发展，古代社会原始封闭的状态逐渐消失，国家与民族间的隔阂被打破，区域的、民族的历史越来越表现为世界的历史。甚至可以说，一部交往发展的历史，就是一部由封闭走向开放、由落后走向文明的历史。[④]

[①] 张岱年主编：《中华思想大辞典》，吉林人民出版社1991年版，第970页。
[②] 彭耜：《四部要籍注疏丛刊·老子·道德真经集注》（上册），中华书局1998年版，第540页。
[③] 孙文鹏：《〈道德经〉解玄》，九州出版社2018年版，第229页。
[④] 吴毅：《马克思的交往实践观及其现实意义》，《华东师范大学学报（哲学社会科学版）》2008年第2期。

为了充分说明交往对社会发展的重要作用，马克思围绕生产方式的历史演进规律，将人类社会划分为三个发展阶段：一是与自然经济所对应的古代封建社会，二是与商品经济所对应的资本主义社会，三是与产品经济（时间经济）所对应的共产主义社会。不同发展阶段，人类社会的交往方式表现出完全不同的特点：自然经济时期，人与人的交往建立在人的依赖关系之上，此时由于社会体系中统治与服从关系的存在，人的生产能力往往被限定在孤立、狭窄的范围，无法得到拓展，每个人的生产生活被外化成一种维持自身生存需要的手段，主体之间的交往丧失其本来面貌；商品经济时期，交往形态主要表现为建立在交换价值基础上的私人交换，此时人的独立性得到发展，普遍的社会物质交换成为可能；产品经济时期，建立在个人自由而全面发展基础上的自由人联合体，为实现人与人的自由交换提供了物质与制度基础。[①]

在老子生活的春秋时期，西周大一统的专制格局被打破，生产力水平得到极大发展，人民生活的时空区域得到空前拓展，国与国、家与家、人与人之间的交往成为政治与社会生活必不可少的组成部分。然而为什么在交往成为社会必然的时代背景下，老子却极端反对交往？甚至表达出"民至老死，不相往来"的极端思想。按照表面意思来理解，"不相往来"意味着要断绝人与人、人与社会之间的交往，然而社会性是人的本质属性，若对人的社会性作出否定的判断，那么人又何以为人？老子在此处似乎陷入了

[①] 栾文莲：《马克思的交往学说及其实践意义》，《马克思主义研究》2000 年第 5 期。

一个逻辑悖论。①

老子作为一个具有深刻思想的哲人，不可能看不到技术水平提高给人们带来的便利。然而，作为一位智者，老子在看到生产发展之"利"的同时，更加深刻地感受到了技术进步之"弊"与天下崩裂之"害"。一方面，周天子失去对天下的控制之后，各诸侯君主为了争夺资源，对内展开了无休止的盘剥镇压，对外进行了不停歇的征伐战争。在这样的背景下，掌握话语权的贵族统治者将有限的资源用于战争，大国企图在争霸战争中胜出，小国则希望能够在战争中得以生存，而在老子看来，这样的"盗夸"时代最终只能导致民生凋敝。另一方面，由于贵族统治者具有财富分配权，因而往往利用手中权力大肆聚敛、任意挥霍，造成社会财富的极大浪费。对此，儒家、墨家亦有深刻的认识。只是面对这样的时局，儒家给出的解决方案是引导为政者以"不忍人之心"行"不忍人之政"；墨家给出的解决方案则是希望统治者能够遵从天志，敬畏鬼神，通过建立一套自上而下的治理体系，实现对国家百姓人民之利的维护。在老子看来，生产发展、技术创新固然是一种进步，但是如果这种进步给人民带来的仅仅是灾难，则不如没有。

这实际上揭示了老子在社会剧烈动荡时期，追求本体安全感的一种态度。本体安全感最早由英国精神病学家莱茵提出，随后由吉登斯引入社会学领域。社会性是人的本质属性，人与社会环境的双向互动对本体安全感具有重要

---

① 谢清果编著：《生活中的老子——〈道德经〉与人际沟通》，九州出版社 2017 年版，第 377—378 页。

影响。较为熟悉的外部环境能够帮助人们建立起一种对周边环境与自我发展的稳定信心，从而提升人的本体安全感；反之，剧烈动荡的外部环境，特别是在战争、灾害、疾病多发的时期，人的正常生产生活秩序被打乱，自我持续性发展的信心受到影响，极容易造成人的本体安全感的缺失。一般来说，当人们在面对本体安全感缺失时有两种处置办法：一种是"修正现实自我"，以积极的态度努力适应已经改变且无法挽回的外部环境；一种是"修正理想自我"，为自己营造一种理想化的社会目标，以解决自我与环境的冲突。① 显然，老子在面对时代变化时，采取了后一种态度。

从社会发展的角度而言，老子固然期望人民的生活水平得到提高，然而基于对当时社会治理制度与治理体系的认识，老子又希望暂时将生产与社会的发展限定在一定范围之内，至少应限定在为民追求幸福安宁的范围之内，退一步讲若人类社会无法控制技术进步的走向，则应暂时摒弃技术进步以及由此所带来的益处。当然，这种退让乃是一种无奈的退让，并非一种倒退主义或反智主义。故胡适解释道，此处老子是对"无名"观念的实际应用，意在强调将"一切交通的利器、守卫的甲兵、代人的机械、行远传久的文字……等等制度文物，全行毁除"，从而使人类社会重新回到"无知无欲老死不相往来的乌托邦"。② 老子的乌托邦并不反对"初等的嗜欲"，而是反对"高等的欲望"。也就是说，"老子虽深知名的用处，但他又极力崇拜'无名'。名是知识的利器，老子是主张绝圣弃智的，故主

---

① 俞国良、靳娟娟：《本体安全感：心理健康研究的社会学取向》，《河北学刊》2022年第2期。

② 胡适：《中国哲学史大纲》，上海古籍出版社1997年版，第46页。

张废名"。在胡适看来，老子之所以如此反对知识，是因为"他推想当时社会国家种种罪恶的根源，都由于多欲。文明程度越高，知识越复杂，情欲也越发展"。①

此外，老子所设定的社会治理标准既有物质层面的"甘其食，美其服"，也有精神层面的"安其居，乐其俗"，更有社会交往层面的"民至老死，不相往来"。然而，无论是哪一层面的设定，均是一种基于必需维度的物质与精神产品供给。进一步说，在当时分裂的社会环境下，老子的解决方案无法为治理者提供现实且紧迫的指导，亦无法缓解人与环境相冲突时本体安全感缺失的问题。因此，至汉代实现大一统格局后，当时的思想家对小国寡民的制度设想进行了理性反思。如《史记·货殖列传》载，面对"耳目欲极声色之好，口欲穷刍豢之味，身安逸乐而心夸矜势能之荣"等不同的社会需求，老子所向往的理想社会仅能"挽近世涂民耳目"，哪个统治者要想以此为标准，务求实现"至治之极"的目标，则"几无行矣"。

---

① 胡适：《中国哲学史大纲》，上海古籍出版社1997年版，第127页。

第六章 以法为教，以吏为师

春秋战国时期，法家代表人物众多，著名的有管仲、李悝、吴起、慎到、尹文、申不害、商鞅、韩非子等。韩非作为先秦法家的集大成者，在综合前人成果的基础上，立足于"法"之"罚"，提出了"以法为教，以吏为师"的社会治理思想。这一治理思想以霸王天下为目标，以抱法处势为原则，以令行禁止为标准。这样的治理思想虽然可能在短期内起到较明显的效果，但是从长期的历史发展看，却可能导致王朝短命而亡的结果，所以司马谈称法家为"可以行一时之计，而不可长用也"。

第一节 霸王天下的目标

在中国古代政治话语体系中，一般用"王道"来指代治国理政之策"以德行仁"的一面，而用"霸道"来指代古代统治者"以力假仁"的一面。对于"王"与"霸"的争论，也几乎影响到儒家与法家哲学思想的各个方面，有学者指出中国传统政治中几乎所有的特征均可以用"王道"

与"霸道"来解释。① 秦汉以降，后世治国者与研究者在先秦儒法王霸之争的基础上，继续在实践与理论层面展开了旷日持久的论战。如宋代的司马光、王安石、朱熹，明代的王阳明以及明清之际的黄宗羲等均对"王霸"概念有过较为深入的阐释。甚至可以说，儒、法两家的王霸之争，居于中国传统政治哲学体系的主要地位。

一 臣畜、法明、官治、君戴

"法先王"与"法后王"是儒法两派的争论焦点。儒家是"法先王"思想的主张者。儒家的创始人孔子终其一生都在力倡恢复"先王礼法"，他认为上古三代圣王时期，无论是典章制度，还是品德文章，均堪为万世效法之楷模，对于先圣的品德与行为更是极尽溢美之词。他说：

大哉，尧之为君也！巍巍乎，唯天为大，唯尧则之。②

这里孔子指出，世间万物唯天最大，而尧作为三代时期伟大的君王，能够通晓上天运行的法则，并依天理来治理社会，是一位值得万世效法的圣君。后世百姓虽然能够深切地感受到尧的文治武功，却找不到合适的词句来称赞他，故说"荡荡乎，民无能名焉"③。

上承孔子与子思，孟子的全部主张几乎也都围绕"法先王"展开。他说："规矩，方圆之至也；圣人，人伦之至也。"④ 即圣人的言行与品德可谓极尽人伦之至，后世君主要想实现王道，只需遵奉尧舜时代的"君臣之道"即可。

---

① 王鸿生：《中国传统政治的王道和霸道》，《武汉大学学报（哲学社会科学版）》2009年第1期。
② 《论语·泰伯》。
③ 《孟子·滕文公上》。
④ 《孟子·离娄上》。

何为尧舜之道？孟子说："尧舜之道，不以仁政，不能平治天下。"① 可谓一语点破儒家社会治理的核心原则——仁心仁政。孟子针对当时的社会现实进一步批评道，各个诸侯国君虽然表面上有所谓之"仁心仁闻"，但天下民众却得不到切切实实的好处，根本原因即在于君王"不行先王之道"，故说"遵先王之法而过者，未之有也"。② 孟子认为，春秋时期五霸称雄的局面，起因于诸侯间的不义之战。五霸中最为强盛者是齐桓公，他当年组织各国诸侯在葵丘会盟，"束牲载书"制定了五条盟约，以供各国共同遵守。然而，当代的诸侯却"皆犯此五禁"，可谓"五霸之罪人"。与此同时，当代的很多大夫曲意逢迎诸侯君王的恶行而不加以劝诫，可谓"今之诸侯之罪人"。③ 这些崇尚"霸道"的诸侯与大夫，皆是毁坏先王之道的"罪人"。

与孔孟相比，在推行"王道"的道路上，荀子更加倾向于一种顺势而为的理性主义态度。荀子针对战国后期"诸侯异政，百家异说"的现实，做出"人性之恶"的论断，并意图在"君臣"之道与"人主"之道的基础上，建立一种全新的"王制"。④

相对而言，在"王"还是"霸"这一道路选择上，法家从根本上否定了儒家"法先王"之说，对儒家极力维护的"先王"进行了全面否定，主张君主应"法后王"以实现"霸王之道"。韩非认为，先王所谓的"群臣之义"，

---

① 《孟子·离娄上》。
② 《孟子·离娄上》。
③ 《孟子·告子下》。
④ 王鸿生：《中国传统政治的王道和霸道》，《武汉大学学报（哲学社会科学版）》2009年第1期。

正是造成天下不治之根源。儒家所极力推崇的先古圣王——尧、舜，实际上却是"为人君而君其臣"与"为人臣而臣其君"者；商汤与周武王更是"弑其主、刑其尸"的乱臣贼子。这样的人若被奉为万世传颂之楷模，必成为天下不治之祸患，故韩非子在辟儒的基础上提出了法家"霸王天下"的治理目标——"臣畜""法明""官治""君戴"。①

所谓臣畜，是说君王能够运用权术控制臣下，使臣子听命于君王；所谓法明，是指臣子要通过制定并彰明法律，以维护国家与君王的尊严；所谓官治，是说臣子要恪尽职守，以拥戴其君；所谓君戴，则是说君王与臣子须各安其位，各尽其责，才能实现君明臣贤的霸王之道。以上四者，君王是"臣畜"的主体，臣子则是"法明"与"官治"的主体，二者共同服务于"君戴"之目标，这种治理目标与儒家所谓圣王之道根本不同。因此，韩非子说：

> 儒者饰辞曰：听吾言，则可以霸王。此说者之巫祝，有度之主不受也。②

这里韩非子极力驳斥儒家所谓"听吾言，则可以霸王"的言论，认为持这种观点并以此主张蛊惑君主的人，就像只会夸夸其谈的"巫祝"，主张以法治国的君主是不会接受他们的主张的。真正的明主"不道仁义""不听学者之言"，而是将重点放在"举实事，去无用"上。

二 功伐立、爵禄致、富贵成

历史地看，管子是先秦思想家中较早公开提倡"霸道"

---

① 《韩非子·忠孝》。
② 《韩非子·显学》。

者，如《管子·度地》就明确指出："能为霸王者，盖天子圣人也。"① 商鞅作为法家的重要代表人物，在秦国推销自己的主张时，也以实现"霸道"来吸引秦孝公的注意。《史记·商君列传》记载，商鞅首次面见孝公时讲"帝道"，孝公"时时睡，弗听"；再次见孝公时又讲"王道"，虽然商鞅将治国之道说得淋漓尽致，却"未中旨"；第三次才说出自己的主张——"霸道"，终于获得"汝客善"的评价。在商鞅看来，霸道是能够让君主快速实现"帝王"之梦的"强国之术"。② 韩非子作为先秦法家的集大成者，极力推崇"霸王之道"，强调"霸王者，人主之大利也"。③

何为霸王之道？韩非对此有过较为深入的分析。在《初见》篇中他先以齐国为例，认为齐国虽然土地广阔、军队强盛、五战皆捷，又有济水与黄河作为天险，有长城作为边塞防线，然而却由于一次失败就国破家亡，说明战争胜败对于一个国家存亡兴衰的重要性。接着，韩非又深入分析了秦国三次征伐，却始终未能实现霸王之业的原因。在韩非看来，秦国失去前两次称霸的机会，是因为在关键时刻未能抓住战机，"谋臣不为，引军而退"，与人媾和，对方一旦赢得喘息机会，则霸王之道失矣。其后穰侯魏冉治国，由于想要以"一国之兵"成"两国之功"，虽然士兵终年在外艰苦作战，士民在国内疲于奔命，却避免不了失败的结局。④

这里，韩非子通过对秦国与各国纠纷历史的回顾，深

---

① 《管子·度地》。
② 《史记·商君列传》。
③ 《韩非子·六反》。
④ 《韩非子·初见》。

入分析其三次失去实现"霸王之机"的原因。三次失败的直接原因虽各不相同,但皆是因为"谋臣不忠""国家不富""军队不强",导致无法将武力征伐的"霸王之道"一以贯之地执行下去。可见,在韩非这里,所谓"霸王之道",核心正是孟子所反对的"以力"取胜之道。那么,谋臣如何行事才能辅助君王成就"霸王之道"?面对变革图强的时代命题,韩非在提出"霸王之道"后,又为统治者实现"霸道"提供了"审法禁——必赏罚"的具体路径。"审法禁"是"官治"之前提,"必赏罚"是"赏罚不阿"的前提,只要做到以上两点,则国家必能实现"民用、官治、国富、兵强"的"霸王之业",亦必能实现"功伐立、爵禄致、富贵成"之治理目标。[1]韩非相信,只要统御臣民的"人主",能够挟"富贵"之大利以推行霸王之道,那么臣民定会冒着生命危险为国家效力,即使力竭而死,也死而无怨。

当然,在统治者那里,作为治理之策的"王道"与"霸道",并不是"非此即彼"的道路性选择问题。即使单从学术发展史的角度讲,单纯将"王道"视为儒家之专利,将"霸道"视为法家之专利,也是一种误读。儒法两家虽然在"王道"与"霸道"上各持一种倾向性的意见,但西汉以来的历代统治者实行的乃是一种"言则孔孟,行则申韩"的"内圣外王"之道。在大多数历史时期,统治者在治理社会时,往往采取一种"霸王道杂之"的态度,可以说这种"张扬'仁义'的'专制'统治"模式,始终是中

---

[1] 《韩非子·六反》。

国古代社会治理长河的主流。①

此外,由于春秋战国时期是一个由"合"而"分",又由"分"而趋于"合"的历史发展过程。在这一过程中,不同的阶级立场、时代背景、地域特点,甚至国政、习俗、人口等因素皆可能对主流意识形态造成一定影响。具体到治理领域,先秦诸子向我们呈现的治理思想虽形态各异,但随着各国诸侯强弱之势的转换变异,特别是战国后期"大一统"局面的明朗化,诸子之学亦呈现出"归于一"的趋势,主要表现为贵族统治者在选择"富国强兵"学说的同时,对除此之外的不同声音亦表现出高度的警惕性。如《韩非子·显学》在综合分析诸子之"弊"后,强调君王若不能明辨"杂学缪行同异之辞",而继续容忍"自愚诬之学、杂反之辞争"的争鸣局面持续下去,则必然导致天下大乱。《吕氏春秋·不二》在评价先秦十子时亦指出,"听群众人议以治国,国危无日矣",主张"一则治,异则乱;一则安,异则危"。至汉代时董仲舒强调,"诸不在六艺之科、孔子之术者,皆绝其道,勿使并进","独尊儒术"的局面得以确立。

第二节 以法治众的方法

从学派维度对法家进行界定的是司马谈。据《史记·太史公自序》载,法家的特点是"严而少恩",事事均秉

---

① 张分田:《"儒家讲王道,法家讲霸道"的说法违背史实》,《天津师范大学学报(社会科学版)》2015年第6期。

持"不别亲疏,不殊贵贱,一断于法"之原则,最终导致"亲亲尊尊之恩绝矣"。① 《汉书·艺文志》将法家列为"九流"之一,并称"法家者流,盖出自理官"。② 三国时期刘劭的《人物志》则评价道,以管仲、商鞅等人为代表的法家"建法立志,强国富人"。③ 法家人物皆持积极出世的态度,主张在列国中担任职务以推行自己的政治观点。如管仲生前即在齐国担任国相,运用法家思想大力推行改革,辅佐齐桓公成为春秋五霸之首。管仲"以法治国"的思想主要集中在《管子》中,其很多关于社会治理的主张,被后世法家所继承。至战国时,主持变法的商鞅也有著述流传于后世——《商君书》,其中关于社会治理的论述堪称治世之经典,如"故圣人之为国也,观俗立法则治,察国事本则宜。不观时俗,不察国本,则其法立而民乱,事剧而功寡"。④ 韩非是先秦法家思想之集大成者,集商鞅之"法"、申不害之"术"和慎到之"势"于一身。他指出:"民之政计皆就安利如辟危穷。"也就是说,就安趋利、避危去穷是人的本能,是社会的根本需要,也是君王进行社会控制与治安管理的出发与归宿。⑤ 为了对这一观点进行论证,韩非在对人的"计算之心"进行充分考察后,提出"因任而授官,循名而责实"的理念,从"术"与"法"之关系的维度强调了"以法治众"方法的重要意义。

---

① 《史记·太史公自序》。
② 《汉书·艺文志》。
③ 《人物志·流业》。
④ 《商君书·算地》。
⑤ 陈鸿彝:《古代社会的安全机制与治安管理》,《河南公安高等专科学校学报》1999年第1期。

一　君臣之际，计数之所出也

前面我们谈到，儒家以道德情感和礼法规范来约束人，而法家则以法、术、势来治理社会。何以如此呢？这与两者所持的人性论具有很大关系。法家大多主张人性之恶，并以此为基础构建理论体系。韩非特别强调人性之恶，这也是其法哲学体系立论之基础。在韩非看来，计算心、自为心等概念与人性几乎属于同一范畴，人的认知过程、自主行为、社会活动等均由"心"主导。"人情有好恶，故赏罚可用"，统治者只有谙熟人的"计算之心"，才能实现"因情而治"的目标。以此为依据，韩非子认为，君与臣、父与子、人与人之间能够融洽相处的原因，也在于他们对自身利益的最大化追求。因而在韩非看来，以"利"为原则对社会关系进行调整，既有利于实现个人利益的最大化，又能推进人与人、人与社会的和谐共处。[①]

第一，"计数所出"的君臣之际。在韩非看来，君臣关系是从计算利害出发的"臣尽死力以与君市，君垂爵禄以与臣市"关系，即民众"所欲""所恶"与君王"为爵禄以劝之""为刑罚以威之"的"计数"关系。在这种关系中，君主设置爵禄来换取臣下的死力，臣下则以尽死力来换取君主的爵禄。所以韩非说："庆赏信而刑罚必，故君举功于臣，而奸不用于上。虽有竖刁，其奈君何？"[②] 由此，韩非进一步认为，由于君臣之间的利害关系高于其他利害，故而朝堂之上时刻充斥着"计算之心"。大臣之所以不"弑君"，是因为羽翼尚未丰满，当前的实力不允许罢了。

[①] 丁忠兵：《略论〈韩非子〉的管理思想》，《青海社会科学》2010年第5期。
[②] 《韩非子·难一》。

君不仁、臣不忠才能成就霸业，即所谓"君不仁，臣不忠，则可以霸王矣"。①

第二，"求利之心"的父子之间。儒家与法家最大的区别在于，前者有对道德情感的信任，而后者却将一切归于对利益的追求。人与人之间的情感，最深刻的莫过于父母与子女，但是在韩非看来，父母对子女的情感也是假的。他认为，父母在对待"产男"与"产女"的态度上表现出天壤之别，"产男则相贺，产女则杀之"，究其根源是因为考虑到今后的利益，从未来的长远利益打算。②父母对于子女，尚且用"计算之心"相对待，何况是对于没有亲情关系的人呢？因此，韩非认为儒家要求君王抛弃"求利之心"的主张，皆为"不熟于论恩"的"诈而诬"之言，英明的君王绝不会采纳。

第三，"莫不自为"的社会关系。韩非说："故王良爱马，越王勾践爱人，为战与驰。医善吮人之伤，含人之血，非骨肉之亲也，利所加也。"③意思就是说，王良喜欢自己的马，越王勾践关爱自己的民众，并不是因为他们内心本善，而在于他们希望良马能供自己驱使、民众能够为自己打仗，最终目的乃是希望自己的统治力与控制力得到加强。医生乐于为伤者吮吸伤口脓血，并不是因为他们与病人有骨肉亲情，而在于其间存有利益关系。不仅如此，制作棺材的匠人希望人人富贵或别人早死，并不能说明他们"仁"或"非仁"。正所谓"情非憎人也，利在人死也"。他们内心所期望的仅是自己的产品能够售出以获得利润。与之相

---

① 《韩非子·六反》。
② 《韩非子·六反》。
③ 《韩非子·备内》。

似，后妃夫人、公子们结党营私，就会图谋篡位，因为如果君主不死，自己的权势地位就得不到巩固。后妃夫人、公子本意虽非憎恨君主，但其利益却在君主的死亡上，所以韩非提醒君主用人要用"自为"之人。也就是说，君主驾驭臣民治理社会，就要让他们在为君王效忠的过程中得到自己想要的东西，这样臣民为了自己的利益，就会竭尽全力为君王办事。至此，韩非通过列举"王良爱马""勾践爱人""医善吮人之伤、含人之血""舆人成舆""匠人成棺"等事例，揭示了法家对于社会关系的认识，即一切社会关系均表现为利害关系。处于社会关系之中的人都是自利的，即"人莫不自为也"，所以利用他人，就要利用他人的"自为心"。关于这一点，慎到也强调，"人莫不自为也，化而使之为我，则莫可得而用矣。"即君王用人时要秉持"用人之自为，不用人之为我"的原则，时刻警惕"不受禄者"，使用那些"自为"之人。① 法家主张将"法"作为治理社会的核心手段，道德不在考虑范围之内，自然会得出这样的结论。

总之，韩非将个体、家庭、社会、国家的关系皆归结为"冷酷的个人利害"，"计算之心"成为考察、衡量与评估所有关系的尺度。② 当然，无论是对君臣、父子"计算之心"的揭示，还是对人与人之间"自为心"的分析，韩非对人性之恶进行预设的目的在于为其进一步汇通法、术、势，提出以法为教，以吏为师治理思想奠定一个现实与理论的基础。

---

① 《慎子·因循》。
② 李泽厚：《中国古代思想史论》，生活·读书·新知三联书店 2017 年版，第86页。

二　因任而授官，循名而责实

"因任而授官，循名而责实"是法家"以法治众"社会治理方法的核心内容。所谓因任授官、循名责实，即是说治理者要按照臣民的能力，授予合适的官职，依据其享受的名利，责求实际的功效，以求"名""实"相符，二者均是君主驾驭臣民的方法，属于法家之"术"的范畴。在韩非看来，"术"与"法"具有同样重要的地位，两者缺一不可。那么，驾驭臣民之"术"究竟指什么？"术"与"法"的关系如何？他们在法家"以法治众"的方法论体系中又居于怎样的地位？

第一，法与术合一。具体而言，韩非之"术"即为"循名而责实"。韩非说："术者，因任而授官，循名而责实，操杀生之柄，课群臣之能者也，此人主之所执也。"[①]"名"是指与官职相匹配的义务；"实"指官员履行义务的实际情况；"责"，即考察。所谓术，就是依据才能授予官职，按照名位责求实际功效，掌握生杀大权，考核群臣的能力，这些都是君主治理社会应该掌握的基本方法。韩非为了说明自己所言之"术"与申不害、商鞅之"术"的不同，进一步指出申不害"虽用术于上，法不勤饰于官之患也"，商鞅则是"法虽勤饰于官，主无术于上之患也"，[②]但从两者关系来看，"法"与"术"不可分离，应兼而用之。

第二，循名而责实。韩非认为，实现社会的长治久安很简单，只要循名责实即可，别的一概无须考虑。他举例

[①]《韩非子·定法》。
[②]《韩非子·定法》。

说，有一次韩昭侯醉酒后和衣而卧，掌帽官害怕他寒冷，就给他身上盖了衣服。韩昭侯睡醒后很高兴，向近侍问道："盖衣服的是谁？"近侍回答说："掌帽官"。昭侯认为在"加衣于君"这件事上，典冠与典衣均存在过错，便同时处罚了掌衣官和掌帽官。处罚掌衣官，是由于掌衣官"失其事"；处罚掌帽官，是由于掌帽官"越其职"。在韩昭侯看来，臣子"失其事"与"越其职"之害，远远超过了"君之寒"。所以明君驾驭臣下的关键在于，使臣子"不得越官而有功，不得陈言而不当"，即臣子不能超越职权去立功，亦不可提出与自己职责不相符的谏言。超越职权就该受到惩罚，言行不一就该治罪。[①]

第三，以法为中心。韩非对韩昭侯的行为举止持何种态度？一般意义上来看，在认知状态下，治理者会选择对失事与越职者进行惩罚；在道德状态下，则可能对这种行为进行奖赏。这就会产生一个问题，即制度正义的问题。如果制度是没有问题的，那执行制度自然没有问题，但若制度本身是有问题的，又该怎么办呢？其实，一个正确的执行至少包括三个层级：一是制度本身是正确的；二是令行禁止，赏罚分明；三是行为上严格按照制度的要求来执行。儒家的社会治理路径主要有两个：一是道德情感；二是礼法规范，孟子强调前者，荀子强调后者。韩非一定程度上继承了荀子对礼法的态度，在他看来"法"才是"治众"之基。

第四，明道以成理。"道者，万物之所然也，万理之所

[①] 《韩非子·二柄》。

稽也。理者，成物之文也；道者，万物之所以成也。"① 何为"理"？在韩非看来，"理"是客观事物的内在机理，主要表现为矛盾的对立与冲突一面，如"方圆、粗靡、坚脆之分"。对于治理者而言，就是要"虚以静后""去喜去恶"，即主动摒弃个人喜怒情感，时刻以高度冷静的态度去认识客观对象，从而作出科学决策。② 当然，万物之理千变万化、千头万绪，君王要想全部掌握必不可能。因此，君王在社会治理过程中只要把握住"万物之所以成"之"道"即可，至于群臣具体怎么做，则无须过多干预。他说："夫缘道理以从事者，无不能成。无不能成者，大能成天子之势尊，而小易得卿相将军之赏禄。"③ 这就对君王和臣子都提出了更高的要求，对于君王而言，应善于识人，而不能拘泥于所谓亲亲尊尊的旧习。具体来说，真正的治国之才，既要具备"尊主"的忠诚品质，又要胸怀"安国"之能。君主在选取才能之士以后，还应通过构建畅通的信息渠道，亲自"了解实情"，并根据群臣的表现对其能力进行持续的考核与评估。④

综上，作为法家的集大成者，韩非一生涉猎颇广，其学亦十分博杂，早期曾就学于荀子，继而"学于黄老"，后又研究管仲、申不害、慎到、商鞅等人的学说，并综合各家的优缺点而自成一派。刘咸炘评价其学说："大氏宗商而兼慎，用申之术而去其无为自然法之说，纯为严刑立法密

---

① 《韩非子·解老》。
② 李泽厚：《中国古代思想史论》，生活·读书·新知三联书店 2017 年版，第 88 页。
③ 《韩非子·解老》。
④ 《韩非子·显学》。

术察奸矣。"① 可见，韩非不仅对各主流学派关于社会治理方法的学说进行了深入分析，也对慎到、申不害、商鞅等人的法、术概念进行了全面改造，这为其提出以法治众的社会治理方法奠定了理论基础。从内在逻辑来看，韩非提出以法治众方法的出发点是，基于对君与臣之间、父与子之间、人与人之间"计算之心"的深刻认识，意图创制出一种法、术、势相协调的治理方法论体系；从实施效果来看，韩非主张在以法为中心的前提下，通过对法与术的综合运用，明道以成理，循名而责实，以达到就安趋利、避危去穷的效果。

第三节 抱法处势的原则

先秦诸子基于对社会问题的关心，纷纷提出了自己有关政治建设与社会治理的思想主张。如孔子讲"为政以德"，孟子讲"以不忍人之心，行不忍人之政"，老子讲"小国寡民"，管子和荀子讲"礼法"等等。概言之，先秦社会治理思想的核心，就是如何建构一个有序的社会。那么，面对这一核心问题，法家的态度是什么呢？从学派演变角度看，大多学者将法家分为重势、重术、重法三派，分别以慎到、申不害、商鞅为代表。重势一派认为社会治理中，国君有威势才能驱使臣民。重术一派认为君主统御臣民之技艺是实现治理目标的必要手段。重法一派认为国家通过制定并严格落实法令，可以实现国治民安。此外，

---

① 《子疏》。

亦有学者将法家分为尚实派、尚法派、尚术派、尚势派、大成派。尚实派以李悝为代表，其要在"尚实业"；尚法派以商鞅为代表，强调法的作用；尚术派以申不害为代表，主张"因任以授官，循名而责实"；尚势派以慎到为代表，强调"飞龙乘云，腾蛇游雾"之势；至战国末期，韩非综合以上各派思想，可谓法家的集大成者，故称为大成派。①若从思想规模和系统性上讲，韩非的社会治理思想应该是先秦法家体系最为庞大者。韩非在梳理百家、总结三派的基础上，着重阐述了法、术、势三个概念，强调以上三者皆是"帝王之具"，不可偏废，统治者应秉持"抱法处势"之原则，三者并用，使"君臣上下贵贱皆从法"，则国家必能"大治"。

一　抱法处势而待桀纣，千世治而一世乱

法家"抱法处势"原则的核心在于如何协调法、术、势三者的关系。与慎到、申不害、商鞅过于强调法、术、势的某一方面不同，韩非作为法家集大成者，不仅对法、术、势的概念内涵进行了综合创新，且对三者的关系进行了更加深入的探讨。韩非认为，在治理实践中秉持"抱法处势"的基本原则，首先就要对"法"的内涵与外延进行明确。法家所谓之"法"应源于儒家的礼乐制度，即先有礼制，"礼不足治，而后有法"。《尹文子》说"法有四呈"，第一是"不变之法"，主要用来明确君臣上下之别；第二是"齐俗之法"，指考核官员优劣的指标体系；第三是"治众之法"，用途是"庆赏刑罚"；第四是"平准之法"，

---

① 《陈柱讲诸子学论》，河海大学出版社2021年版，第107—108页。

相当于我们通常所说的度量衡标准。① 虽然法的内涵十分丰富，但究其根本来讲，先秦法家，尤其至韩非时，主要是"以刑罚之权为执要"，目的在于"明君臣上下之分，使其权常操于君上，而不下坠者也"。② 具体来说，韩非所讲之"法"包括以下内容。

第一，法的地位。春秋战国时期，特别是到了战国末期，诸侯之间的征伐战争趋于白热化。"国无常强，无常弱"，大国、小国、弱国、强国，瞬息万变。在韩非看来，以法治众是实现富国强兵的必由之路，所谓"奉法者强则国强，奉法者弱则国弱"，③ 只有那些"能去私曲、就公法者"，才能使"民安而国治""兵强而敌弱"④。因此，若君王能够明察秋毫并以严格的法度来治理臣下，则不会被"欺以诈伪"；若君王能够客观权衡利益得失，则不会被"欺以天下之轻重"。⑤ 在韩非的眼中，"奉法"几乎成为"国强民富""天下安定"的必备条件。

第二，法的制定。韩非所讲的法不仅与荀子等所讲之"法"完全不同，而且与同为法家的慎到、申不害、商鞅等所谈之"法"亦有很大区别。"法者，编著之图籍，设之于官府，而布之于百姓者也。"⑥ 在韩非看来，所谓法就是由官府编写成文，设置在官府里，进而公布到民众中去的强制性社会规范。法令颁发后，治理者应严格落实赏罚制度，对于谨慎守法的人给予奖赏，对于触犯法令的人给予

---

① 《尹文子·大道上》。
② 《陈柱讲诸子学论》，河海大学出版社 2021 年版，第 106 页。
③ 《韩非子·有度》。
④ 《韩非子·有度》。
⑤ 《韩非子·有度》。
⑥ 《韩非子·难三》。

惩罚，从而使法逐步深入人心。当然，法订立以后，治理者既要保证法之必行，确保法的稳定性，还要根据时代变迁，对法进行修改，使之适应不断变化的社会需要。故说："是以圣人不期修古，不法常可；论世之事，因为之备。……今欲以先王之政，治当世之民，皆守株之类也。"①

第三，法的效用。与儒家高度强调道德的治理维度不同，韩非认为应将实现霸王之道的根本寄托于法治，而非治理者的道德与能力，故说"君人者能去贤巧之所不能，守中拙之所万不失，则人力尽而功名立"。②韩非指出，放弃"法术"而凭主观办事，即使是像尧、舜这样的先贤，也不能治理好一个国家；不要规矩而胡乱猜测，即使如奚仲之巧，也不能做好一个轮子；没有尺、寸这样的度量单位，却去比较长、短，即使是王尔也不能做到半数符合标准。不过，如果治理者能够严格遵守"法术"，则中等才能的君主也能万无一失地治理好国家，如果能够严守"规矩尺寸"，则笨拙的匠人也能万无一失地从事生产。这样，只要君主、匠人奉行法度规矩，即使不具备贤人、巧匠的天分，人们也会竭尽全力，功名也会建立起来。

第四，法的执行。公平是保障法治得以实施的前提条件，法治实施的过程中，若无法保障公平性，则效果也很难保障。先秦各国改革变法，无论持何种主张，采何家学说，如何协调平民与贵族的关系始终是摆在统治者面前的重要问题之一。韩非认为法与刑具有强大的社会震慑作用，不仅可以"矫上之失，诘下之邪，治乱决缪，绌羡并非"，

---

① 《韩非子·五蠹》。
② 《韩非子·用人》。

而且能够"厉官威民，退淫殆，止诈伪"。①治理者只要根据实际及时制定修订法律，并严格以法治众，真正做到"法不阿贵，绳不挠曲""刑过不避大臣，赏善不遗匹夫"，那么即使是非常聪明的智者也无法用言辞为自己的违法行为辩解，无畏的勇者亦不敢以武力与之抗衡。②

我们知道，战国末期"法"往往首先被作为诸侯君王维护自身统治的工具，阶级性是其第一属性。韩非鉴于"法律不公，刑罚不中"的社会现实，强调治理者应通过"专尚法治"来矫治"当时之弊"。③他认为，社会治理不应以君王的个人意志为转移，而应以"法"为"一民之轨"，做到"以法为本""令行禁止"，君王秉持"以法为本"的初衷是基于对臣民的爱戴，目的是"防奸于未然"，使社会问题得到解决。因此，在韩非所构建的社会治理体系中，"法"处于绝对核心的地位。"法"不仅是治理者践行抱法处势原则的前提，也是实现国强民富与天下安定的保障。然而，治理实践中不得不面对的一个现实是，古代的统治者无论是昏聩如"桀纣"，还是圣贤如"尧舜"，出现的概率都极低。按照宗法制的权力交替原则，上自天子、诸侯，下至大夫、将军、宗族家长，绝大部分的治理者均居于"中者"的地位。所谓"中者"，即"上不及尧舜而下亦不为桀纣"者。因此，如何为"中者"提供一整套治世方法才是最重要的。在韩非看来，治理者若能以法为中心，践行抱法处势之原则，即使偶尔有"桀纣"出现，也

---

① 《韩非子·有度》。
② 《韩非子·有度》。
③ 《陈柱讲诸子学论》，河海大学出版社2021年版，第128页。

能保证"千世治"。

二 废势背法而待尧舜，千世乱而一世治

"法"与"势"是韩非抱法处势原则的两个基本概念，其中"法"是践行抱法处势原则的第一要求，"势"是实现"千世治"理想政治的重要保证。势，用今天的话讲即权势，或者说权力与地位。《说文解字》释曰："盛力权也。从力埶声。"《管子》是早期对"势"做出界定的法家典籍。《管子》强调："权势者，人主所独守也……"①"明主之治天下也，威势独在于主而不与臣共……"②即是说，势应由君主单独掌握，而不可与臣民分享。商鞅之学虽然以"法"为主，但也十分重视"势"的作用，指出"权者，君之所独制也，人主失守则危……权制独断于君则威"。③慎到是法家中的重势派，特别强调"势"的作用，并以"势"为中心揭示了政权、君主、国家间的关系，强调"势"是君主权力与法制实施的保障。④韩非对"势"的概念作了进一步发挥，他认为"法"与"术"固然是社会治理的基本手段，但是君主要想使社会长治久安，仅仅依靠"法"与"术"还不够，还应拥有一定的"势"。君主若能"任势"，则富国强兵近在咫尺，"千世治"亦可得到保障；若"去势"，则"法""术"无法落实，"千世乱"亦近在咫尺。具体来说，可以从以下方面理解韩非"势"的内涵。

其一，"势"之作用。韩非特别重视"势"在社会治

---

① 《管子·七臣七主》。
② 《管子·明法解》。
③ 《商君书·修权》。
④ 何慧：《慎到法思想研究》，《江西社会科学》2016年第8期。

理中的作用，他认为一个有才能的治理者，如果没有"势"的加持，则"虽贤不能制不肖"。他举例说，千钧重物置于船上，就能够轻松浮在水面，而锱铢轻物若无船，则会沉入水底。可见物体能否浮在水面并不在于本身的轻重，关键在于是否有所依凭。同样，飞龙乘云即可飞行，腾蛇乘雾即可游动，然而一旦云开雾散，则与蚯蚓、蚂蚁无异，因为它们失去了腾空飞行的凭借，即"失其所乘也"。贤人之所以屈服于不贤的人，是因为贤人"权轻位卑"。不贤的人之所以被贤人制服，是因为贤人"权重位尊"。夏桀是有名的暴君，却能控制天下的臣民百姓，并不是因为他的贤能，而在于位高势重；尧未成为人主之前，连氏族内部的事务也无法处理，并不是其才能有限，而是因为位卑势轻。贤人之所以屈服于不贤的人，是因为贤人权力小、地位低。不贤的人之所以被贤人制服，是因为贤人的权力大、地位高。尧若只是一个平民，则恐怕连三个人也管不住；而桀作为天子，却因为荒淫无度而使天下大乱。为何会有如此大的反差？关键在于"贤智未足以服众，而势位足以屈贤者也"。[1] 也就是说，君王能否实现天下大治，关键在于"有势之与无势"。君王"有势"，则即使是"不肖"之徒，亦可"制天下"，若"无势"，则即使贤明如尧舜，亦无法"制天下"。[2] 这就凸显了权势与地位在社会治理中的作用，治理者有了权势与地位，即使是资质平庸的君主，也能保持社会的长久安宁，但若没有相应的权势，即使再有才德，也无法实现治理目标。

---

[1] 《韩非子·难势》。
[2] 《韩非子·功名》。

其二，"势"之运行。韩非关于"势"之运行的观点，主要通过对慎到的批评来展开。慎到认为，飞龙之所以能够乘云，腾蛇之所以能够驾雾，关键在于龙蛇能够依托"云雾之势"。那么，一个君王舍弃贤才而专靠权势，是否可以治理好国家？韩非给出了否定的答案。他认为，龙蛇有了云雾的依托就能腾云驾雾飞行，是因为它们天生资质高；然而，同是厚云，蚯蚓并不能腾云；同是浓雾，蚂蚁并不能驾雾。有了厚云浓雾的依托，而不能腾云驾雾飞行，是因为"蚓蚁之材薄"。与此同理，夏桀、商纣南面称王统治天下，他们有天子的威势为依托，而天下仍然不免于大乱，缘故在于"桀、纣之材薄"。①显然，在对"势"的态度上，韩非与慎到的观点既有一致性，又有差异性。二者的相通之处在于，他们对于"势"的作用皆持一种肯定的态度。差异之处则在于，慎到认为仅仅依靠"势"，君王就可以实现治理天下的目标；而在韩非看来，"势"固然不可少，"贤"亦不可或缺。当然，此处韩非所说之"贤"乃是一种可以挽救天下的治世"贤才"。这种贤才可以"抱法处势"，可以灵活运用法、术、势来治理天下，法、术、势在此处通过"贤才"实现了结合。这与儒家"仁心仁政"的治理原则有本质区别。

我们知道，儒家总是将盛世出现的希望寄托于贤人，主张只有龙蛇才能"乘云游雾"，认为君主若没有治世之才能，则即使"云雾齐备"，也无法治理天下。因而他们批评法家是"释贤而专任势"。可是在法家看来，贤人千年才出一个，若依靠贤人来治理社会，结果只能是"千世乱而一

---

① 《韩非子·难势》。

世治"。法家认为儒家的理论是"离理失术,两末之议"。在韩非看来,如果是"中人"成为君主,只要他们能够"抱法处势",则天下亦能大治,即使出现像桀纣那样"背法去势"的暴君,也能保证"千世治而一世乱"。① 由此,我们可以发现儒与法两者在社会治理层面的重大区别,儒家主张以道德情感和社会规范约束人,而以韩非为代表的法家,出发点则是基于对人性的否定,他们认为人性为恶,贤人少而恶人多,中人多而圣贤少,所以只有将法治与贤治结合起来,才可能实现天下大治。社会治理进程中,始终秉持"抱法处势"的原则,综合运用法、术、势多重手段,是法家社会治理模式的独有特征,也是其区别于儒家的关键所在。韩非说:"故明主之行制也天,其用人也鬼。天则不非,鬼则不困。势行教严,逆而不违,毁誉一行而不议。"② 所谓"明主之行制也天",意思是说明主能够依法治众,秉公无私;所谓"用人也鬼",则是说明主统御臣民有其高深莫测之术;所谓"势行教严,逆而不违",就是说明主挟显赫威势,则臣民即使不赞同他的主张,也不敢有二心。明主只要按照如"天"之"法"来治理社会,则不会有错;只要按照如"鬼"之"术"来统御臣下,则不会使自己陷于险境;只要"势行教严",则臣民"逆而不违"。

总之,在韩非看来,法、术、势皆是"帝王之具",缺一不可。"明主"治理天下,只要能用好这三种工具,做到"一行其法,禁诛于私家,不害功罪",则天下大治,否则

---

① 《韩非子·难势》。
② 《韩非子·八经》。

国家将时刻面临倾覆之危。①"抱法处势"作为韩非为统治者实现治理目标所设定的基本原则，从理论上进一步丰富了重法、重势、重术派的思想，推动了法、术、势的融合；从制度建构角度，为实现"千世治"提供了可能性，也为改造后的法家治理思想找到了一个实践场域。虽然这一实践场域经历了由"寡人得见此人，与之游，死不恨矣"向"阴用其言而显弃其身"的变故，但却对此后的中国历史产生了重要影响。

第四节　令行禁止的标准

令行禁止是指，治理者下令行动就立即行动，下令停止就立即停止，用来形容法令严格，纪律严明，执行者能够不折不扣地完成治理者的指示。令行禁止一词最早出自《管子·立政》：

> 令则行，禁则止，宪之所及，俗之所被。如百体之从心，政之所期也。②

此处管子用"令行禁止"来表达自己理想中的政治标准，即只要统治者下达命令就立即执行，只要颁布禁令就立即停止，上级指令和风俗所到之处，就像人身体上的各种器官，全部都能服从于内心的意旨。《荀子·王制》有言：

---

① 《韩非子·八经》。
② 《管子·立政》。

若是,名声日闻,天下愿,令行禁止,王者之事毕矣。①

与管子类似,荀子在这里同样用"令行禁止"来阐述自己对社会治理标准的理解,即有令必行、有禁必止,这是达到圣王事业必不可少的条件。韩非亦将"令行禁止"作为社会治理的标准,而治理者对于这一标准的把握则是通过"赏功"与"罚罪"来实现的。

一 赏不加于无功

"赏功"是法家社会治理标准的关键维度之一,韩非通过对儒家的批评,阐释了"赏功"对于实现治理目标的意义。他引用历史上著名的三家分晋故事,批评孔子并不知何为赏罚,如何赏罚,赏罚有何价值。

春秋末期,智伯瑶担任晋国执政,为了重振晋国霸业,全面增强国家的实力,智氏率先将自己所辖的一个万户城邑献给晋公,此后魏桓子、韩康子亦先后决定献出自己下辖的一个万户城邑,但赵襄子却拒绝献出城邑。为此,智伯联手韩康子与魏恒子将赵襄子围困于晋阳城,并意图引晋水倒灌晋阳城,彻底消灭赵襄子。然而,就在晋阳城将要被淹没之时,赵襄子却遣使成功说服韩、魏两家与自己联合,进而一举消灭了智氏。自此之后,韩、赵、魏三家又先后瓜分了智氏与晋公的土地,三家分晋之势成,七国之势立,中国历史亦随之进入战国时期。

赵襄子解围后首先赏赐没有重大功劳的高赫,张孟谈质疑道:"晋阳之事,赫无大功,今为赏首,何也?"赵襄子认为,在危难时刻群臣大多表现出"骄侮之意",唯有高

---

① 《荀子·王制》。

赫能够始终谨守"君臣之礼",所以要先赏赐高赫。赵襄子的这一做法受到孔子的高度赞赏,认为他的做法对天下臣民有重要示范作用,自此以后"天下为人臣者莫敢失礼矣"。对此,韩非却持完全相反的观点,他认为孔子实际上是舍本逐末,将治理天下的重点放在徒有其表的"礼",却未能理解"善赏罚"的重要意义。

何为"善赏罚"?韩非认为,所谓善于赏罚是指,"百官不敢侵职,群臣不敢失礼。上设其法,而下无奸诈之心"。[1] 即治理者只要能够"善赏罚",则可以做到"百官不敢侵职""群臣不敢失礼""下无奸诈之心",而这三个结果又可以用"令行禁止"来概括。故他说:"君执柄以处势,故令行禁止。"也就是说,统治者将"赏罚二柄"从纸面规定落实到实践层面,即做到"令行"与"禁止"的内外统一,则"治道具矣"。[2]

随后,韩非又列举赵襄子的治国之道,指出赵襄子在面对"骄侮之臣"时,虽操"令行禁止之法",却不能果断惩罚这些人;而对于"乘事而有功"的臣子,又无法做到有功必赏,可谓既"失罚",又"失赏"。可见,在韩非看来要想用好"赏""罚"二柄,仅有"令行禁止之法"还不行,关键在于能否真正做到"令行禁止",而贯彻"令行禁止"的关键不仅在于"赏不加于无功",更在于"罚不加于无罪"。

二 罚不加于无罪

"凡治天下,必因人情。"[3] 韩非关于人性以"利"为

---

[1] 《韩非子·难一》。
[2] 《韩非子·八经》。
[3] 《韩非子·八经》。

中心的观点讲出了人自私的一面，目的是为其以"法"为中心的社会治理思想提供一个理论预设。也就是说，韩非认为实现霸王天下的一个关键标准即在于，治理者能够"以法去私"，即通过"法"之"罚罪"的一面，实现对人性中好利恶害、计算之心的规制。

（一）严法与爱民的冲突

礼法规制与道德修养共同构成了先秦治理思想的两个基本维度：一方面，法治的目的在于维护"人民之大利"，治理者"以法治众"即是"爱民"，统治者制定和实施刑罚，根本目的在于保护普通民众的利益；另一方面，在治理实践中，"民智"犹如"婴儿之心"而"不可用"，①"民之性"也因为"喜其乱而不亲其法"②。

那么，韩非又会如何解释统治者法治手段的合理性呢？韩非认为面对"民智""民性"之"不可用"与"不亲其法"的现实，治理者应通过"求圣通之士"来弥补"民知之不足师用"的问题。③"众人"的"本然之性"十分容易受到外部环境侵扰，然而"圣人"却能够始终按照"道理"行事。因此，统治者应"求圣通之士者"以"道理"规制社会，"以法教心"。这也就意味着，韩非最终将弥合"冲突"的希望，寄托于集权制之下的所谓"圣通之士"。

（二）赏善与罚恶的极化

"人情者，有好恶，故赏罚可用。赏罚可用，则禁令可

---

① 《韩非子·显学》。
② 《韩非子·心度》。
③ 《韩非子·显学》。

立，而治道具矣。"① 作为法家的集大成者，韩非对人性"好利恶害"的理论预设，为其提出赏罚二柄的治理手段奠定了理论基础。他认为，君主要想推行法治，就必须依赖两种手段：一为刑，二为德。韩非说："明主之所导制其臣者，二柄而已矣。"② 在这一治理思维主导下，上自君主，下至臣民，莫不畏惧惩罚而渴望赏誉。君主以刑、德"二柄"指挥群臣，群臣又以"二柄"命令下属，以此类推，以至于庶民。在"二柄"的主导下，治理者才能使所有人的行动统一于"法"，从而确保法之必行。

不仅如此，韩非还主张治理者应坚持"赏誉同轨，非诛俱行"的原则。他认为，各国刑罚混乱繁杂，是因为未能很好地实行赏誉。刑罚与赏誉不相称，则必然导致国家法纪不行，治理混乱。反之，君王如果能实行"誉辅其赏，毁随其罚"的治理策略，则无论是贤者还是不肖之徒，均能"尽其力"。③ 因此，韩非主张：

赏莫如厚，使民利之；誉莫如美，使民荣之；诛莫如重，使民畏之；毁莫如恶，使民耻之。④

也就是说，治理国家应当尽可能提高赏赐，使臣民觉得有利可图；赞誉臣民应当不吝溢美之词，使他们享受名利与荣誉；惩治违法恶行应尽可能严厉，使民众感到畏惧与羞耻。

需要指出的是，在法的执行层面，韩非的手段却极为单一，甚至走向"赏罚二柄"的极端。春秋战国时

---

① 《韩非子·八经》。
② 《韩非子·二柄》。
③ 《韩非子·五蠹》。
④ 《韩非子·八经》。

期，历代法家所强调的刑罚手段，简繁不一，等级观念严重，肉刑极端泛滥。因此，当时学者多有斥之者。如早在春秋之时，便有人将所谓的"以法治国"斥为"屡贱踊贵"之说。荀子亦因此将法家理论斥为"佣徒鬻卖之道"。[①] 正是由于法家在理论与实践层面多强调法治的作用，却无法为其所谓"刑罚即为爱民"的理论冲突作一合理解释，从而导致了两个后果：一是对民众的约束停留在他律层面，缺乏对人本身的内在教育机制；二是社会治理的手段表现为冷冰冰的"刑罚"，缺乏道德教化的温情。

综合来看，韩非出身于韩国王室，善写作，思想敏锐，曾师从荀子，与李斯为同学。青壮年时期在韩国度过，对已经衰落的韩国政治与列国格局有着深刻的认识，向统治者进谏失败后，又退而著书立说，从而形成了独具特色的思想体系。相对于其他派别，以韩非为代表的法家更加因应于春秋战国时期"以效率为导向的工具理性"需求，[②] 而这一工具理性背后正是一种传统的法治主义精神[③]。基于此，后世不少研究者对法家治理思想持否定态度，如《汉书·艺文志》就指出，法家虽"信赏必罚，以辅礼制"，却在治理实践中走向"无教化，去仁爱，专任刑法"的极端，最后导致"残害至亲，伤恩薄厚"。[④] 近人梁启超认为，法家思想主张以"法"为客观的"物准"，严格干涉

---

① 《荀子·议兵》。
② 赵鼎新：《东周战争与儒法国家的诞生》，华东师范大学出版社 2006 年版，第 19 页。
③ 蒙克、曾极麟：《天命观下中国早期家产官僚制的形成》，《社会学研究》2022 年第 5 期。
④ 《汉书·艺文志》。

国家政治社会生活，民众只在法律允许的范围内享有平等与自由，是一种"法治主义"或"物治主义"。①

正所谓"乱世用重典"，虽然这种以工具理性为中心的法治主义过于严苛，但亦有诸多学者对法家"矫枉过正"的治理思想给予理解、同情，甚至赞赏。如牟宗三就指出，相对于儒家"现实感不够"的问题，儒家试图"呈现给后人的是一种更为理想的社会模型"②，而法家是从政治上着眼，并能够针对当时的社会问题提出"实际的办法"，且"进而完成之"，因此春秋战国时期政治社会的转型使命只能由"最实用而可以见诸行事"的法家来完成。③ 瞿同祖指出，法家虽重视刑罚的治理作用，但仅将其作为"止奸息暴的手段"，是不得已而为之。④ 曾振宇也认为，在春秋战国"争于气力"的时代，秦国要想扭转"诸侯卑秦"的局面，就必须采取"以王天下者并刑，力征诸侯者退德"的权宜之计。⑤ 因此，每到一个王朝末期的战乱时代，人们往往主张采纳法家思想挽救国家、民族于危亡。对严复在清末民初的政界与学界均有重要影响，他曾在一次给光绪皇帝的上书中指出，"在今天要谈救亡图存的学说我想只有申不害、韩非子的大致可用"。无独有偶，近代著名的革命家、思想家章太炎面对混乱的时局，自信地称半部《韩非子》可以治天下。纵观秦汉以来的中国古代社会，历代学者大多认为中国封建社会，实行的乃是"外儒内法"的治

---

① 梁启超：《先秦政治思想史》，东方出版社1996年版，第78页。
② 刘星：《康有为儒家经典诠释研究》，中国社会科学出版社2021年版，第182页。
③ 牟宗三：《中国哲学十九讲》，上海古籍出版社2005年版，第52、140—141页。
④ 瞿同祖：《中国法律与中国社会》，中华书局2003年版，第328页。
⑤ 曾振宇：《"以刑去刑"：从"霸道"到"王道"的法家路径——商鞅思想特点再认识》，《第五届世界儒学大会学术论文集》2012年9月。

理模式。可以说,在两千多年的历史洪流中,发端于先秦的"法家"思想,特别是以韩非为代表的法家社会治理模式,同儒家的社会治理模式,一起构成了中国古代社会的主流政治文化。

第七章　回顾与反思

第一节　先秦社会治理思想的当代价值

"每一个时代的哲学作为分工的一个特定的领域,都具有由它的先驱传给它而它便由此出发的特定的思想材料作为前提。"[①] 经过全面梳理先秦儒、墨、道、法社会治理思想的基本内容,我们发现先秦诸子在治理目标、治理方法、治理原则、治理标准等方面均有系统性的论述,对于全面构建社会治理新格局具有重要的理论价值与实践价值。深入挖掘先秦社会治理思想的当代价值,并在此基础上进行创造性转化与创新性发展,不仅在理论维度上能够深化我们对中国古代社会治理思想的认识,进一步彰显中华优秀传统文化中蕴含的治理智慧,而且在实践维度上能够为当前社会治理部门提供参考性建议,助力国家治理体系和治理能力现代化远景目标的实现。

一　理论价值

实现社会治理体制创新,关键在于能否构建一个适应

---

① 《马克思恩格斯选集》第4卷,人民出版社2012年版,第612页。

时代发展与人民需要的新型社会治理体系，从而在更深层次促进社会治理能力的全面提升。不过，从本质上而言，社会治理能力的全面提升，关键也正在于持之以恒的制度积淀与制度创新。要切实解决当前我国社会治理过程中存在的各种问题，确保治理成效的可持续性，有必要从古代社会治理智慧中寻求养料。

面对春秋战国时期天下大乱、礼崩乐坏的局面，儒、墨、道、法皆基于自己的阶级立场，提出了各具特色的社会治理主张：儒家强调"仁礼并重，以仁奠基"，墨家强调"兼爱相利，顺从天志"，道家强调"小国寡民，无为而治"，法家强调"以法为教，以吏为师"。这些社会治理蓝图，不仅可以为新时代社会治理提供一定参考，也可以为全面纾解当代社会风险提供来自中华优秀传统文化的古朴智慧。因此，先秦社会治理思想研究不仅能够推进当代社会治理思想研究范式的转换，而且在公安学、管理学、政治学、社会学、法学，以及一般的社会思想史领域，特别是在社会治理思想研究领域，可以为其提供丰富的、直接的思想素材。

二 实践价值

2021年7月1日，习近平在庆祝中国共产党成立100周年大会上提出"中国式现代化新道路"这一重要概念。2021年7月6日，在中国共产党与世界政党领导人峰会上，习近平在主旨发言中指出，中国共产党将团结带领中国人民深入推进中国式现代化，为人类的现代化探索之路作出新贡献。2022年10月16日，党的二十大报告进一步指出，"中国式现代化为人类实现现代化提供了新的选择"。中国式现代化之"新",关键在于中国要实现的现代化"是人口规模巨大的现代化,是全体人民共同富裕的现代化,是物质文明和精神文明相协调的现代化,是人与自然和谐共生的现代化,是走和平发展道路的现代化"。[①]

从治理实践看,我国社会治理面临的现实挑战极为复杂,如涉及的人口规模十分庞大,分布地域广泛、区域差异明显,特别是随着城镇化率的快速提升,不仅农村基层社会治理面临诸多新问题,而且由新迁入城镇居民组成的城市社区,也对市域社会治理提出新要求。进一步说,现代社会风险的泛化在一定程度上又强化了人类社会"不利""不育""不得安生""流离失所"等本体性安全风险。[②] 中华传统文化中包含着丰富的社会治理思想,这些思想不仅将公民个体与家庭的自我建设作为重点领域,也将国家安全与社会秩序等问题作为核心议题。新的历史条件下,以先秦社会治理思想为中心,发掘中华优秀传统文化中所蕴含的古朴智慧,可以为当前社会治理部门提供参考性建议,也可以为进一步推进和拓展中国式现代化道路提供支持。

第二节 先秦社会治理思想的历史局限

任何一种思想文化体系的形成,都必然与其所处的历

[①] 习近平:《高举中国特色社会主义伟大旗帜 为全面建设社会主义现代化国家而团结奋斗——在中国共产党第二十次全国代表大会上的报告》,《人民日报》2022年10月26日第1版。

[②] 沈湘平:《中和位育 安所遂生——中国式现代化新道路的传统文化根基》,《中国社会科学报》2021年10月19日第6版。

史时代有着千丝万缕的联系，也都总是要服务于、从属于这个时代占主导地位的统治阶级的意识形态。中华传统文化在逐步形成与不断发展的进程里，必然要受到"当时人们的认识水平、时代条件、社会制度的局限性的制约和影响"，① 所以其中难免会存在一些不与时代相契合的内容，甚至会有阻碍时代发展的糟粕之处。作为中华传统文化重要发源地的先秦诸子思想，是在春秋战国时期以宗法、战乱、专制为主要特点的社会中诞生并发展起来的，深深植根于先秦社会发展的历史土壤。虽然儒、墨、道、法各个学派所代表的阶级利益并不相同，有些甚至标榜代表平民利益，但总是逃不脱统治阶级社会控制工具的本质属性，在治理目标、治理方法、治理原则与治理标准等方面均表现出一定的历史局限性。

一　治理目标单一化

先秦社会治理思想最突出的一个重要特点即是它在为人类社会规划发展蓝图时，总是首先以维护政治安全、政权安全为目标，而关涉民众切身利益的社会公共需求始终居于次要地位。如法家代表人物商鞅就将儒家社会治理的核心原则孝悌、仁义、诚信等称为"六虱"，在商鞅看来，只要是能为"强国"目标服务的，皆值得提倡，反之则是"淫道"。② 与商鞅类似，韩非将包括儒家在内的五种人称为"五蠹"，强调只有将"五蠹"清除，以法为教，以吏为师，才能实现治理目标。对于法家这种以"法"为中心的治理思想，历代学者可谓极尽批评之词。如汉初政论家

---

① 习近平：《在纪念孔子诞辰2565周年国际学术研讨会暨国际儒学联合会第五届会员大会开幕会上的讲话》，《人民日报》2014年9月25日第2版。
② 《商君书·外内》。

贾谊就深刻地指出,商鞅变法最终导致"遗礼仪、弃仁恩,并心于进取,行之二岁,秦俗日败"。① 司马迁称商鞅为"天资刻薄人也"。②《淮南子·泰族训》中说,商鞅这种重法轻德的治理方式,是"贵其冠履而忘其头足也"。③ 实际上,不唯法家,我们在考察先秦社会治理思想时发现,虽然先秦诸子在社会治理蓝图的总体规划上有王道与霸道之分,但是却在治理目标的设置上存在单一化的倾向,具体表现在他们均将国家(君王)实现对社会(民众)的控制作为核心目标。

二 治理方法简单化

先秦诸子在构建社会治理体系时,均预先设定了具有特色的治理方法,但这些治理方法的设定却呈现出以下特点:一是指导性原则多,操作性方法少;二是强制性手段多,对话性渠道少;三是自上而下的单向治理占据绝对主导地位,互动式治理理念较少出现。如儒家为治理者描绘了"仁礼并重"的社会治理蓝图,意图依托"礼乐治国"理念,用"正名复礼"方法来实现"与民同乐"的治理目标,然而这样的治理构想在春秋战国时并没有实现的客观环境,往往流于空谈。墨家主张通过尚贤、尚同等方法实现对民众的引导,然而在谈到如何保证尚贤、尚同时,却将希望寄托于巫术、鬼神,甚至因果报应等思想,陷入了神秘主义的神治论。道家为了实现"为腹为安"治理目标,基于"不可知""不必知"的认识论,强调用"无为""无知""愚民""寡欲""知足"等方式实现治理目标,甚至

---

① 《汉书·贾谊传》。
② 《史记·商君列传》。
③ 《淮南子·泰族训》。

主张反对一切社会规范和社会控制,虽然道家"无为"的治理策略契合了汉初休养生息的政治需求与民生关切,但随着国家与地方整体实力的增强,单一的"无为"之策反而成了维持"大一统"政治格局的最大干扰因素。法家集大成者韩非"以法为教,以吏为师"的社会治理思想,强调"赏罚二柄"在社会治理中的核心作用,虽在当时的历史背景下属于"不得已才用之"的权宜之策,[①] 对建立一个中央集权制的国家也起到了至关重要的作用,但过于严苛的刑罚手段与过度冷漠的政治理性,成为统一之后激化社会矛盾的导火索,直接导致了秦朝的二世而亡。

三 治理原则政治化

先秦诸子在阐释自己的社会治理思想时,都无例外地将治理者的角色局限于贵族统治者这个单一主体,即使有学派主张发挥地方士绅的作用,但却几乎无一例外地忽视了普通民众的重要作用。法家与儒家自不必说,其所倚重的治理主体皆是以君王为代表的统治阶级。对于儒家而言,无论是对"仁心仁政"治理原则的落实,还是对"有耻且格"治理标准的把握,抑或是对"正名复礼"方法的推行,皆须依赖于一个由等级森严的国家机构、组织严密的文官体系、贤明圣德的君主组成的社会控制系统。[②] 法家指出,必须由一个权威的君主秉持"抱法处势"之原则,才有可能实现"霸王天下"之目标。墨家虽主张"爱人者,人必从而爱之""利人者,人必从而利之"的原则,提倡尚贤以举义、尚同以壹义,但"圣王"始终是选拔"贤"

---

① 瞿同祖:《中国法律与中国社会》,中华书局2003年版,第328页。
② [美] D. 布迪、C. 莫里斯:《中华帝国的法律》,朱勇译,江苏人民出版社2003年版,第133页。

与引领"同"的主导者,更是实现"节用""节葬""非乐"的最终保障者。道家主张"绝圣弃智",倡导治理者秉持"无为而治"之原则,然而道家的"无为而治"却以肯定等级制度为前提,以实现社会控制为目的。

四 治理标准抽象化

从治理评价的标准设定上看,先秦诸子在治理目标设定与治理结果评价上,存在天然的鸿沟,即无法为社会治理设定科学、合理、可预期的评价标准。如儒家强调道德在社会治理中的重要作用,但对于何为"德",如何评定一个人是否达到了"德",又如何对"仁政"进行评判等核心问题,均无法给出明确的回答。与儒家相反,法家虽主张将"赏善"与"罚恶"运用到极致,但对于监督执法者以及执法效果评估等重要问题,亦无法作出明确规定。道家虽然提出了"甘食美服,安居乐俗"的治理标准,但对于何为"甘食美服",又如何界定"安居乐俗"等核心问题却无法落实到实施层面。与道家类似,墨家所谓"互利互惠"的治理标准亦存在同样问题,如墨子虽然将满足"国家百姓人民之利"作为社会治理成效的重要标准,然而对于何为百姓人民之利,如何满足百姓人民之利等问题的具体阐释却很抽象;墨子强调圣王为政应节用、节葬、非乐,然而对于何为节用、节葬、非乐,却未能作出更加明确具体的规定。

综上,先秦诸子所构建的社会治理蓝图,虽然对中国古代社会产生了极为深远的影响,然而其毕竟诞生于古代氏族传统与农耕文明的土壤之中,一定程度上无论是其最初的理论形态,还是历代思想家对它的改造与发展,均是当时人们对于自身生存与发展环境思考的结果,具有深刻的时代烙印。因此,在新的历史条件下,我们在对先秦社会治理思想进行创造性转化与创新性发展时,正确的态度应该是取其精华,弃其糟粕。所谓糟粕是指,先秦社会治理思想中所包含的固有本质属性,如受命于天的皇权思想、中央集权的政治制度等等,对于这些内容,我们应当予以抛弃。所谓精华是指,先秦诸子在构建社会治理思想时所提出的目标、方法、原则、标准等,这些内容体现了他们在推进社会发展过程中的治理智慧,对此我们应当充分汲取并发扬光大。

第三节 先秦社会治理思想研究的前景展望

近年来的研究成果显示,古代社会治理思想研究已经并将持续成为一个热点问题。国内有关该问题的研究成果颇丰,但是却较少以先秦诸子思想为对象,从社会治理维度全方位、多视角地梳理其中蕴含的治理思想。

一 研究不足

本书针对目前学界在古代社会治理思想研究领域的不足,以先秦儒、墨、道、法为切入点,探索中华优秀传统文化对新时代社会治理的实践价值。然而,就先秦社会治理思想而言,除本书选取的儒、墨、道、法诸学派代表人物外,这些学派中的其他重要人物以及其他诸学派中也包含有一定的社会治理思想。由于时间、精力和材料所限,这些内容暂未列入本书的研究范围。此外,学术思想的表达是一个复杂的过程，在论证先秦社会治理思想的过程中，由于作者学术能力有限，词不达意亦在所难免。

二　研究展望

当代社会治理既面临前所未有的风险挑战，又迎来全面创新的历史机遇。先秦诸子所构建的社会治理思想体系，不仅是一座丰富的历史文化宝库，也彰显出启迪当代社会治理实践的时代价值。从具体形态上看，先秦社会治理思想虽然在时间上是"前现代的"，但却作为一种稳定的"文化—心理"基因，始终润物无声地为中国式现代化之路提供着丰厚的养分。

虽然本书在探究"传统"与"现代"之间的内在机制方面做出了探索性的尝试，但毕竟学界关于这方面的研究还相对较少，亦尚未形成系统性、科学性的体系。站在第二个百年奋斗目标的新起点，切实加强对先秦社会治理思想的创造性转化与创新性发展，可以从以下几方面开展更加深入的研究。一是以先秦社会治理思想为源头，对中华优秀传统文化中蕴含的治理智慧进行全方位解析，从而为构建共建共治共享的社会治理共同体，全面实现国家治理体系和治理能力现代化提供理论支撑。二是为避免当前研究过于集中在政治、军事等领域的问题，进一步的研究可以尝试沿着社会发展史的线索，对涉及国计民生的社会治理进行全领域梳理。三是以"两个结合"为指引，对传统社会治理研究路径进行创新性发展，特别是应着力探索如何在马克思主义理论指导下，坚持"古为今用、以古鉴今"的原则，有鉴别、有扬弃地挖掘传统治理文化的当代价值，从而使其与当代社会治理相融通。四是通过对古代哲学思想中蕴含的社会心理调节机制进行总结提炼，为加强社会心理服务体系建设，塑造自尊自信、理性平和、亲善友爱的社会心态提供历史借鉴。

参考文献

一 中文著作

（汉）班固：《汉书》，中华书局2007年版。

北京大学哲学系中国哲学教研室：《中国哲学史》（第2版），北京大学出版社2003年版。

岑仲勉：《墨子城守各篇简注》，中华书局2004年版。

陈鼓应注译：《老子今注今译》，商务印书馆2003年版。

陈广忠译注：《淮南子》，中华书局2012年版。

陈智勇：《中国古代社会治安管理史》，郑州大学出版社2003年版。

《陈柱讲诸子学论》，河海大学出版社2021年版。

程树德：《论语集释》，程俊英、蒋见元点校，中华书局1990年版。

邓晓芒、赵林：《西方哲学史》，高等教育出版社2005年版。

（清）段玉裁：《说文解字注》，上海古籍出版社1981年版。

范立舟、曹家齐主编：《张其凡教授荣开六秩纪念文集》，上海人民出版社2009年版。

费孝通：《乡土中国生育制度》，北京大学出版社1998

年版。

冯尔康:《中国社会史概论》,高等教育出版社 2004 年版。

冯友兰:《三松堂全集》,河南人民出版社 2001 年版。

冯友兰:《中国哲学史新编》,人民出版社 1998 年版。

冯友兰:《中国哲学史》,重庆出版社 2009 年版。

高亨:《老子正诂》,清华大学出版社 2011 年版。

高亨:《周易古经今注》,中华书局 1987 年版。

高流水、林恒森译注:《慎子、尹文子、公孙龙子全译》,贵州人民出版社 1996 年版。

高明:《帛书老子校注》,中华书局 1996 年版。

古棣:《老子校诂》,吉林人民出版社 1998 年版。

《郭沫若全集》,人民出版社 1982 年版。

郭齐勇、吴根友:《诸子学通论》,商务印书馆 2015 年版。

(清)郭庆藩:《庄子集释》,王孝鱼点校,中华书局 2006 年版。

贺麟:《文化与人生》,商务印书馆 2015 年版。

胡适:《中国哲学史大纲》,上海古籍出版社 1997 年版。

(梁)皇侃:《论语义疏》,中华书局 2013 年版。

黄晖:《论衡校释》,中华书局 1990 年版。

黄仁宇:《中国大历史》,生活·读书·新知三联书店 1997 年版。

蒋礼鸿:《商君书锥指》,中华书局 2014 年版。

(清)焦循:《孟子正义》,沈文倬点校,中华书局 1987 年版。

军事科学院战争理论和战略研究部：《安邦大略——中国历代国家安全战略思想论析》，军事科学出版社 2007 年版。

寇丽平：《社会安全治理新格局》，国家行政学院出版社 2018 年版。

雷晓康、马子博等：《中国社会治理十讲》，中国社会科学出版社 2019 年版。

（清）黎翔凤：《管子校注》，梁运华整理，中华书局 2004 年版。

李道平：《周易集解纂疏》，上海古籍出版社 1993 年版。

李零：《郭店楚简校读记》（增订本），中国人民大学出版社 2007 年版。

李亚彬：《道德哲学之维——孟子荀子人性论比较研究》，人民出版社 2007 年版。

李泽厚：《论语今读》，安徽文艺出版社 1998 年版。

李泽厚：《美学三书》，天津社会科学院出版社 2003 年版。

李泽厚：《中国古代思想史论》，生活·读书·新知三联书店 2017 年版。

梁启超：《清代学术概论》，天津古籍出版社 2003 年版。

梁启超：《先秦政治思想史》，东方出版社 1996 年版。

林文勋：《历史与现实——中国传统社会变迁启示录》，人民出版社 2010 年版。

刘江永：《可持续安全论》，清华大学出版社 2016 年版。

刘星：《中华优秀传统文化传承发展研究》，中国社会科学出版社 2024 年版，第 152 页。

刘星：《康有为儒家经典诠释研究》，中国社会科学出版社 2021 年版，第 182 页。

（汉）刘向：《说苑》，岳麓书社 1994 年版。

（唐）陆德明：《经典释文》，上海古籍出版社 1985 年版。

陆元炽：《老子浅释》，北京古籍出版社 1987 年版。

罗荣渠：《现代化新论——世界与中国的现代化进程》（增订版），商务印书馆 2004 年版。

牟宗三：《心体与性体》，上海古籍出版社 1999 年版。

牟宗三：《中国哲学的特质》，上海古籍出版社 2007 年版。

牟宗三：《中国哲学十九讲》，上海古籍出版社 2005 年版。

欧阳祯人：《先秦儒家性情思想研究》，武汉大学出版社 2005 年版。

彭富春：《论老子》，人民出版社 2014 年版。

彭清寿主编：《中国历代安邦治国方略集要》，海洋出版社 1993 年版。

钱穆：《论语新解》，生活·读书·新知三联书店 2005 年版。

钱玄、钱兴奇编著：《三礼辞典》，江苏古籍出版社 1998 年版。

（清）阮元：《十三经注疏》，中华书局 1982 年版。

（汉）司马迁：《史记》，中华书局 2009 年版。

苏舆：《春秋繁露义证》，中华书局 1992 年版。

（清）孙诒让：《墨子间诂》，孙启治点校，中华书局 2001 年版。

谭戒甫：《墨辩发微》，中华书局 1987 年版。

唐君毅：《中国哲学原论·原性篇》，中国社会科学出版社 2005 年版。

陶希东等：《共建共享：论社会治理》，上海人民出版社 2017 年版。

田广清主编：《治国古鉴》，四川大学出版社 1991 年版。

田克勤主编：《中国化马克思主义概论》，中国人民大学出版社 2010 年版。

童星：《中国社会治理》，中国人民大学出版社 2018 年版。

（魏）王弼：《老子道德经注校释》，楼宇烈校释，中华书局 2008 年版。

王博：《老子思想的史官特色》，文津出版社 1993 年版。

《王国维论学集·殷周制度论》，中国社会科学出版社 1997 年版。

王宏波主编：《马克思主义哲学原理》，陕西人民出版社 2000 年版。

王思斌主编：《社会学教程》（第 2 版），北京大学出版社 2003 年版。

王卡点校：《老子道德经河上公章句》，中华书局 1993 年版。

（清）王先谦：《荀子集解》，沈啸寰、王星贤点校，中华书局 1988 年版。

（清）王先谦：《庄子集解　庄子集解内篇补正》，刘武补正、沈啸寰点校，中华书局 2012 年版。

（清）王先慎：《韩非子集解》，钟哲点校，中华书局 2016 年版。

吴毓江：《墨子校注》，孙启治点校，中华书局 1993 年版。

肖金明：《社会治安综合治理法治研究》，山东大学出版社 2015 年版。

邢兆良：《墨子评传》，南京大学出版社 2011 年版。

徐复观：《中国人性论史》（先秦篇），上海三联书店 2001 年版。

徐光春主编：《马克思主义大辞典》，崇文书局 2017 年版。

徐伟新：《大国之治——中国古代的治理智慧》，外文出版社 2021 年版。

许建良：《先秦法家的道德世界》，人民出版社 2012 年版。

许维遹：《吕氏春秋集释》，梁运华整理，中华书局 2016 年版。

严华、朱建纲主编：《坚持总体国家安全观》，湖南教育出版社 2017 年版。

严正：《儒学本体论研究》，天津人民出版社 1997 年版。

杨伯峻：《列子集释》，中华书局 2012 年版。

杨伯峻：《论语译注》，中华书局 2004 年版。

姚淦铭、王燕编：《王国维文集》第三卷，中国文史出版社1997年版。

尹振环：《帛书老子再疏义》，商务印书馆2007年版。

余潇枫等：《中国非传统安全能力建设：理论、范式与思路》，中国社会科学出版社2013年版。

余潇枫、魏志江主编：《中国非传统安全研究报告（2014—2015）》，社会科学文献出版社2015年版。

俞可平：《论国家治理现代化》（修订版），社会科学文献出版社2015年版。

俞可平：《治理与善治》，社会科学文献出版社2000年版。

瞿同祖：《中国法律与中国社会》，中华书局2003年版。

《张岱年全集》第2卷，河北人民出版社1996年版。

张岱年：《中国哲学大纲》，中国社会科学出版社1982年版。

张昕：《转型中国的治理与发展》，中国人民大学出版社2007年版。

张兆端：《警务辩证法》，中国人民公安大学出版社2012年版。

章太炎：《国故论衡》，上海古籍出版社2003年版。

赵鼎新：《东周战争与儒法国家的诞生》，华东师范大学出版社2006年版。

周红云主编：《社会治理》，中央编译出版社2015年版。

朱谦之：《老子校释》，中华书局2000年版。

（宋）朱熹：《四书章句集注》，中华书局1983年版。

二 中文译著

［美］D. 布迪、C. 莫里斯：《中华帝国的法律》，朱勇译，江苏人民出版社 2003 年版。

［英］安东尼·吉登斯、菲利普·W. 萨顿：《社会学》，赵旭东等译，北京大学出版社 2015 年版。

［英］安东尼·吉登斯：《社会的结构》，李康、李猛译，生活·读书·新知三联书店 1998 年版。

［英］安东尼·吉登斯：《现代性的后果》，田禾译，译林出版社 2000 年版。

［美］李侃如：《治理中国——从革命到改革》，胡国成、赵梅译，中国社会科学出版社 2010 年版。

［美］塞缪尔·亨廷顿：《变化社会中的政治秩序》，王冠华等译，上海人民出版社 2008 年版。

［德］乌尔里希·贝克：《风险社会——新的现代性之路》，张文杰、何文博译，译林出版社 2018 年版。

［日］西田几多郎：《善的研究》，何倩译，商务印书馆 1965 年版。

［法］谢耐和：《中国社会史》，黄迅余、黄建华译，江苏人民出版社 1995 年版。

［美］亚伯拉罕·马斯洛：《动机与人格》，许金生等译，华夏出版社 1987 年版。

三 中文期刊

安会茹：《儒家的德治思想与当代社会治理》，《哈尔滨工业大学学报（社会科学版）》2020 年第 6 期。

白奚：《"小国寡民"与老子的社会改造方案——〈老子〉八十章阐微》，《安徽大学学报（哲学社会科学版）》

2000 年第 4 期。

包路芳：《费孝通的"无讼"思想与中国基层社会治理》，《湖北民族大学学报（哲学社会科学版）》2022 年第 3 期。

薄利贵：《推进政府治理现代化》，《中国行政管理》2014 年第 5 期。

毕雁英：《社会治理中的标准规制》，《法学杂志》2011 年第 12 期。

曹都国、吴新叶：《党建引领社会治理：制度逻辑与效能改进》，《江淮论坛》2020 年第 6 期。

曹海军、吴兆飞：《社区治理和服务视野下的三社联动：生成逻辑、运行机制与路径优化》，《华南师范大学学报（社会科学版）》2017 年第 6 期。

曹胜亮、胡江华：《马克思社会治理思想及其当代意义》，《江西社会科学》2019 年第 6 期。

陈丹丹：《美德、行动与为政之道——中国早期思想中的"耻"》，《思想与文化》2021 年第 1 期。

陈来：《儒家礼的观念与现代世界》，《孔子研究》2001 年第 1 期。

陈琳、李方方：《论先秦儒家修身思想对现代社会治理模式的启示》，《广西社会主义学院学报》2010 年第 6 期。

陈念、毕四通：《论思想政治教育内容结构的体系建构》，《思想教育研究》2021 年第 12 期。

褚宸舸：《基层社会治理的标准化研究——以"枫桥经验"为例》，《法学杂志》2019 年第 1 期。

戴长征：《中国国家治理体系与治理能力建设初探》，

《中国行政管理》2014年第1期。

翟安康:《社会治理视域下"安全焦虑"的化解》,《云南大学学报(社会科学版)》2016年第1期。

丁立磊:《传统乡规民约何以实现现代化转型》,《人民论坛》2020年第14期。

丁忠兵:《略论〈韩非子〉的管理思想》,《青海社会科学》2010年第5期。

范如国:《复杂网络结构范型下的社会治理协同创新》,《中国社会科学》2014年第4期。

方纲:《幸福测量:主客体方法及其整合》,《华中师范大学学报(人文社会科学版)》2009年第3期。

封永平:《安全新概念:"人的安全"解析》,《学术探索》2006年第2期。

冯杰楷、吴金凤:《法治视野下乡规民约在乡村治理中的适用问题研究》,《法制博览》2020年第9期。

冯维江:《侠以武犯禁——中国古代治理形态变迁背后的经济逻辑》,《经济学》2009年第2期。

高国良:《传统恕道在现代社会治理中的价值》,《人民论坛》2021年第1期。

葛荣晋:《道家的"无为而治"与现代科学管理》,《北京行政学院学报》2007年第4期。

公安部"公众安全感指标研究与评价"课题组:《中国公众安全感现状调查及分析》,《社会学研究》1989年第6期。

辜俊君:《荀子社会治理思想的伦理之维》,《伦理学研究》2022年第4期。

关爽、郁建兴：《国家治理体系下的社会治理：发展、挑战与改革》，《江苏行政学院学报》2016 年第 3 期。

郭强：《论新时代社会安全》，《学习与探索》2016 年第 12 期。

郭强：《人民安全是国家安全的核心》，《科学社会主义》2014 年第 2 期。

韩广华：《世界价值观调查（World Values Survey）的介绍》，《实证社会科学》2017 年第 2 期。

韩庆祥：《为解决人类发展问题贡献"中国理论"——习近平"人类命运共同体思想"》，《东岳论丛》2017 年第 11 期。

韩星：《寓治于教——儒家教化与社会治理》，《社会科学战线》2012 年第 12 期。

韩跃民：《习近平人民安全观与新冠疫情防控》，《科学社会主义》2020 年第 3 期。

郝长墀：《墨子是功利主义者吗？——论墨家伦理思想的现代意义》，《中国哲学史》2005 年第 1 期。

何艳玲、宋锴业：《社会治理的国家逻辑：基于警务改革史的分析》，《社会学研究》2021 年第 4 期。

何益鑫：《论孔子的人性观及其展开形态》，《人文杂志》2022 年第 7 期。

何哲：《道与无为：中华道家的治理思想及对人类治理体系完善的启示》，《贵州社会科学》2021 年第 9 期。

何中华：《正确处理马克思主义与中华优秀传统文化的关系》，《党的文献》2021 年第 3 期。

和晓强：《建国以来"国家安全观"的历史演进特征分

析》,《情报杂志》2020年第2期。

呼连焦、刘彤:《大数据视域下社会治理:机遇、挑战与创新》,《湖湘论坛》2018年第4期。

胡书芝、何培:《论传统家风与新时代基层社会治理》,《江西社会科学》2020年第11期。

胡象明、张丽颖:《新中国70年社会稳定风险治理模式的探索与创新》,《行政论坛》2019年第4期。

黄朴民:《简论中国历史上的安全观念及其战略》,《军事历史研究》2001年第1期。

黄森荣:《墨子的"义"及其管理伦理》,《求索》2004年第11期。

黄少微:《乐在其中——重思先秦时期乐之情的哲学意蕴》,《哲学研究》2022年第8期。

江必新、李沫:《论社会治理创新》,《新疆师范大学学报(哲学社会科学版)》2014年第2期。

姜晓萍、阿海曲洛:《社会治理体系的要素构成与治理效能转化》,《理论探讨》2020年第3期。

姜晓萍:《国家治理现代化进程中的社会治理体制创新》,《中国行政管理》2014年第2期。

靳健:《主客一体——中西哲学合璧发展的时代际遇》,《甘肃社会科学》2013年第5期。

黎千驹:《"小国寡民"非老子的社会政治理想考论》,《老子学刊》2021年第1期。

李刚、宋玉路:《道家"自治"话语论》,《人文杂志》2017年第7期。

李顺德、王金霞:《论当代中国的"人民主体理念"》,

《哲学研究》2016 年第 6 期。

李震、傅慧芳：《新时代国家治理现代化研究综述与前瞻》，《东南学术》2020 年第 1 期。

连芷萱等：《智慧城市社会安全风险防控与治理研究》，《中国公共安全（学术版）》2019 年第 2 期。

林桂榛：《论古人的社会治理思想——以先秦儒家为中心》，《孔子研究》2015 年第 3 期。

刘建荣：《乡规民约的法治功用及其当代价值》，《北京人民警察学院学报》2008 年第 1 期。

刘江永：《中国历史上的国家安全思想与经验教训》，《太平洋学报》2004 年第 8 期。

刘军强、熊谋林、苏阳：《经济增长时期的国民幸福感——基于 CGSS 数据的追踪研究》，《中国社会科学》2012 年第 12 期。

刘俊男：《〈道德经〉第八十章新释——重评老子的社会理想》，《湖南师范大学社会科学学报》1999 年第 5 期。

刘伟：《先秦时期国家安全思想述论》，《国际安全研究》2019 年第 5 期。

刘跃进：《当代国家安全理论视角下的中国古代国家安全思想》，《中国人民公安大学学报（社会科学版）》2013 年第 3 期。

刘跃进：《总体安全为人民》，《紫光阁》2018 年第 7 期。

吕锡琛、黄小云：《道家社会管理思想的主旨及其意义》，《求索》2017 年第 6 期。

蒙克、曾极麟：《天命观下中国早期家产官僚制的形成》,《社会学研究》2022 年第 5 期。

莫晓原、韦国友:《先秦儒家"为政以德"的社会治理思想及其价值》,《桂林师范高等专科学校学报》2020 年第 5 期。

倪德刚、江溪泽、孙洁:《"两结合"与马克思主义中国化》,《科学社会主义》2021 年第 4 期。

欧阳军喜、崔春雪:《中国传统文化与社会主义核心价值观的培育》,《山东社会科学》2013 年第 3 期。

裴德海:《马克思"需要理论"的价值向度》,《安徽大学学报(哲学社会科学版)》2009 年第 1 期。

彭正德:《论政治认同的内涵、结构与功能》,《湖南师范大学社会科学学报》2014 年第 5 期。

乔耀章:《论社会治理原理与原则》,《阅江学刊》2013 年第 6 期。

沈费伟:《传统国家乡村治理的历史脉络与运作逻辑》,《华南农业大学学报(社会科学版)》2017 年第 1 期。

沈湘平:《中国式现代化道路的传统文化根基》,《中国社会科学》2022 年第 8 期。

施俊波:《孔、孟"乐"理念比较研究》,《管子学刊》2010 年第 4 期。

史云贵:《我国农村社会治理效能评价指标体系的构建与运行论析》,《公共管理与政策评论》2016 年第 1 期。

宋才发、刘伟:《发挥乡规民约在乡村治理中的法治作用》,《河北法学》2020 年第 6 期。

宋玲:《中国基层社会治理的传统智慧》,《中央民族大学学报(哲学社会科学版)》2022 年第 5 期。

孙晓春：《中国传统治理观念的现代反思》，《天津社会科学》2020年第4期。

田国强、陈旭东：《现代国家治理视野下的中国政治体制改革——从何而来往何处去》，《学术月刊》2014年第3期。

田毅鹏：《社会治理现代化进程中的"传统"与"现代"》，《社会发展研究》2019年第4期。

王柏松：《先秦国家安全思想及其当代借鉴价值》，《管子学刊》2011年第2期。

王芳等：《基于大数据应用的政府治理效能评价指标体系构建研究》，《信息资源管理学报》2020年第2期。

王贵松：《论法治国家的安全观》，《清华法学》2021年第2期。

王国胜：《论先秦的社会治理思想与民风建设》，《湖北社会科学》2011年第9期。

王鸿生：《中国传统政治的王道和霸道》，《武汉大学学报（哲学社会科学版）》2009年第1期。

王俊秀、刘晓柳、刘洋洋：《人民美好生活需要的层次结构和实现途径》，《江苏社会科学》2020年第2期。

王俊秀：《面对风险：公众安全感研究》，《社会》2008年第4期。

王孔祥：《西方"人的安全"理论与实践评析》，《东南大学学报（哲学社会科学版）》2013年第3期。

王龙：《社会安全治理关键要素对社会安全水平的影响机制研究》，《公安学研究》2021年第4期。

王南湜：《"剧场隐喻"中"旁观者"视角的重建——

马克思的作为社会科学方法论辩证法生成之关键》,《东南学术》2021 年第 1 期。

王浦劬:《国家治理、政府治理和社会治理的含义及其相互关系》,《国家行政学院学报》2014 年第 3 期。

王世奇:《新乡贤参与乡村治理的法治保障探讨》,《西昌学院学报(社会科学版)》2020 年第 1 期。

王兴周:《重建社会秩序的先秦思想》,《社会学》2006 年第 5 期。

魏志江、陶莎:《辽帝国的国家安全思想研究》,《国际安全研究》2019 年第 5 期。

向德平、苏海:《"社会治理"的理论内涵和实践路径》,《新疆师范大学学报(哲学社会科学版)》2014 年第 6 期。

萧大维:《先秦国家安全思想初探》,《滨州学院学报》2007 年第 5 期。

肖文涛:《社会治理创新:面临挑战与政策选择》,《中国行政管理》2007 年第 10 期。

谢川豫:《最具安全感国家是怎样炼成的》,《人民论坛》2018 年第 10 期。

辛文、韩鹏杰:《国家安全学理论视角下的西周国家安全思想研究》,《国际安全研究》2020 年第 6 期。

薛凤伟:《中国古代基层社会治理思想、策略及目标探析》,《云南行政学院学报》2020 年第 1 期。

颜晓峰:《人民安全是国家安全的基石》,《中国军转民》2021 年第 6 期。

燕继荣:《现代国家治理与制度建设》,《中国行政管理》2014 年 5 期。

杨冠琼、刘雯雯：《公共问题与治理体系——国家治理体系与能力现代化的问题基础》，《中国行政管理》2014 年第 2 期。

杨俊光：《〈墨经〉"义，利也"校诂》，《南京大学学报（哲学·人文科学·社会科学）》2002 年第 2 期。

杨峻岭：《先秦儒家耻感思想的基本内容、主要特征及其现实意义》，《伦理学研究》2008 年第 2 期。

杨立华：《人民治理：国家治理、社会治理和政府治理的共同本质》，《学海》2021 年第 2 期。

杨乙丹：《转型期中国农村社会安全风险的政治经济分析》，《西北农林科技大学学报（社会科学版）》2015 第 3 期。

杨宗科：《中国古代社会管理的基本经验》，《政法论丛》2013 年第 4 期。

尹朝辉：《中国古代国家安全战略思想的借鉴价值》，《理论探索》2013 年第 5 期。

于凯：《中国传统管理思想的理论谱系浅析》，《鲁东大学学报（哲学社会科学版）》2010 年第 5 期。

余丽、王高阳：《春秋战国时期粮食安全思想的传承与当代战略选择》，《国际安全研究》2014 年第 3 期。

余潇枫：《"平安中国"：价值转换与体系建构——基于非传统安全视角的分析》，《中共浙江省委党校学报》2012 年第 4 期。

俞可平：《中国治理变迁 30 年（1978—2008）》，《吉林大学社会科学学报》2008 年第 3 期。

俞国良、王浩：《社会转型：国民安全感的社会心理学分析》,《社会学评论》2016 年第 3 期。

俞可平:《国家治理体系的内涵本质》,《理论导报》2014 年第 4 期。

俞可平:《治理和善治引论》,《马克思主义与现实》1999 年第 5 期。

俞志慧:《释"行有格"、"有耻且格"的"格"》,《苏州大学学报(哲学社会科学版)》2004 年第 4 期。

袁祖社、王轩:《"生存安全性"的文化公共性逻辑——马克思哲学之新价值本体境界》,《东岳论丛》2012 年第 1 期。

曾祥云:《关于〈公孙龙子〉研究的若干问题》,《哲学研究》2009 年第 10 期。

曾小波:《社会治理:从理念到方法的变革》,《西南民族大学学报(人文社会科学版)》2014 年第 7 期。

查庆、田方林:《构建主客体关系在马克思主义哲学中的作用和意义》,《四川大学学报(哲学社会科学版)》2001 年第 1 期。

张冬利:《从"选贤与能"看儒家民本社会治理秩序的动态平衡》,《海南大学学报(人文社会科学版)》2018 年第 5 期。

张分田:《"儒家讲王道,法家讲霸道"的说法违背史实》,《天津师范大学学报(社会科学版)》2015 年第 6 期。

张国清、汪远旺:《社会治理的原则、模型和路径》,《天津社会科学》2015 年第 2 期。

张海柱、陈小玉、袁慧赟:《中国地方社会治理创新的总体特征与动因——基于"创新社会治理典型案例"

（2012—2021）的多案例文本分析》，《西南大学学报（社会科学版）》2022年第1期。

张欢、胡静：《社会治理绩效评估的公众主观指标体系探讨》，《四川大学学报（哲学社会科学版）》2014年第2期。

张荆：《社会变迁中的我国群体性事件状况与国家治理研究》，《中国人民公安大学学报（社会科学版）》2014年第4期。

张晶、吴文锦、刘勇：《先秦儒家思想的社会治理价值现实借鉴研究》，《浙江工商职业技术学院学报》2022年第2期。

张康之：《论主体多元化条件下的社会治理》，《中国人民大学学报》2014年第2期。

张康之：《社会治理中的价值》，《国家行政学院学报》2003年第5期。

张青磊：《总体国家安全观视域下的"人民安全"：生成逻辑、内涵与保障路径》，《理论界》2019年第9期。

张清改：《乡规民约的历史嬗变及当代价值》，《重庆行政》2020年第1期。

张师伟：《黄老道家无为而治思想及其治理智慧》，《南京师大报（社会科学版）》2015年第3期。

张腾宇：《〈老子〉"小国寡民"之义辨正》，《哲学研究》2017年第12期。

赵天宝：《法德兼治：管仲社会治理观的精髓》，《贵州社会科学》2021年第4期。

郑杭生、洪大用：《中国转型期的社会安全隐患与对策》，《中国人民大学学报》2004年第2期。

郑会霞：《新时代社会治理面临的新挑战与应对之策》，

《中州学刊》2019 年第 7 期。

郑建君：《中国公民美好生活感知的测量与现状——兼论获得感、安全感与幸福感的关系》，《政治学研究》2020 年第 6 期。

郑忆石：《评阿尔都塞对马克思历史观中主客体关系的"解读"》，《学术月刊》2002 年第 11 期。

钟少异：《中国历代国家安全战略思想论要》，《中国军事科学》2007 年第 6 期。

周炽成：《先秦有法家吗？——兼论"法家"的概念及儒法关系》，《哲学研究》2017 年第 4 期。

周庆智：《社会治理体制创新与现代化建设》，《南京大学学报（哲学·人文科学·社会科学）》2014 年第 4 期。

朱小略：《中国传统社稷安全观略论》，《国际安全研究》2015 年第 5 期。

朱志萍：《社会安全风险治理的底线思维与智慧策略》，《上海城市管理》2019 年第 2 期。

诸葛凯、张勇、周立军：《标准推动社会治理的理论逻辑及路径》，《科技管理研究》2019 年第 6 期。

邹绍清：《论中华文明的精神特质》，《马克思主义研究》2022 年第 7 期。